Rüdiger Kampling(?) 20.11.86

HEINRICH PLOCK

# FEIER DER VERSÖHNUNG UND DES GÖTTLICHEN LEBENS

Zur Theologie der Liturgie
und ihrer heilsgeschichtlichen Begründung
im Systemdenken
Franz Anton Staudenmaiers



ASCHENDORFFSCHE VERLAGSBUCHHANDLUNG
MÜNSTER WESTFALEN

LITURGIEWISSENSCHAFTLICHE QUELLEN UND FORSCHUNGEN

BEGRÜNDET VON
DR. P. KUNIBERT MOHLBERG, BENEDIKTINER DER ABTEI MARIA LAACH

IN VERBINDUNG MIT
DR. JOHANNES QUASTEN, O. Ö. PROFESSOR AN DER KATHOLISCHEN UNIVERSITÄT WASHINGTON
ABT DR. ADALBERT KURZEJA OSB, MARIA LAACH
UND DR. P. ANGELUS HÄUSSLING OSB, MARIA LAACH
HERAUSGEGEBEN VON
DR. P. WILLIBRORD HECKENBACH OSB, MARIA LAACH

VERÖFFENTLICHUNG DES ABT-HERWEGEN-INSTITUTS DER ABTEI MARIA LAACH

ISSN 0076-0048

BAND 61

Mit kirchlicher Druckerlaubnis
Nr. 305-6-10/77
Münster, den 16. Mai 1977
Paul Ketteler, stellv. Generalvikar.

D 6



Aschendorffsche Buchdruckerei, Münster Westfalen, 1978

ISBN 3-402-03846-3

## Inhalt

## Abkürzungen

| | | |
|---|---|---|
| AAS | = | Acta Apostolicae Sedis, Rom 1909ff. |
| ADB | = | Allgemeine Deutsche Biographie, hrsg. von der Historischen Commission bei der königlichen Akademie der Wissenschaften, 55 Bde., 1 Registerband, München und Leipzig 1875—1912 |
| BZThS | = | Bonner Zeitschrift für Theologie und Seelsorge, Düsseldorf 1924—1931 |
| FDA | = | Freiburger Diözesan-Archiv, Zeitschrift des Kirchengeschichtlichen Vereins für Geschichte, christliche Kunst, Altertums- und Literaturkunde des Erzbistums Freiburg mit Berücksichtigung der angrenzenden Bistümer, Freiburg 1865ff. |
| HJ | = | Historisches Jahrbuch der Görres-Gesellschaft, (Köln 1880ff.), München 1950ff. |
| HdKG | = | Handbuch der Kirchengeschichte, hrsg. von H. Jedin, 6 Bde., Freiburg-Basel-Wien 1962—1973 |
| HLit | = | Handbuch der Liturgiewissenschaft, hrsg. von A.-G. Martimort, 2 Bde., Freiburg-Basel-Wien 1963—1965 |
| HPBl | = | Historisch-politische Blätter für das katholische Deutschland, hrsg. von F. Binder und G. Jochner, 171 Bde., München 1838—1923 |
| HPTh | = | Handbuch der Pastoraltheologie, hrsg. von F. X. Arnold — F. Klostermann — K. Rahner — V. Schurr — L. M. Weber, 5 Bde., Freiburg-Basel-Wien 1964—1972 |
| HThG | = | Handbuch theologischer Grundbegriffe, hrsg. von H. Fries, 2 Bde., München 1962—1963 |
| Hurter | = | H. Hurter, Nomenclator literarius theologiae catholicae, 6 Bde., Innsbruck $^{3}$1903—1913; I $^{4}$1926 hrsg. von F. Pangerl |
| Jahrbücher | = | Jahrbücher für Theologie und christliche Philosophie, hrsg. von Kuhn — Locherer — Lüft — Staudenmaier, 7 Bde., Frankfurt 1834—1835, Mainz 1836 |
| JLW | = | Jahrbuch für Liturgiewissenschaft I—XV, Münster 1921—1941 |
| Katholik | = | Der Katholik. Eine religiöse Zeitschrift zur Belehrung und Warnung, Mainz 1821ff. |
| Kosch KD | = | W. Kosch, Das Katholische Deutschland, Biographisch-bibliographisches Lexikon, Augsburg 1933—1938 (unvollendet) |
| KuD | = | Kerygma und Dogma, Göttingen 1955ff. |

| | | |
|---|---|---|
| LitW | = | Liturgisch-Woordenboek, hrsg. von L. Brinkhoff — A. Hollaardt — G. C. Laudy — A. Verheul — Th. A. Vismans — H. A. J. Wegman — W. de Wolf, 2 Bde., Roermond 1958—1968 |
| LJ | = | Liturgisches Jahrbuch, hrsg. vom Liturgischen Institut Trier, Münster 1951ff. |
| LThK | = | Lexikon fürTheologie und Kirche. Begründet von Michael Buchberger. Zweite, völlig neubearbeitete Auflage, hrsg. von J. Höfer und K. Rahner, 10 Bde., 1 Registerbd., 3 Ergänzungsbde. zum II. Vat. Konzil, Freiburg 1957—1967 |
| LZ | = | Liturgische Zeitschrift, Regensburg 1929—1933 |
| NDB | = | Neue Deutsche Biographie, hrsg. von der Historischen Kommission bei der Bayerischen Akademie der Wissenschaften, 9 Bde., Berlin 1953—1972 |
| PhJ | = | Philosophisches Jahrbuch der Görres-Gesellschaft, Fulda 1888ff. |
| RGG | = | Die Religion in Geschichte und Gegenwart. Dritte, völlig neu bearbeitete Auflage, hrsg. von K. Galling, 6 Bde., 1 Registerbd., Tübingen 1957—1965 |
| SC | = | Konstitution über die heilige Liturgie, Sacrosanctum Concilium, 4. 12. 1963: AAS 56 (1964) 97—138 |
| Scholastik | = | Scholastik, Freiburg 1926ff. |
| SM | = | Sacramentum Mundi, Theologisches Lexikon für die Praxis, hrsg. von K. Rahner, A. Darlapp u. a., 4 Bde., Freiburg 1967—1969 |
| ThGl | = | Theologie und Glaube, Paderborn 1909ff. |
| ThLZ | = | Theologische Literaturzeitung. Monatsschrift für das gesamte Gebiet der Theologie und Religionswissenschaft, hrsg. von E. Sommerlath, Leipzig 1878ff. |
| ThQ | = | Theologische Quartalschrift (Tübingen 1819ff., Stuttgart 1946ff.) München-Freiburg 1969ff. |
| Wetzer-Welte | = | Wetzer und Welte's Kirchenlexikon, 12 Bde., 1 Registerband, Freiburg ²1882—1903 |
| ZGOrh | = | Zeitschrift für die Geschichte des Oberrheins, Karlsruhe 1851ff. |
| ZKTh | = | Zeitschrift für Katholische Theologie, (Innsbruck) Wien 1877ff. |
| ZTh | = | Zeitschrift für Theologie. In Verbindung mit mehreren Gelehrten hrsg. von Professoren der theol. Fakultät der Universität Freiburg im Breisgau, Freiburg 1839ff. |

# Vorwort

Die Anregung zu der vorliegenden Arbeit verdanke ich Herrn Professor Dr. Emil Joseph Lengeling. Er hat mich während meiner Kaplanszeit immer wieder ermuntert, das begonnene und zunächst nur in freien Stunden mögliche Spezialstudium in der Liturgiewissenschaft mit dieser Untersuchung zu Ende zu führen. Ebensosehr danke ich dem Herrn Bischof von Osnabrück, Dr. Helmut Hermann Wittler, für sein Verständnis und die gewährte Freistellung, die mir einen Studienaufenthalt in Münster ermöglicht hat. Gern denke ich an die Zeit im Niels-Stensen-Kolleg zurück, an die Zusammenarbeit mit den damaligen Rektoren Dr. Heinrich Heitmeyer und Norbert Friebe, an die Gastfreundschaft der Missionsschwestern Mariens und an den lebendigen Austausch mit den Theologiestudenten.

Bei der Beschaffung der zum Teil schwer zugänglichen Literatur haben mir die Bibliothekare des Bischöflichen Priesterseminars und des Kapuzinerklosters in Münster bereitwillig geholfen. Frau Luise Piechel und Frau Margret Unland danke ich für ihre Mithilfe bei der Erstellung des Manuskripts, Herrn Vikar Reinhard Molitor für das Mitlesen der Korrekturabzüge.

Der Fachbereich Katholische Theologie an der Westfälischen Wilhelms-Universität hat diese Studie 1974 als Dissertation angenommen. Für alle Förderung, die meine Arbeit durch Herrn Professor Dr. Peter Hünermann als Korreferenten erfahren hat, bedanke ich mich sehr.

Die Drucklegung des Manuskripts war nur durch großzügige Zuschüsse möglich. Dafür möchte ich dem Herrn Bischof von Osnabrück, dem Kanzler der Westfälischen Wilhelms-Universität und dem Abt-Herwegen-Institut der Abtei Maria Laach meinen Dank abstatten. Ich bedanke mich bei dem Verlag Aschendorff in Münster sowie bei Herrn Dr. P. Willibrord Heckenbach OSB als Herausgeber für die Aufnahme in die wissenschaftliche Reihe „Liturgiewissenschaftliche Quellen und Forschungen".

Osnabrück, den 22. Juni 1977

Heinrich Plock

# Einleitung

## 1. Methodische Hinweise

Das umfangreiche Werk des Dogmatikers Franz Anton Staudenmaier hat in jüngster Zeit zunehmende Anerkennung gefunden, wie aus der beachtlichen Anzahl der ihm gewidmeten philosophischen und theologischen Untersuchungen[1] hervorgeht. Walter Birnbaum stellt eine geradezu „lebhafte Dissertationsaffinität"[2] fest, die von unserem Autor ausstrahlt. Das ist nicht weiter verwunderlich, rückt doch seit den Forschungen Josef Rupert Geiselmanns die katholische Tübinger Schule insgesamt zunehmend in das Bewußtsein heutiger Theologie.

Überblickt man die Literatur, die sich mit dem von den Tübingern ausgehenden wissenschaftlichen und kirchlichen Aufbruch beschäftigt, so tritt offen als Mangel zutage, daß der Einfluß Staudenmaiers auf die Liturgiewissenschaft seiner Zeit bisher so gut wie gar nicht gewürdigt worden ist[3], sieht man einmal davon ab, daß selbst die Lehrbücher der Liturgik[4] in der Regel nur einen knappen, anerkennenden Hinweis auf sein Werk „Der Geist des Christentums" enthalten. Daher schien es zunächst, als müsse das populäre, einst in acht Auflagen weitverbreitete Buch „Der Geist des Christentums"[5] den Mittelpunkt dieser Arbeit bilden. Die

[1] A. Gilg, Idee und Geschichte der Theologie Fr. A. Staudenmaiers: Internationale kirchliche Zeitschrift. Neue Folge der „Revue internationale de Théologie", Bern 5 (1915) 58—83, 162—177; T. Rusche, Geist und Natur bei Franz Anton Staudenmaier, Emsdetten 1940; Ph. Weindel, Das Verhältnis von Glauben und Wissen in der Theologie Franz Anton Staudenmaiers. Eine Auseinandersetzung katholischer Theologie mit Hegelschem Idealismus (Abhandlungen aus Ethik und Moral 14), Düsseldorf 1940; A. Burkhart, Der Mensch — Gottes Ebenbild und Gleichnis. Ein Beitrag zur dogmatischen Anthropologie F. A. Staudenmaiers (Freiburger theol. Studien 79), Freiburg-Basel-Wien 1962; P. Hünermann, Trinitarische Anthropologie bei Franz Anton Staudenmaier (Symposion 10), Freiburg-München 1962.

[2] W. Birnbaum, Das Kultusproblem und die liturgischen Bewegungen des 20. Jahrhunderts. Band I: Die deutsche katholische liturgische Bewegung, Tübingen 1966, 162.

[3] Eine Ausnahme bildet F. X. Arnold, Grundsätzliches und Geschichtliches zur Theologie der Seelsorge. Das Prinzip des Gott-Menschlichen (Untersuchungen zur Theologie der Seelsorge 2), Freiburg 1949, 140—145.

[4] Vgl. L. Eisenhofer, Handbuch der katholischen Liturgik I, Freiburg 1932, 145.

[5] F. A. Staudenmaier, Der Geist des Christenthums, dargestellt in den heiligen

nähere Beschäftigung mit Staudenmaiers Gesamtwerk führte jedoch zu einem anderen Ergebnis. Es zeigte sich, daß der liturgisch-erbaulichen Schrift von 1835 ein wissenschaftliches Fundament zugrunde liegt. In der ein Jahr zuvor erschienenen Enzyklopädie[6] findet sich nicht nur der Grundriß einer Theologie der Liturgie, auch die Einordnung der Liturgik in den Rahmen der praktischen Theologie hat der Autor konkret ausgeführt.

Aus dieser Erkenntnis leitet sich die Methode der folgenden Untersuchung ab. Da die wissenschaftlich-theologische Grundlegung der Liturgie am Beginn der Publikationen Staudenmaiers steht, wendet sie sich zunächst ihr zu und prüft dann in chronologischer Reihenfolge die übrigen Werke, wie weit sie die 1834 in einem kurzen Grundriß zusammengefaßten Aussagen über Wesen und Gestalt des kirchlichen Gottesdienstes wiederholen, erweitern oder unter neuen Gesichtspunkten ergänzen. Dabei war jeweils zu beachten, ob es sich um wissenschaftliche oder eher populäre Veröffentlichungen handelt, ob eine apologetische Tendenz den Zweck der Abfassung bestimmte oder aktuelle Zeitfragen den Anlaß zur Niederschrift gaben.

Schließlich soll auf eine Schwierigkeit hingewiesen werden, mit der jede Untersuchung zu Staudenmaiers Werk rechnen muß. Trotz der umfangreichen Liste seiner Publikationen klafft in ihnen durch die begonnenen, aber nicht zu Ende geführten Projekte eine erhebliche Lücke. Für den hier angesprochenen Themenbereich ist daran zu erinnern, daß die zweite Auflage der Enzyklopädie nicht vollendet wurde. Der allein vorliegende erste Band weckt die Erwartung auf bedeutende Umarbeitungen und Ergänzungen, die nun nicht zur Verfügung stehen. Auch die Dogmatik[7] ist ein Torso geblieben; wichtige Fragen zur Theologie der Liturgie bleiben so unbeantwortet. Ist daher die Quellenlage gerade in den wichtigeren Werken unbefriedigend, so wird auch der damit befaßten Untersuchung zwangsläufig etwas Fragmentarisches anhaften.

## 2. Kurzer Lebensabriß Franz Anton Staudenmaiers

Franz Anton Staudenmaier, als Schüler von Drey, Herbst, Hirscher, Feilmoser und Möhler der zweiten Generation der katholischen Tübinger Schule zugehörig, hat durch die Fülle seiner Veröffentlichungen und den zeitweilig beträchtlichen Einfluß auf die theologischen und philosophi-

Zeiten, in den heiligen Handlungen und in der heiligen Kunst, 2 Theile, Mainz 1835, ²1838, ³1843, ⁴1847, ⁵1855, ⁶1859, ⁷1866, ⁸1880.

[6] F. A. Staudenmaier, Encyklopädie der theologischen Wissenschaften als System der gesammten Theologie, Mainz 1834; 2. umgearbeitete, sehr vermehrte Auflage I, Mainz 1840.

[7] F. A. Staudenmaier, Die christliche Dogmatik I—IV, Freiburg 1844, 1848, 1852.

schen Auseinandersetzungen seiner Zeit bis heute das wissenschaftliche Interesse auf sich gelenkt; neue Erkenntnisse zu seiner Biographie haben die ihm gewidmeten Untersuchungen jedoch nicht erbracht. Mitteilungen zu seiner Herkunft und zu seinem Werdegang verdanken wir älteren, bisher nicht entwerteten Quellen. Es sind zum einen der Beitrag Königs im Kirchenlexikon von Wetzer und Welte[8], zum anderen die Monographie F. Laucherts[9], der eine breit angelegte Werkbeschreibung mit biographischen Daten verbindet. Erst in jüngerer Zeit hat es A. Scholz[10] unternommen, bislang ungenutztes Material, vor allem Personalakten aus Universitätsverwaltungen und Staatsarchiven einzusehen und zugänglich zu machen. Sein Beitrag vermittelt neue Erkenntnisse zum Wechsel von Gießen nach Freiburg, schildert die interne Situation an der Freiburger Fakultät und vermag der Legendenbildung um Staudenmaiers Tod den Boden zu entziehen. Er ist deshalb als Ergänzung zu den älteren Biographien unerläßlich, wenngleich man sich die gelegentlich eingefügten Hinweise auf Staudenmaiers Persönlichkeitsstruktur eindeutiger belegt wünschte.

Staudenmaier stammt aus dem Württembergischen, er wurde am 11. 9. 1800 als Sohn eines Schneidermeisters in Donzdorf geboren und sollte nach dem Besuch der Elementarschule in das Gewerbe seines Vaters eintreten. Adlige Gönner ermöglichten ihm jedoch die weitere Schulbildung in Gmünd und Ellwangen. 1822 in das Wilhelmsstift zu Tübingen aufgenommen, wurde er vor allem von Möhler gefördert. 1826 erfolgte der Eintritt in das Priesterseminar zu Rottenburg. Nach der Priesterweihe im Jahr 1827 schloß sich eine nur kurze Zeit der Seelsorgstätigkeit an. Bereits 1828 wurde er zum Repententen im Wilhelmsstift ernannt, wo ihn, der sich seit seiner Studentenzeit durch erste Arbeiten[11] wissenschaftlich ausgewiesen hatte, der Ruf an die neuerrichtete katholisch-theologische Fakultät zu Gießen erreichte.

Die von der hessischen Landesregierung in Konkurrenz zum Priesterseminar in Mainz geförderte Fakultät zu Gießen war seit ihrer Gründung

[8] Art. Staudenmaier, Franz Anton, von König, in: Wetzer-Welte (1. Auflage), XII (1856) 1151—1156; vom gleichen Verfasser in der 2. Auflage: XI (1899) 744ff.

[9] F. Lauchert, Franz Anton Staudenmaier (1800—1856) in seinem Leben und Wirken dargestellt, Freiburg 1901. Das dem Lebensabriß angefügte Werkverzeichnis Staudenmaiers (525—537) hält der Rezensent Sebastian Merkle für so umsichtig gearbeitet, „daß nur sehr Kundige vielleicht etwas zu ergänzen wissen werden"; vgl. Theologische Revue 1 (1902) 594.

[10] A. Scholz, Materialien zur Biographie Franz Anton Staudenmaiers (1800—1856): ThQ 147 (1967) 210—239.

[11] Das geschichtliche Werk Geschichte der Bischofswahlen, mit besonderer Berücksichtigung der Rechte und des Einflusses christlicher Fürsten auf dieselben. Tübingen 1830, fußt auf einer in Tübingen prämierten Preisarbeit. Während des Aufenthaltes im Priesterseminar entstand der Aufsatz Der Pragmatismus der Geistesgaben. Ein Versuch: ThQ 10 (1828) 389—432; 608—640, der 1835 in erweiterter Fassung als Buchausgabe erschien.

im Jahre 1830 ein Streitobjekt zwischen Staat und Kirche[12] und daher von nur kurzem Bestand. Staudenmaier hat an ihr als Professor für Dogmatik und damit zusammenhängende Fächer gewirkt. Gemeinsam mit den Kollegen Kuhn, Locherer und Lüft gründete er die „Jahrbücher für Theologie und christliche Philosophie", für die er Abhandlungen und Rezensionen lieferte. Aus seiner Vorlesungstätigkeit erwuchs die in der folgenden Untersuchung ausführlich gewürdigte erste Auflage der Enzyklopädie[13], aus seiner Mitarbeit an der Kirchen-Zeitung für das katholische Deutschland das für weitere Kreise bestimmte Buch „Der Geist des Christentums"[14].

Gleichzeitig mit seinem Lehrer Hirscher erhielt Staudenmaier 1837 einen Ruf nach Freiburg, wo er von neuem eine umfangreiche literarische Tätigkeit entfaltete und kirchliche Anerkennung fand, wie die Ernennung zum Domkapitular im Jahre 1843 ausweist. Neben der Mitarbeit an der von ihm angeregten „Zeitschrift für Theologie" nahm ihn vor allem sein Hauptwerk, die Dogmatik[15], in Anspruch, das er wegen Er-

[12] Die Auseinandersetzung um die Fakultät in Gießen entzündete sich an dem vom Staat bestrittenen Recht auf eigene kirchliche Lehranstalten, letztlich an der Forderung des Bischofs von Mainz, für die Ausbildung der Priesteramtskandidaten die uneingeschränkte Zuständigkeit zu erhalten. Die Kraftprobe zwischen Staat und Kirche, 1851 von Bischof Ketteler durch die Eröffnung der theologischen Lehranstalt im Priesterseminar zu Mainz entschieden, hat heftige literarische Reaktionen hervorgerufen; vgl. außer den Ketteler-Biographien besonders: Ludwigs-Universität, Justus-Liebig-Hochschule 1607 bis 1957, Festschrift zur 350-Jahrfeier, Gießen 1957; Die Universität Gießen von 1607—1907, Beiträge zu ihrer Geschichte. Festschrift zur dritten Jahrhundertfeier hrsg. von der Universität Gießen, 2 Bde., Gießen 1907; K. Glöckner [Hrsg.], Giessen 1248—1948. Siebenhundert Jahre Gießen in Wort und Bild. o. J., Gießen; R. Fischer-Wollpert, Kettelers Sorge und Kampf um das Mainzer Priesterseminar, in: Jahrbuch für das Bistum Mainz 7 (1955—1957) 131—153; L. Lenhart, Bischof Joseph Vitus Burg (1830—33) oder eine grundsätzlich staatskirchliche Episode auf dem neuen Mainzer Bischofsstuhl, in: Jahrbuch für das Bistum Mainz 2,1 (1947) 61—98; ders., Die erste Mainzer Theologenschule des 19. Jahrhunderts (1805—1830), in: Jahrbuch für das Bistum Mainz 6 (1951—1954) 93—186, 7 (1955—1957) 9—130; St. Lösch, Die katholisch-theologischen Fakultäten zu Tübingen und Gießen (1830 bis 1850): ThQ 108 (1927) 159—208; A. Lutterbeck, Geschichte der katholisch-theologischen Facultät zu Gießen. Eine allen Theologen Deutschlands gewidmete Denkschrift, Gießen 1860; A. Schuchert, Die katholisch-theologische Fakultät an der Universität Gießen, in: Jahrbuch für das Bistum Mainz 1 (1946) 64—75; F. Vigener, Die katholisch-theologische Fakultät in Gießen und ihr Ende, in: Mitteilungen des oberhessischen Geschichtsvereins, NF 24 (1922) 28—96; o. Verf., Zwölf Jahre einer theologischen Fakultät: Katholik 43 (1863) NF 9, 540—560.

[13] F. A. Staudenmaier, Encyklopädie der theologischen Wissenschaften als System der gesammten Theologie, Mainz 1834.

[14] F. A. Staudenmaier, Der Geist des Christenthums, dargestellt in den heiligen Zeiten, in den heiligen Handlungen und in der heiligen Kunst, Mainz 1835.

[15] F. A. Staudenmaier, Die christliche Dogmatik I—IV, Freiburg 1844, 1848, 1852.

krankung, aber auch wegen der weiteren Beschäftigung mit der Philosophie Hegels[16] nicht vollenden konnte, zumal er sich zunehmend auch ökumenischen[17] und aktuellen Zeitfragen[18] zuwandte. Seit 1852 leidend, wurde er 1855 in den Ruhestand versetzt. Am 19. 1. 1856 erlag Franz Anton Staudenmaier einem Schlaganfall.

[16] F. A. STAUDENMAIER, Darstellung und Kritik des Hegelschen Systems. Aus dem Standpunkte der christlichen Philosophie, Mainz 1844.

[17] F. A. STAUDENMAIER, Der Protestantismus in seinem Wesen, in seinem Verhältniß zur Idee, und in seiner Entwicklung. Eine zur Säcularfeier der allgemeinen Synode von Trient einleitende Betrachtung: ZTh XIII (1845) 233—474; XIV, 1—126.

[18] F. A. STAUDENMAIER, Zum religiösen Frieden der Zukunft, mit Rücksicht auf die religiös-politische Aufgabe der Gegenwart, 3 Teile, Freiburg 1846, 1851; ders., Die Grundfrage der Gegenwart: ZTh XVII (1847) 51—132; XXI, 2. Heft (1850) 167—363; ders., Die kirchliche Aufgabe der Gegenwart: ZTh XIX (1848) 295—462, als Buchausgabe Freiburg 1849.

# I. Kapitel

# KULT UND LITURGIE IM WISSENSCHAFTLICH-THEOLOGISCHEN SYSTEM FRANZ ANTON STAUDENMAIERS

## A. Die „Encyklopädie der theologischen Wissenschaften“ (1834) als Grundriß der gesamten Theologie

### 1. Die Darstellung der Theologie in ihrem systematischen Zusammenhang bei Franz Anton Staudenmeier

Als Staudenmaier im Wintersemester 1830/31 seine Lehrtätigkeit in Gießen aufnahm, wo „Dogmatik und die damit zusammenhängenden Fächer“[19] zu seinem Aufgabenbereich gehörten, kündigte er eine Vorlesung in theologischer Enzyklopädie an, die er an der dortigen Fakultät und später in Freiburg in fast jedem Wintersemester hielt[20]. In Anlehnung an das Werk seines Tübinger Lehrers, des Dogmatikers Johann Sebastian Drey[21], bezeichnete er sie in den ersten Jahren als „Einleitung in die gesamte Theologie nach Dreys Handbuch“[22]. Die baldige Herausgabe einer eigenen Enzyklopädie läßt jedoch darauf schließen, daß Staudenmaier die „Kurze Einleitung“ nur vorübergehend als Grundlage seines Propädeutikums verwenden wollte und aus grundsätzlichen Erwägungen durch einen eigenen Aufriß der Theologie abzulösen suchte. Bereits 1834 veröffentlichte er die „Encyklopädie der theologischen Wissenschaften“[23], die er seiner Vorlesung seit dem Wintersemester 1833/34 in Gießen und später in Freiburg als Lehrbuch zugrundelegte[24].

[19] Reusch, Art. Staudenmaier, Franz Anton, in: ADB 35 (1893) 510.

[20] Vgl. F. Lauchert, F. A. Staudenmaier in seinem Leben und Wirken dargestellt, Freiburg 1901, 224.

[21] J. S. Drey, Kurze Einleitung in das Studium der Theologie mit Rücksicht auf den wissenschaftlichen Standpunct und das katholische System, Tübingen 1819 (= KE). Im folgenden zitiert nach dem unveränderten reprografischen Nachdruck, herausgegeben und eingeleitet von Franz Schupp, Darmstadt 1971.

[22] F. Lauchert, Staudenmaier 224.

[23] F. A. Staudenmaier, Encyklopädie der theologischen Wissenschaften als System der gesammten Theologie, Mainz 1834 (= Enzyklopädie 1).
Eine Selbstanzeige der Enzyklopädie veröffentlichte Staudenmaier ebenfalls 1834 in den Jahrbüchern für Theologie und christliche Philosophie, III (1834) 403—411. Sie besteht im wesentlichen in einer ausführlichen Beschreibung der Gliederung.

Wie die in der Vorrede der Enzyklopädie genannten Autoren beweisen, herrschte sowohl auf evangelischer (Danz, Hagenbach, Rosenkranz, Schleiermacher) wie auf katholischer Seite (Drey, Klee, Oberthür, Thanner) kein Mangel an einführender Literatur in die Theologie[25], die in der Regel als Enzyklopädie oder Methodologie vorgelegt wurde.

Um so bemerkenswerter ist daher der Anspruch, den die Behauptung Staudenmaiers enthält, sein Werk stelle eine Schrift da, „die auf katholischem Gebiete als eine völlig neue auftritt"[26]. Das entscheidende und ihn von den übrigen Autoren abhebende Kennzeichen seiner Enzyklopädie sieht er in dem von ihm durchgeführten „System", das es ermöglicht, die gesamte Theologie in einem Grundriß zusammenzufassen. Unter dieser Rücksicht erhält nur Rosenkranz das Prädikat „trefflich". Die übrigen Verfasser werden kritisiert, „denn die anderen Schriften von Thanner, Drey, Oberthür, Klee auf dem katholischen, von Schleiermacher aber, Danz und Hagenbach auf dem protestantischen Gebiete, so schätzbar wir sie immer nennen müssen, haben es doch nur zu ihrem Geschäfte gemacht, in die Theologie blos dadurch einzuleiten, daß die Grenzen innerhalb der theologischen Wissenschaft genau abgesteckt und die wesentlichen und nothwendigen Begriffe vorläufig erörtert werden, wenn auch nach mehreren Beziehungen eine Annäherung an ein System, besonders bei Thanner, Drey und Klee, bei Schleiermacher und auch bei

Die Enzyklopädie wurde von Staudenmaier für eine zweite Auflage teilweise umgearbeitet und ergänzt, von der aber nur der erste Band, der die spekulative Theologie enthält, erschienen ist: Mainz 1840 (= Enzyklopädie 2).

[24] Vgl. F. Lauchert, Staudenmaier 225.

[25] J. T. L. Danz, Encyklopädie und Methodologie der theologischen Wissenschaften, Weimar 1832.
K. R. Hagenbach, Encyklopädie und Methodologie der theologischen Wissenschaften, Leipzig 1833.
K. Rosenkranz, Encyklopädie der theologischen Wissenschaften, Halle 1831.
F. Schleiermacher, Kurze Darstellung des theologischen Studiums zum Behuf einleitender Vorlesungen, Berlin 1811 (= KD).
Im folgenden zitiert nach dem unveränderten reprografischen Nachdruck der Ausgabe Leipzig 1910, herausgegeben von Heinrich Scholz, Darmstadt 1969.
J. S. Drey, KE, vgl. S. 6 Anm. 21.
H. Klee, Encyklopädie der Theologie, Mainz 1832.
F. Oberthür, Theologische Encyklopädie, oder der theologischen Wissenschaften Umfang und Zusammenhang, 2 Bde., Augsburg 1828.
I. Thanner, Encyklopädisch-methodologische Einleitung zum akademisch-wissenschaftlichen Studium der positiven Theologie, insbesondere der katholischen, München 1809.
In ausführlichen Rezensionen hat sich Staudenmaier mit den Enzyklopädien von Hagenbach und Rosenkranz auseinandergesetzt:
Rez. zu K. Rosenkranz, Encyklopädie: Religiöse Zeitschrift für das katholische Deutschland [Hrsg. Sengler], I/2 (1833) 175—192; II/3 (1833) 286—314.
Rez. zu K. R. Hagenbach, Encyklopädie: Jahrbücher V (1835) 322—333.

[26] F. A. Staudenmaier, Enzyklopädie 1, V.

Hagenbach nicht verkannt werden kann, wenn dieses gleichwohl nicht im Plane der würdigen Verfasser lag"[27].

In dieser Abhebung von vorliegender theologisch-enzyklopädischer Literatur wird das Programm Staudenmaiers erkennbar. Ihm genügt es nicht, eine Einleitung in das Studium der Theologie vorzulegen, „die es nur theils mit den dürftigsten Vorbegriffen dieser Wissenschaft, theils mit der magern Aufzählung ihrer Theile, theils mit der Litteratur der verschiedenen Fächer, theils endlich mit der Angabe der Methode, wie zu studiren ist, zu thun hat"[28].

Staudenmaier nimmt für sich in Anspruch, auf eine neue Weise die Einheit der katholischen Theologie als „eine in sich gegliederte Wissenschaft"[29] in ihrem organischen Zusammenhang darzustellen. „Denn wie der menschliche Geist ein organischer ist und ein System lebendiger Kräfte, so will er auch in der Wissenschaft einen Organismus, ein System erblicken, und er ruhet selbst nicht, bis er einen systematischen Zusammenhang der wesentlichen Theile, die den Inhalt bilden, durch seine organisirende Thätigkeit erzeugt hat. Dieser systematische Zusammenhang der verschiedenen Theile einer Wissenschaft nach ihren wesentlichen Grundbegriffen stellt sich dar in der Encyklopädie.

Nach diesen Bestimmungen ist die Encyklopädie der theologischen Wissenschaften der systematische Grundriß der gesammten Theologie, der gedrängte Entwurf ihrer concreten Idee nach allen wesentlichen Bestimmungen. Damit erscheint die Theologie, deren Theile sonst auseinanderliegen, als Eine Wissenschaft, die im Allgemeinen das Besondere, und im Besondern das Allgemeine schauen läßt[30]."

[27] Ebd. VII.

Als Ergänzung zu den erwähnten Autoren ist Adam Gengler zu nennen, der mit der Herausgabe seiner Enzyklopädie in zeitlicher Konkurrenz zu F. A. Staudenmaier lag. Aus Briefen Möhlers, die Stefan Lösch zugänglich gemacht hat, geht hervor, daß Gengler zunächst sogar ganz auf die Drucklegung seiner Arbeit verzichten wollte, als er von der bevorstehenden Veröffentlichung Staudenmaiers erfuhr. Offenbar gelang es Möhler dann doch, ihn umzustimmen. Während Staudenmaiers bei Florian Kupferberg in Mainz verlegte Enzyklopädie als erste erschien, folgte später, aber noch im gleichen Jahr 1834 Genglers Werk, das bei J. B. Dresch in Bamberg herauskam. Staudenmaier hat es wohl auf Veranlassung Möhlers in den Jahrbüchern rezensiert: Rez. zu A. Gengler, Die Ideale der Wissenschaften, oder: die Encyklopädie der Theologie, Bamberg 1834; Jahrbücher V (1835) 333—380. Zum Briefwechsel Möhlers vgl. St. Lösch, Prof. Dr. Adam Gengler 1799—1866. Die Beziehungen des Bamberger Theologen zu J. J. J. Döllinger und J. A. Möhler (Veröffentlichungen der Gesellschaft für Fränkische Geschichte, Reihe IX: Darstellungen aus der Fränkischen Geschichte 17), Würzburg 1963, 94; 101; 373—382.

Ebd. 94 findet sich das vernichtende Urteil Möhlers über Klees Enzyklopädie, ein „lumpiges Ding". Im Gegensatz zu seinen anderen Schriften wurde sie daher in der ThQ nicht rezensiert.

[28] F. A. Staudenmaier, Enzyklopädie 1, V.

[29] Ebd. § 61, 31.

Da Staudenmaiers Enzyklopädie in der Absicht geschrieben wurde, Dreys Systementwurf abzulösen und zu ersetzen, soll zunächst der Grundriß des theologischen Studiums dargestellt werden, den der Gründer der Tübinger Schule in seiner „Kurze(n) Einleitung“ veröffentlicht hat. Mit diesem Hintergrund bietet sich eine Vergleichsmöglichkeit, die die originale Leistung Staudenmaiers für eine theologische Systematisierung ermessen läßt.

## 2. Der Systementwurf in Johann Sebastian Dreys „Kurze(r) Einleitung in das Studium der Theologie“

Nachdem Johann Sebastian Drey[31] schon 1812 als Professor an der Friederichs-Universität zu Ellwangen die „Revision des gegenwärtigen Zustandes der Theologie“[32] gefordert hatte, veröffentlichte er 1819 — nun als Mitglied der Katholisch-Theologischen Fakultät der Universi-

[30] Ebd. VI; vgl. die fast gleichlautende, nur geringfügig erweiterte Definition ebd. § 61, 30f.

[31] Johann Sebastian Drey, geb. 16. 10. 1777 in Killingen bei Ellwangen; 1797—1799 Studium der Theologie in Augsburg; 30. 5. 1801 Priesterweihe in Augsburg; 1801—1806 Vikar in Röhlingen; 1806—1812 Professor für Religionsphilosophie, Mathematik und Physik am Lyzeum zu Rottweil; 1812—1817 Professor für Dogmatik, Dogmengeschichte, Apologetik und theologische Enzyklopädie an der neuerrichteten katholischen Landesuniversität zu Ellwangen, nach deren Auflösung 1817 Übersiedlung an die katholisch-theologische Fakultät der Universität Tübingen; 1819 Mitbegründer der „Theologische(n) Quartalsschrift“; gest. 19. 2. 1853 in Tübingen.
Biographische Übersicht nach dem Art. Drey, Johann Sebastian v., von: Werner, in: ADB 5 (1877) 403f; M. Schmaus, in: NDB 4 (1959) 120f; J. R. Geiselmann, in: LThK III (1959) 573f.

[32] So der Titel eines Aufsatzes, der im „Archiv“, einer Zeitschrift für den „in der Seelsorge stehenden Geistlichen“ (S. 1), erschien. Einleitend schreibt Drey, es sei unmöglich, „daß der im Amte stehende Geistliche ohne alles System handle, da er von der Schule her sein theologisches System zum Dienste mitbringt, folglich dieses System auch auf seine praktischen Verrichtungen Einfluß hat; so kann er sich schon um seiner selbst willen, und noch mehr um der Früchte willen, die er schaffen soll, nicht von der Pflicht lossagen, den Geist, der ihm in seinen Studierjahren angebildet wurde, und in dem er handelt, fortwährend zu prüfen, und dies um so mehr, wenn sich zeigen ließe, daß die Wissenschaft, die er übt, sowohl in Hinsicht ihrer theoretischen Begründung, als auch ihrer praktischen Darstellung (als Seelenleitung) seit Jahren an mancherley Gebrechen leide, und daß gerade in jenen Gebrechen eine vorzügliche Ursache liege, warum die Religion sowohl an innerer Lebendigkeit, als auch an äusserer Hochschätzung immer mehr verlieren mußte, und verlor.
Diese Gebrechen nun, die den Geist der Theologie unserer Zeit überhaupt charakterisieren, die einzeln schon früher entstanden, die sich mit dem Laufe der Zeiten mehrten, die nun vereint einen sehr nachtheiligen Einfluß zuerst auf die Denkungsart der Geistlichen, und dadurch auch auf das christliche

tät Tübingen — seine „Kurze Einleitung in das Studium der Theologie“[33], die ihm „als Leitfaden zu enzyklopädischen Vorlesungen für einen halbjährigen Lehrcursus dienen sollte“[34].

Zu diesem Zweck war es nötig, den Stoff zu straffen, anhand einer vorgegebenen Konzeption zu ordnen und in übersichtlicher Form als Grundriß der Theologie darzubieten. Dabei kam es Drey vor allem darauf an, die Wissenschaft überhaupt, besonders aber die Religionswissenschaft vom Eindruck der Zufälligkeit zu befreien[35]. Ihm genügte es nicht, Religion als geschichtlich Vorgegebenes, positiv Erfahrbares zu beschreiben und in ein System zu bringen, sondern in Anlehnung an die Geschichtsphilosophie Schellings als notwendige Erscheinung zu begreifen.

Josef Rupert Geiselmann hat aufgezeigt, wie Drey schon in der „Revision“ die Neugestaltung der Theologie von einem vertieften Begriff der Geschichte her in Angriff genommen hat[36]. Sowohl der geschichtsfeindliche Moralismus der Aufklärung wie auch die gelehrte Einzelinterpretation von Schrift und Tradition wurden seinem historischen Verständnis nicht gerecht. Darin erweist er sich als „Theologe der Romantik“[37], daß er die naturalistische oder individualistische Auffassung, die in der Geschichte nur ein Werk des Zufalls sieht, zugunsten einer organischen Anschauung zu überwinden sucht. Der neue, antiaufklärerische

Volk geoffenbaret haben — diese Gebrechen zur Sprache zu bringen, sie als solche aufzudecken, und ein prüfendes Nachdenken unter den Theologen zu veranlassen — dies ist der Zweck dieser Abhandlung.“ (S. 1f):
Archiv für die Pastoralconferenzen in den Landkapiteln des Bisthums Konstanz 1 (1812) 3—26. Hier zitiert nach dem unveränderten reprografischen Nachdruck, in: Johann Sebastian Drey, Revision von Kirche und Theologie. Drei Aufsätze, herausgegeben und eingeleitet von Franz Schupp (Libelli CCCXII), Darmstadt 1971 (= Revision).

33 Vgl. S. 6 Anm. 21.

34 J. S. Drey, KE VI.

35 „Mir schien es vordersamst wichtig, dem Auffassen der Wissenschaft, zumal der Religionswissenschaft, aus dem Gesichtspuncte der Zufälligkeit vorzubeugen. Nichts schadet der Wissenschaftlichkeit überhaupt mehr, als wenn die Wissenschaft selbst bey ihrem ersten Aufführen vor den Augen der Anfänger in der Form der Zufälligkeit, als etwas bloß Gegebenes, hingestellt wird, das nun einmal da ist, und worüber denn ein eben so zufälliges Gespräch angefangen wird, wie über dürres Laub, auf welches etwa zween Wanderer treten, ohne zu wissen, woher der Wind es gewehet habe. Nichts schadet auch dem Interesse, das der Anfänger an seiner Wissenschaft gewinnen soll, und das hier durch die innere Wichtigkeit ihres Gegenstandes — der Religion — noch verstärkt wird, mehr als gerade jenes Auffassen in der Form der Zufälligkeit.“
J. S. Drey, KE IVf.

36 Vgl. J. R. Geiselmann, Die Glaubenswissenschaft der Katholischen Tübinger Schule in ihrer Grundlegung durch Johann Sebastian v. Drey: ThQ 111 (1930) 54ff.

37 J. R. Geiselmann, Einführung zu: Geist des Christentums und des Katholizismus. Ausg. Schriften kath. Theologie im Zeitalter des Deutschen Idealismus

Ansatz des Gründers der Tübinger Schule kann daher treffend charakterisiert werden: „Dreys Konzeption der neuen Theologie müssen wir verstehen als Antithese zum Theologiebegriff der Aufklärung im weitesten Sinne ... getragen von dem Geschichtsbegriff Schellingischer Prägung[38]." Um zu einem System der katholischen Theologie zu gelangen, sieht Drey in der „Kurze(n) Einleitung" nur zwei mögliche Wege. Der eine, von ihm als „bloß historisch" bezeichnet, setzt den Glauben als geschichtlich vorgegeben voraus und besteht in der auf ihn bezogenen Reflexion[39]. Den anderen, dem er den Vorzug gibt, indem er ihn nicht nur für möglich, sondern auch für notwendig erklärt, bezeichnet er als „wissenschaftlich", denn er beinhaltet „Construction aus Ideen"[40].

Zur Begründung zeigt Drey das Ungenügen der bisherigen Lösungsversuche auf[41] und vertritt mit seinem Systementwurf eine Position, die sowohl dem wissenschaftlichen Anspruch seiner Zeit gerecht werden will, als auch die Theologie als positive, praktische und kirchliche Wissenschaft erweisen soll[42].

„Für nothwendig halten wir eine eigentlich wissenschaftliche Construction der Theologie nach dem Geiste unserer Zeit, und der gegenwärtigen Lage nicht nur der Theologie, sondern des Christentums selbst. Der Geist unserer Zeit ist ein streng wissenschaftlicher, ihm genügt nicht mehr ein willkührliches und bloß zufälliges Trennen und Verbinden der Begriffe, selbst nicht das historische Nachweisen derselben durch Zeugnisse an Thatsachen, er sucht überall ihre höchste Einheit in Ideen durch Construction. Nur durch eine solche tritt die Theologie würdig in die Reihe der übrigen positiven Wissenschaften ein, und behauptet den Platz, den ihr nicht bloß eine alte Convenienz, sondern selbst die Philosophie als Wissenschaftslehre anweist[43]."

Die Zentralidee, die es ermöglicht, den geschichtlichen Entwicklungsprozeß des Christentums und den positiv-objektiven Charakter seines Lehrsystems begrifflich zusammenzufassen und zur Einheit zu bringen, erkennt Drey in der Idee des „Reiches Gottes"[44]. Darin fußt er

und der Romantik (Deutsche Klassiker der katholischen Theologie aus neuerer Zeit 5), Mainz 1940, XIV.

Vgl. auch die zusammenfassende Darstellung bei B. Welte, Beobachtungen zum Systemgedanken in der Tübinger katholischen Schule: ThQ 147 (1967) 40—46.

38 J. R. Geiselmann, Glaubenswissenschaft 56.

39 Vgl. J. S. Drey, KE § 56, 33; vgl. auch § 46, 27ff.

40 Vgl. ebd. § 56, 33f.

41 Als ungenügende Versuche, vom religiösen Glauben zum Wissen zu gelangen, wertet Drey den empirischen Naturalismus, den theologischen Supranaturalismus und den die Wissenschaft verachtenden Mystizismus.

Vgl. ebd. § 56, 34f; vgl. dazu auch die Anmerkung zu § 46, 28f.

42 Vgl. ebd. § 52, 32; zur Kirchlichkeit besonders § 54, 33.

43 Ebd. 56, 34.

44 Eine Übersicht zum Begriff „Reich Gottes" und zu seiner Bedeutung für die evangelische und katholische Theologie bieten jeweils die Artikel von:

auf Vorarbeiten evangelischer Theologen[45], vor allem auf Johann Jakob Hess[46], dessen Werk „von dem Reiche Gottes“[47] begeisterte Aufnahme bei dem katholischen Dogmatiker Bernhard Galura[48] fand. Dessen „neueste Theologie des Christenthums“[49] spiegelt sich in der Tagebucheintragung Dreys wider, ihm sei „die Idee vom Reiche Gottes nach der Bibel der Mittelpunkt der ganzen Religion“[50]. In den Entwürfen und Nachschriften zu Dreys Dogmatik-Vorlesungen finden Hess und Galura Erwähnung und Zustimmung[51].

P. Hoffmann, in: HThG II (1963) 414—428;
H. Fries (IV. Die R.-G.-Idee in der Neuzeit), in: LThK VIII (1963) 1115—1117;
E. Wolf (II. Theologiegeschichtlich), in: RGG V (1961) 918—924;
P. Hünermann, in: SM IV (1969) 135—150.
Zur Theologie des Reiches Gottes bei Drey vgl. besonders: J. R. Geiselmann, Die Katholische Tübinger Schule. Ihre theologische Eigenart, Freiburg—Basel—Wien 1964, 192—223. J. Rief, Reich Gottes und Gesellschaft nach J. S. Drey und J. B. Hirscher (Abhandlungen zur Moraltheologie VII), Paderborn 1965.

45 Die „Reich-Gottes-Anschauung“ der neueren evangelischen Theologie wurde vorbereitet durch Johannes Cocceius, Panegyricus de regno Dei, 1660. Zu ihrer Umgestaltung in Pietismus, Aufklärung und im Gefolge der Aufklärung vgl. E. Wolf, Art. Reich Gottes (II. Theologiegeschichtlich), in: RGG V (1961) 921. Desgl. auch J. R. Geiselmann, Die Kath. Tübinger Schule 191.

46 Johann Jakob Hess, geb. 21. 10. 1741 in Zürich. 1760—1767 Pfarrvikar in Neftenbach; danach private Studien in Zürich; seit 1795 Pfarrer und Antistes der Zürcher Kirche; gest. 29. 5. 1828.
Biographische Übersicht nach dem Art. Hess, Joh. Jakob, von: G. v. Wyss, in: ADB 12 (1880) 284—289.

47 J. J. Hess, Von dem Reiche Gottes, Ein Versuch über den Plan der göttlichen Anstalten und Offenbarungen, Zürich 1774.

48 Bernhard Galura, geb. 21. 8. 1764 in Herbolzheim (Breisgau); 1788 Priesterweihe in Wien; danach Studienpräfekt und Katechet in Freiburg, Pfarrer in Altoberdorf und Freiburg; 1815 geistlicher Referent in Innsbruck; 1818 Generalvikar von Vorarlberg; 1819 Weihbischof; 1829 Fürstbischof von Brixen; gest. 17. 5. 1856.
Biographische Übersicht nach dem Art. Galura, Bernhard von: Werner, in: ADB 8 (1878) 356f; Weitere Hinweise zu Galura bei J. Hemlein, Bernhard Galuras Beitrag zur Erneuerung der Kerygmatik (Freiburger theol. Studien 65), Freiburg 1952; vgl. Th. Filthaut, Das Reich Gottes in der katechetischen Unterweisung, Freiburg 1958.

49 B. Galura, Neueste Theologie des Christenthums, wie selbes von Ewigkeit im Sinne Gottes war und in der Zeit aus dem Munde des Sohnes Gottes gekommen ist. 6 Bde., Augsburg 1800—1804.

50 Tagebuch II, 161. Zit. bei: J. R. Geiselmann, Die Kath. Tübinger Schule 195, Anm. 10.

51 Aus dem handschriftlich hinterlassenen Nachlaß Dreys veröffentlichte J. R. Geiselmann die Nachschrift der Dogmatikvorlesungen durch Kaspar Fuchs (1828/29), in: Ders., Die Kath. Tübinger Schule 210—223. Zur Erwähnung von Hess und Galura vgl. ebd. 195, Anm. 10; 203; 216.
Zum Einfluß Galuras auf Drey (und Möhler) vgl. auch St. Lösch, J. A.

In der „Kurze(n) Einleitung" nennt Drey die Idee des Reiches Gottes „diejenige Idee des Christentums, die alle anderen in sich trägt und aus sich hervorgehen läßt"[52]. Daß sie die höchste Idee des Christentums sei, müsse schon deshalb einleuchten, „weil kein Begriff, keine Lehre, selbst keine andere Idee des Christentums genannt werden mag, die nicht unter jener Idee stünde, ihr untergeordnet, aus ihr abzuleiten wäre"[53]. Die Zentralidee des Reiches Gottes ermöglicht es Drey, sich gegen eine Engführung der Theologie nur auf dem Raum, „den die Geschichte Christi und seiner Lehre umschließt"[54], zur Wehr zu setzen, den „Universalismus der christlichen Religion"[55] zu wahren und die Weltgeschichte in sein System einzubeziehen. Die Erwartung der Juden auf das kommende messianische Reich gilt ihm als Vorbereitung, so daß dem Typus ihrer religiösen Erwartung „nur seine irdisch bürgerliche Hülle abgestreift werden durfte, um ein reineres ideales Bild vom Reiche Gottes leuchten zu sehen"[56]. „Dieß wurde bewirkt durch Christus. Er läuterte jene sinnliche Idee von einem irdischen Reiche Gottes und Weltbürgertum zu jener Reinheit und Allgemeinheit eines Himmelreiches, eines moralischen Reiches im Universum; bildete den König der Völker zu einem Vater der Menschen, den Statthalter des Königs zu einem Sohne des Vaters, zum Erstgeborenen um; gab der ganzen Geschichte der Vorzeit, auf der die jüdische Messiasidee ruhte, zwar die Beziehung auf sich, aber auch die höhere Bedeutung, daß er in ihr die stufenweise sich entwickelnden Erziehungspläne Gottes, gleichsam die Momente und Epochen seines Reiches, die Bildungsperioden der Menschheit, in der Zeit seiner eigenen Erscheinung aber diejenige Epoche erkennen ließ, in der das Geheimniß der Vergangenheit aufgedeckt worden, und nun auch von der hellern Gegenwart ein weiterer Blick in die Zukunft gestattet ist. Dieß also ist die Idee vom Reiche Gottes im Sinne Christi: Die Rathschlüsse Gottes über die Menschen und die Welt, von Ewigkeit zu denken in seinem Geiste, geoffenbart und sich verwirklichend in der heiligen Geschichte, aber nur allmählich und daher noch verborgen vor dem Sinne der Menschen, bis die Fülle der Zeit und mit ihr Christus erschien, der nun jene Rathschlüsse aufklärte, sie in bestimmten Begriffen aussprach, und diese wieder an seine eigene Geschichte knüpfte[57]."

Die Theologie als Wissenschaft muß also nach Drey ihren Ausgangspunkt von der Geschichte nehmen. Das Christentum „kann zunächst nur

Möhler und die Lehre von der Entwicklung des Dogmas, ThQ 99 (1917/18) 143ff. Zusammenfassend urteilt Lösch über die Theologie des Reiches Gottes am Beginn des 19. Jahrhunderts: „Die Lehre vom Reiche Gottes ist also für die Zeit von 1800 bis 1830 ein Mittel, um der theologischen Spekulation eine Zentralidee zu geben, von der aus die zeitlich-irdische Erscheinung des Gottesreiches im A. und N. B. bis zur künftigen Vollendung entwickelt werden soll." Ebd. 145.

[52] J. S. Drey, KE § 32, 19.
[53] Ebd. § 60, 38.
[54] Ebd. § 61, 38f.
[55] Ebd. § 61, 39.
[56] Ebd. § 58, 37.
[57] Ebd. § 59, 37.

empirisch-historisch erkannt werden, und die historische Kenntniß von ihm muß der wissenschaftlichen Erkenntniß schlechterdings vorangehen, jene ist die materielle Grundlage von dieser"[58]. Von daher ergibt sich folgerichtig das Einteilungsschema der „Kurze(n) Einleitung" in ihrem zweiten Hauptstück „encyklopädische Darstellung der Haupttheile des theologischen Studiums", dem eine allgemeine Einleitung vorangestellt ist. Gemäß der eben genannten Zuordnung von geschichtlicher Betrachtung zu wissenschaftlicher Konstruktion bildet die „historische Propädeutik" den ersten größeren Abschnitt[59]. Darin wird zwischen „biblischer Theologie", die sich auf das Urchristentum bezieht, und „historischer Theologie", der Darstellung der christlichen Kirchengeschichte, unterschieden.

Der zweite größere Abschnitt ist der „wissenschaftlichen Theologie" vorbehalten[60]. Sie fußt auf dem Resultat der biblisch-historischen Erkenntnis, gelangt aber erst dadurch zu einem System der christlichen Religionslehre, daß auf dem Fundament der Zentralidee des Reiches Gottes der historische Stoff in Ideen umgewandelt wird. Da nun das Reich Gottes eine ideale und eine reale Seite besitzt, nämlich einerseits der Inbegriff von Ideen ist, die Christus ausgesprochen hat, sich aber andererseits in bestimmten Erscheinungsformen objektiviert, so unterscheidet Drey das System des christlichen Lehrbegriffs vom System der christlichen Kirche, dem er ein Kapitel zum Studium der wissenschaftlichen Theologie folgen läßt. Apologetik und Polemik, die der Rechtfertigung des Christentums dienen, gelten Drey als Vorarbeiten der Wissenschaft und werden deshalb einleitend diesem zweiten Abschnitt vorangestellt.

Nachdem Drey auf diese Weise einen wissenschaftlichen Abriß der Theologie entworfen hat, fügt er einen dritten größeren Abschnitt an, der der angewandten oder „praktischen Theologie" gewidmet ist[61]. In Anlehnung an Schleiermacher[62] gilt ihm diese nicht als eigentliche

[58] Ebd. § 64, 40.

[59] Vgl. ebd. §§ 107—220, 73—149; Zusammenfassung: §§ 66—70, 41—44.

[60] Vgl. ebd. §§ 221—323, 149—217; Zusammenfassung: § 71f, 44ff.

[61] Vgl. ebd. § 324—388, 217—255; Zusammenfassung; § 73f, 46ff.

[62] Friedrich Daniel Ernst Schleiermacher, geb. 21. 11. 1768 in Breslau; 1783 bis 1787 auf Herrnhuter Anstalten in Niesky und Barby; 1787—1789 Studium der Theologie in Halle; 1790 theol. Examen in Berlin; 1790—1793 Hauslehrer in Schlobitten; vorübergehende Lehrtätigkeit in Berlin und Landsberg; 1796 Prediger an der Charité in Berlin, Begegnung mit den Romantikern, besonders mit Schlegel; 1802 Hofprediger in Stolp; 1804 Berufung an die Universität Halle, Beginn der eigentlich wissenschaftlichen Arbeit; 1807 zunächst freie Vortragstätigkeit in Berlin, seit 1809 Prediger an der Dreifaltigkeitskirche, 1810 Berufung an die neugegründete Universität; gest. 12. 2. 1834 in Berlin.
Biographische Übersicht nach dem Art. Schleiermacher, Friedrich Daniel Ernst, von: W. Dilthey, in: ADB 31 (1890) 422—457;

Theologie, „denn sie lehrt nichts weiteres mehr von Gott und göttlichen Dingen“[63]. Nur in einem uneigentlichen Sprachgebrauch könne überhaupt von Theologie die Rede sein, eher müßte man von einer technischen Bildung sprechen. Drey bezeichnet sie daher als „eine dem Gottesgelehrten nothwendige Kunstbildung“ und als „eine Kunstanweisung zur Ausübung seiner Wissenschaft“[64].

Für die Aufnahme der praktischen Theologie in Dreys enzyklopädischem Lehrbuch darf man eine Begründung des Verfassers erwarten, da er das Wissen, wie es die historische Propädeutik und die wissenschaftliche Theologie vermittelt, von der Anwendung dieses Wissens klar unterscheidet und abgrenzt. Daher argumentiert er mit dem Hinweis, daß das Wissen noch nicht das ganze Studium des Theologen beinhaltet. Sein Einwirken auf die Kirche und seine kirchliche Tätigkeit erfordern nach Drey eine Anleitung, deren Notwendigkeit leicht eingesehen werden könne. Deshalb müsse auch die technische Bildung, die die angewandte Theologie vermittle, zum Kreis seiner Studien gehören[65].

Indem Drey den Rahmen seiner „Kurze(n) Einleitung“ über die streng wissenschaftliche Theologie hinaus erweitert und damit eine Einführung für das gesamte Studium des Theologen bietet, gelangt er in seiner enzyklopädischen Darstellung zu der bereits genannten Dreigliedrigkeit: Studium der historischen Propädeutik, Studium der Wissenschaft selbst und Studium der praktisch technischen Anleitung[66]. Es wird zu fragen sein, wo in diesem theologischen System die Lehre vom Gottesdienst der Kirche ihren Ort hat, um anhand des Ergebnisses zu prüfen, ob und wieweit Staudenmaier seinem Tübinger Lehrer hierin folgt, oder zu welcher Wertung und Einordnung ihn der eigene enzyklopädische Entwurf führt.

## 3. Der Kult als Wesenselement der Kirche in Johann Sebastian Dreys „Kurze(r) Einleitung in das Studium der Theologie“

Die Unterscheidung Dreys zwischen der idealen und der realen Seite des Reiches Gottes hat zur Folge, daß in seiner Darstellung der wissenschaftlichen Theologie das System des christlichen Lehrbegriffs vom

P. Meinhold, in: LThK IX (1964) 413—416.
Friedrich Schleiermacher veröffentlichte 1811 seine „Kurze Darstellung des theologischen Studiums zum Behuf einleitender Vorlesungen“, die in der Vorrede zu Dreys KE erwähnt wird; vgl. ebd. IV. Darin werden alle praktisch-theologischen Vorschriften „Kunstregeln“ gleichgesetzt. Noch deutlicher formuliert die 2. Auflage (1830): „Alle Vorschriften der praktischen Theologie können nur allgemeine Ausdrücke sein, in denen die Art und Weise ihrer Anwendung auf einzelne Fälle nicht schon mit bestimmt ist ..., d. h. sie sind Kunstregeln im engeren Sinne des Wortes.“
F. Schleiermacher, KD § 265, 102; vgl. auch Anm. 1 und 2.

[63] J. S. Drey, KE § 74, 47.

[64] Ebd. § 74, 47.

[65] Vgl. ebd. § 73f, 46ff.

[66] Vgl. ebd. § 74, 47f.

System der christlichen Kirche abgehoben und getrennt von ihr behandelt wird[67]. Dabei wird die Kirche nicht schlechthin mit dem Reich Gottes gleichgesetzt, sondern als „die zeitliche sinnliche Erscheinung dieses Reichs, in welcher demnach die Hauptideen des Christentums Realität gewinnen"[68], definiert. Die religiöse Grundanschauung des Christentums, das Reich Gottes, erhält in ihr „empirische Wirklichkeit und objective Bedeutung"[69].

Nach Drey wird die Kirche durch drei Wesensmerkmale gekennzeichnet, die sie nicht zufälliger Übereinkunft ihrer ersten Mitglieder, sondern ihrem Stifter selbst verdankt: Lehrbegriff, Kultus und Verfassung[70]. Diese Merkmale stehen nicht beziehungslos nebeneinander, sondern bilden einen inneren Zusamenhang.

Der Lehrbegriff ist die „Basis" und die „erste Bedingung alles Kirchentums", er ist „der Felsengrund, auf welchem die Kirche erbauet wird und ruht"[71]. Ohne eine gemeinsame Überzeugung ist die Vereinigung und der Zusammenhalt von Menschen in einer religiösen Gesellschaft nicht möglich, ohne religiöse Ideen ist sie nicht einmal denkbar. Das erste, was daher eine Kirche besitzen muß, ist „ihr Symbol, — die öffentlich und bestimmt ausgesprochene gemeinsame religiöse Überzeugung"[72].

[67] Franz Xaver Arnold, der die Bedeutung Dreys für das richtige Verständnis der praktischen Theologie aus dem Grundgedanken der Selbstüberlieferung des Christentums hervorhebt, kritisiert mit Anton Graf diese Unterscheidung als unzweckmäßig:
„Obwohl der Gründer der Tübinger Schule die praktische Theologie zur ‚Pastoraltechnik' ohne eigenes theologisches Objekt abgewürdigt hat, hat er doch in dem bereits erwähnten Traktat über das ‚System der christlichen Kirche' die Grundformen des kirchlichen Wirkens und die Grundlinien des Kirchenregiments theologisch gründlich beschrieben: das Symbolum, die Liturgie und die Verfassung. Nur hat Drey, wie bereits festgestellt, diese seine Theorie des kirchlichen Wirkens von der Anleitung zum Kirchendienst und zum Kirchenregiment getrennt. Durch diese unzweckmäßige ‚Trennung des Zusammengehörigen erhielt Drey eine besondere Disziplin, die sonst nirgends begegnet und nun zwischen der Dogmatik und der praktischen Theologie steht, ohne zu jener oder dieser zu gehören, das System der Kirche' (Drey, Kurze Einleitung 180—207; Graf, Kritische Darstellung des gegenwärtigen Zustands der praktischen Theologie 186). Hätte Drey den Inhalt des Traktats mit seiner Pastoralanleitung (Drey, Kurze Einleitung 217ff) verbunden, dann hätte er bereits selbst den richtigen Begriff der praktischen Theologie gewonnen."
F. X. Arnold, Der geschichtliche Weg theozentrischer Pastoralwissenschaft, in: Seelsorge aus der Mitte der Heilsgeschichte. Pastoraltheologische Durchblicke, Freiburg 1956, 183.

[68] J. S. Drey, KE § 275, 186.

[69] Ebd. § 268, 181.

[70] Vgl. ebd. § 272, 184.

[71] Ebd. § 268, 181.

[72] Ebd., Anmerkung zu § 268, 181.

Bildet der Lehrbegriff die Grundlage der christlichen Kirche, so kann er doch nicht ihr einziger und höchster Zweck sein. Es erhebt sich die Frage, wie der Inhalt christlicher Überzeugung im einzelnen Mitglied der Kirche und in ihrer Gesamtheit zur Realisierung gelangt. Drey zieht hier, wie er selbst hervorhebt, das deutsche Wort „Frömmigkeit[73]" heran, um in aller Kürze zusammenzufassen, wie der Prozeß des Übergangs von der Idee zur Verwirklichung verlaufen muß. „Die religiöse Überzeugung muß in religiöse Gesinnung, religiöses Leben, — mit einem deutschen Wort — in Frömmigkeit übergehen. Die Frömmigkeit mit allem was dazu gehört, ist Zweck der Kirche[74]."

Wenn Drey einerseits die Freiheit und Individualität der Frömmigkeit betont, so bindet er sie andererseits an die Kirche. Sie ist Realisierung der in der Kirche vorhandenen Ideen, so daß sie in verschiedenen Kirchen durchaus eine verschiedene Ausprägung erhalten kann. Alles, was die Frömmigkeit fördert, was also Mittel zum Zweck ist, benennt Drey mit dem Wort Andacht. Beide Begriffe, Frömmigkeit und Andacht, werden im zweiten Wesensmerkmal der Kirche, im Kultus, miteinander verknüpft. „Aeusserer Ausdruck der innern Frömmigkeit, und von aussen nach innen wirkende Andacht zusammengenommen heissen Cultus[75]."

Im christlichen Kult[76] unterscheidet Drey Wesentliches von Außerwesentlichem, das fixe vom beweglichen Element. Als wesentlich gilt

[73] W. Trillhaas, Art. Frömmigkeit, in: RGG II (1958) 1158—1162 nennt die Verwendung dieses Begriffs für die Beschreibung des religiösen Gefühls oder der subjektiven Seite der Religion „eine ausgesprochen moderne Sache" (1158). Zu Beginn des 19. Jahrhunderts hat der Begriff Frömmigkeit eine beherrschende Stellung in der (prot.) systematischen Theologie erhalten. Für Schleiermacher war er ein Schlüsselbegriff der Dogmatik und wurde als Gefühl der schlechthinnigen Abhängigkeit verstanden (1159f).
Vgl. C. Albrecht, Schleiermachers Liturgik, Berlin 1962, 12.
In der Rezension von Schleiermachers Werk Der christliche Glaube, Berlin ²1830/31 lehnt Staudenmaier dessen Gefühlstheorie ab. Vgl. ThQ 15 (1833) 296—329; 496—524; 639—700. Zum absoluten Abhängigkeitsgefühl vgl. besonders 506—512.
In der zweiten Auflage der KD (1830) stellt Schleiermacher in den Grundsätzen des Kirchendienstes eine Verbindung von Gemeinde und Frömmigkeit her: „Die örtliche Gemeine, als ein Inbegriff in demselben Raum lebender und zu gemeinsamer Frömmigkeit verbundener christlicher Hauswesen gleichen Bekenntnisses, ist die einfachste vollkommen kirchliche Organisation, innerhalb welcher eine leitende Tätigkeit stattfinden kann."
F. Schleiermacher, KD § 277, 107.

[74] J. S. Drey, KE § 269, 182.

[75] Ebd. § 270, 183.

[76] Drey faßt das zweite Wesenselement der Kirche unter der Bezeichnung „Kult" zusammen, räumt aber ein, daß er stattdessen auch „Liturgie" hätte wählen können. Für seine Entscheidung führt er als Begründung an: „Wenn es nicht Gewohnheit geworden wäre, unter Liturgie das bloß Aeussere des Cultus, und unter Liturgik die Theorie dieses Aeusseren zu verstehen, könnten diese Namen vom Cultus überhaupt gebraucht werden."

„die fromme Rührung und Bewegung des Gemüthes durch das Heilige, wodurch Veränderungen und Zustände im Innern des Menschen bewirkt werden, die ihn Gott und seinem reinen Verhältnisse zu Gott immer näher bringen“[77]. Mit den Worten „Geheimniß“ und „Sacrament“[78] kennzeichnet Drey die innere Seite des christlichen Kultes, die den Sinnen nicht zugänglich ist.

Fridolin Laupheimer macht ergänzend darauf aufmerksam[79], daß damit noch nicht die ganze Auffassung Dreys vom inneren Wesen des Kultes ausgesagt ist und durch den an anderer Stelle dargelegten christologisch-heilsgeschichtlichen Aspekt ergänzt werden muß. Die Terminologie der Erweckungsbewegung darf nicht zu dem falschen Schluß verleiten, als sei eine rührselige Gefühlsstimmung als Wirkung des Kultes beabsichtigt. Sein eigentliches Wesen liegt in dem durch ihn am Menschen gewirkten Heilshandeln. Dieses aber ruht auf der Voraussetzung, daß unter den Symbolen des Kultes und dem Handeln der Kirche die Heilstat Christi gegenwärtig gesetzt wird. Erst in dieser Zusammenschau wird die volle Bestimmung des christlichen, kirchlichen Kultes bei Drey sichtbar.

Das Außerwesentliche des Kultes, von Drey als „Ritus“ bezeichnet, ist „der Ausdruck und das Zeichen für das Sacrament“[80]. Ritus umfaßt den ganzen Bereich des sinnlich Wahrnehmbaren, wobei noch einmal zwischen symbolischer Handlung und Zeremonie unterschieden wird. Während das Sakrament als wahres Mysterium von der sinnlichen Wahrnehmung des Menschen nicht erfaßt werden kann, wird es jedoch in seiner Wirkung erfahrbar. Die Zeichen, mit denen die Wirkweise des Sakraments angedeutet wird, heißen symbolische Handlungen. Sie belehren den Menschen und verbürgen ihm, daß der transzendentale Akt, der in seinem Bewußtsein nicht zur Anschauung kommt, zugleich mit dem sinnlich erfaßbaren Phänomen wirklich stattfindet. So eng verknüpft Drey das Mysterium mit der symbolischen Handlung, daß im Sakrament Wesen und Ausdruck aneinander gebunden sind[81]. Der Bereich des Ritus, der nicht zur symbolischen Handlung zählt, gilt als Zeremonie. Damit wird ein Zeichen benannt, „wodurch die innere Rührung und Bewegung des Gemüths sich auf eine angemessene Art sinnlich ausspricht, oder ein

J. S. Drey, KE, Anmerkung zu § 274, 185.

Zur Geschichte und Verwendung der Begriffe und zur Definition der Liturgie vgl.

E. J. Lengeling, Art. Kult und Art. Liturgie, in: HThG I (1962) 865—880; II (1963) 75—97.

Art. Liturgie unter Heranziehung der Liturgie-Konstitution des II. Vatikanischen Konzils neu bearbeitet, in: LitW II (1965—1968) 1573—1596.

[77] J. S. Drey, KE § 273, 185.

[78] Ebd.

[79] F. Laupheimer, Die kultisch-liturgischen Anschauungen Johann Sebastian von Dreys, Diss. (masch.) Tübingen 1959, 43f.

[80] J. S. Drey, KE § 274, 185.

[81] Vgl. ebd. § 276, 187.

solches, wodurch vermittelst eben dieser Wechselbeziehung des Innern und Aeussern das Gemüth von aussen fromm angesprochen wird“[82].

Drey wendet sich dagegen, Sakrament und Ritus in der wissenschaftlichen Darstellung so voneinander zu trennen, daß, wie es bisher üblich war, das Wesen des Kultes in der Dogmatik oder Moral, die Theorie des Außerwesentlichen aber in der Liturgik behandelt wird. Die Unterscheidung von Wesentlichem und Außerwesentlichem im christlichen Kult kann für ihn eine solche Trennung nicht rechtfertigen, er stellt daher fest: „Allein die Wissenschaft die eine vollständige Theorie des christlichen Cultus als Idee aufstellt, die Natur der Liturgik, die alles Außerwesentliche desselben schlechterdings nur in Beziehung auf sein Wesentliches darstellen kann, und selbst zufällige Zeitumstände fordern die Verbindung des Getrennten, das heißt eine vollständige wissenschaftliche Darstellung alles dessen, was zum christlichen Cultus gehört, wenngleich eine solche Darstellung ... auch nur eine zeitliche seyn kann[83].“

Bevor die Stellung des Kultes in der praktischen Theologie skizziert wird, sei kurz auf das dritte Wesensmerkmal der Kirche, die Verfassung, hingewiesen. Drey bezeichnet sie als die Bedingung dafür, daß die Kirche in Raum und Zeit bestehen kann, sie erst sichert ihr bleibende Existenz[84]. Als innere Verfassung beinhaltet sie die drei wesentlichen Elemente christlichen Kirchentums, also das Symbol, Kult und Liturgie und die Hierarchie als Verfassungsform der kirchlichen Regierung[85]. Als äußere Verfassung wird sie in ihrem Verhältnis zum Staat bestimmt[86].

Für die praktische Theologie übernimmt Drey die gängige Terminologie von Kirchenregiment und Kirchendienst[87], die auf der Unterscheidung von Regierung und Verwaltung beruht. Dabei ist nur an die Amtsführung der Geistlichen gedacht, die ausdrücklich „Kirchenbeamte[88] genannt werden und je nach ihrer Wirkungsart „Vorsteher der Kirche“ oder „Kirchendiener“[89] heißen. Von den Laien ist in diesem Zusammenhang nur indirekt die Rede, insofern alles Handeln der Geistlichen als „Seelenleitung“[90] verstanden wird.

Das Kirchenregiment hat die Unterscheidung von innerer und äußerer Verfassung zu berücksichtigen. Als kirchliche Politik ist sie dar-

[82] Ebd. § 274, 185.
[83] Ebd. § 283, 191f.
[84] Vgl. ebd. § 271f, 183f.
[85] Vgl. ebd. § 291ff, 197f.
[86] Vgl. ebd. § 289, 196.
[87] Diese Unterscheidung wird durchgängig im Einteilungsschema der zeitgenössischen praktischen Theologie verwendet, vgl. F. Schleiermacher, KD § 274 mit Anm. 2, 105f.
Demnach versteht Schleiermacher unter dem Kirchenregiment die leitende Tätigkeit, die sich auf die Kirche in ihrer Gesamtheit richtet, unter Kirchendienst eine solche, die auf die einzelnen Lokalgemeinden bezogen ist.
[88] J. S. Drey, KE § 324 mit Anm., 218.
[89] Ebd. § 325, 218f.
[90] Ebd. § 329, 221.

auf ausgerichtet, das Verhältnis der Kirche zum Staat zu regeln. Als kirchliche Regierung wacht sie über Symbol, Liturgie und Verfassungsform. Dabei fällt auf, daß Drey, der die Unveränderlichkeit des Kultes betont, die kirchliche Regierung geradezu ermuntert, in den äußeren Formen Freiheit walten zu lassen[91], um die Wirksamkeit der Liturgie zu sichern.

Der Kirchendienst, von Drey auch Kirchenverwaltung genannt, ist auf die Leitung der Gemeinden und ihre Vorstände, die Kirchendiener, ausgerichtet. Die Gläubigen werden als Objekt der Seelsorge betrachtet, die nötigen Anleitungen dazu liefert die Pastoraltheologie. — Soweit der Kirchendiener „Lehrer des Christentums im Namen der Kirche"[92] ist, erhält er in Katechetik und Homiletik die notwendigen methodischen Hinweise. Die Liturgik als dritte pastoraltheologische Disziplin richtet sich auf den Vorsteher der Gemeinde in seiner Funktion als Liturge oder Priester. Als solcher ist er einerseits an den objektiven Kult der Kirche gebunden, handelt gleichsam als ihr Funktionär, andererseits betont Drey, daß der Kult ohne innere Anteilnahme zwangsläufig zum geistlosen Mechanismus entarten muß. Für das individuelle Handeln bleibt so ein von Vorschriften freier Spielraum gewahrt, den „religiöse Gemütlichkeit"[93] und der eigene Kunstgeschmack bestimmen.

Erst in der Synthese von Bindung und Freiheit kann das Ziel des Kultes erreicht werden, „daß die Gemüther der Gläubigen ergriffen das wirklich erfahren und empfinden, was die sinnlichen Formen symbolisch andeuten"[94]. Dazu aber muß der Liturge „den ihm von der Kirche vor-

[91] „Es muß Maxime jeder kirchlichen Regierung seyn, keine liturgische Form und kein Formular über die Dauer jener Zeit und Bildung bestehen zu lassen, in welcher Zeit und aus welcher Bildung sie hervorgegangen sind, denn so verliert die Liturgie ihre Bedeutung und Wirksamkeit zugleich. — Aber es muß ebenso Maxime jeder kirchlichen Regierung seyn, einer stäten Beweglichkeit, noch mehr einer gewaltsamen und ungesetzlichen Reform des Ritus vorzubeugen; im erstern Falle entsteht nie eine Liturgie, im zweyten wird ihre Wirksamkeit auf das Gemüth und die Sitte unterbrochen. — Darum muß es Grundsatz seyn, öfters, aber immer nur wenig, an der Liturgie zu ändern; versäumt dies eine kirchliche Regierung, so setzt sie sich nothwendig in eine der vorgedachten Alternativen; alsdann aber ist guter Rath theuer. — Da zu allen Zeiten die Glieder einer Kirche an Bildung und religiösem Bedürfnisse einander ungleich seyn werden, so kann es keine Liturgie geben, die alle auf gleiche Weise befriedigte, weder unter demselben Volke, noch weniger unter verschiedenen Völkern. Hier muß also Grundsatz seyn — die möglichste Ausgleichung der Mannigfaltigkeit mit der Gleichförmigkeit. — In der wirklichen Aufstellung liturgischer Formen muß sich die Weisheit der kirchlichen Regierung, die das Ganze überschlägt, und die Erfahrung des Kirchendieners, der in das Einzelne blickt, wechselseitig begegnen; die erste kann es nicht auf Versuche der letztern allein ankommen lassen; sie kann es aber auch nicht umgehen, diejenigen zu hören, denen daran gelegen ist." — Ebd., Anm. zu § 337, 226.

[92] Ebd. § 354, 238.

[93] Ebd. § 363, 243.

[94] Ebd. § 362, 242.

geschriebenen Mechanismus seiner Functionen mit eigener individueller Begeisterung beleben und durchdringen"[95].

Hinweise zur Pastoraltechnik und Anleitungen zur Pastoralklugheit schließen den Bereich des Kirchendienstes ab.

## 4. Universalenzyklopädie als allgemeine Wissenschaftslehre bei Franz Anton Staudenmaier

Der schon in den ersten Zeilen der Vorrede zur Enzyklopädie deutlich hervorgehobene Anspruch Staudenmaiers, seine Schrift trete innerhalb der katholischen Theologie als eine völlig neue auf, wird von seinem Lehrer Drey ausdrücklich bestätigt. In einer Rezension der ersten Auflage bescheinigt er dem Verfasser, die theologische Enzyklopädie sei hier „auf eine von der ganzen bisherigen Gewohnheit verschiedene und neue Art" gefaßt und behandelt. Diese Beurteilung wird mit dem Hinweis begründet, es handle sich bei Staudenmaiers Darstellung der gesamten Theologie um ein „geschlossenes System"[96]. Entwurf und Durchführung eines Systems werden damit zum Maßstab, an dem die wissenschaftliche Leistung eines Autors gemessen wird.

Der neue Ansatz ist nicht ohne Vorbilder und zeitgenössische Einflüsse denkbar. Es gehört ja gerade zum Charakteristikum der Tübinger Schule, daß sie sich den großen geistigen Auseinandersetzungen ihrer Zeit öffnet und in lebendigem Austausch mit ihnen steht. Im Hinblick auf die von Kant und Hegel ausgehenden Anregungen urteilt Bernhard Welte zunächst über Drey, sodann über die Tübinger insgesamt: „Es war neu für die katholische Theologie, im Strahlungsbereich so großer und so starker Systemgedanken nicht nur zu leben, sondern sich ihm im vollen Maße, wenngleich nicht unkritisch, zu öffnen und zu exponieren. Von daher empfing Drey und empfingen seine Geistesgenossen einen gewaltigen systematischen Impuls.

Es wird überdies spürbar, daß diese großen Gedanken nicht bloß von außen auf die Tübinger und speziell auf Drey wirkten, daß diese Tübinger Theologen vielmehr in sich selber etwas vom Geist und von der lebendigen systematischen Kraft und Genialität dieses Zeitalters der größten Geisteseruption unserer Geschichte spürten. Der große Geist der Zeit lebte in ihnen selber, und sie wußten sich selber als lebendiger Teil von ihm. So werden sie im Angesichte Hegels selbst und von innen zu einer umfassenden systematischen Synthese angetrieben[97]."

Diese allgemeine Feststellung ist nun durch die Beobachtung zu ergänzen, daß die Tübinger Theologen bei aller Übereinstimmung im Systemdenken zu je eigenständiger Akzentuierung gelangen, in ihren

[95] Ebd.

[96] J. S. Drey, Rez. zu F. A. Staudenmaier, Enzyklopädie 1: ThQ 17 (1835) 384f.

[97] B. Welte, Beobachtungen zum Systemgedanken in der Tübinger Katholischen Schule: ThQ 147 (1967) 42.

Lösungen voneinander abweichen und jeweils neue, aus der Philosophie und Theologie ihrer Zeit stammende Einflüsse zu integrieren vermögen[98]. Dreys „Kurze Einleitung“ ist ohne die Auseinandersetzung mit Schleiermacher und ohne eine gründliche Kenntnis Schellings[99] nicht denkbar[100]. Beiden Autoren begegnen wir auch im Werk Staudenmaiers; die Geschichtsauffassung und der idealistische Wissenschaftsbegriff Schellings haben ihn schon früh beschäftigt. In der Enzyklopädie nennt er den Verfasser der Vorlesungen über das akademische Studium[101] gemeinsam mit Hegel[102], und damit ist der entscheidend neue Impuls für Stauden-

[98] B. Welte stellt diesen Vergleich für den Systemgedanken bei Drey, Möhler, Staudenmaier und Kuhn dar; vgl. ebd. 40—59.

[99] Friedrich Wilhelm Joseph Schelling, geb. 27. 1. 1775 in Leonberg; 1790 bis 1795 im Tübinger Stift, Freundschaft mit Hegel und Hölderlin; 1796—1798 Hofmeister in Leipzig; 1798 Berufung nach Jena, Zusammenarbeit mit Hegel; 1803 Berufung nach Würzburg; 1806 Mitglied der Akademie der Wissenschaften in München; 1827 Berufung an die Universität München; seit 1841 zur Bekämpfung der Philosophie Hegels nach Berlin berufen; gest. 20. 8. 1854 in Bad Ragaz.
Biographische Übersicht nach dem Art. Schelling, Friedrich Wilhelm Joseph, von:
Fr. Jodl, in: ADB 31 (1890) 6—27;
H. Fuhrmans, in: LThK IX (1964) 385—387.

[100] J. S. Drey, KE § 84, 56f nimmt Bezug auf die „Revolutionen“ in der Philosophie, ihre Auswirkungen auf die Theologie und deren wissenschaftliche Behandlung. Schellings Vorlesungen werden in ihrer Bedeutung für die Wissenschaftslehre besonders hervorgehoben.
Vgl. dazu P. Hünermann, Der Reflex des deutschen Idealismus in der Theologie der katholischen Tübinger Schule, in: PhJ 73 (1965) 53 und 61.

[101] Fr. W. J. Schelling, Vorlesungen über die Methode des akademischen Studiums (1802), in: Schellings Werke, hrsg. von M. Schröter, 3. Hauptband, München 1927, 229—374.
Vgl. F. A. Staudenmaier, Enzyklopädie 1, § 8, 9.

[102] Vgl. ebd.
Georg Wilhelm Friedrich Hegel, geb. 27. 8. 1770 in Stuttgart; 1788—1793 Stipendiat im Tübinger Stift, Beginn der Freundschaft zu Hölderlin und Schelling; 1793—1800 Hauslehrer in Bern und Frankfurt; 1801 Habilitation in Jena, Lehrtätigkeit als Privatdozent und Veröffentlichung der „Phänomenologie des Geistes“ (1807); 1807 Redakteur in Bamberg; 1808—1816 Direktor des Ägidien-Gymnasiums in Nürnberg, aus seinem Unterricht erwächst die „Wissenschaft der Logik“; 1816 Berufung nach Heidelberg, erste Fassung der „Encyklopädie der philosophischen Wissenschaften“ (1817); 1818 Berufung an die Universität Berlin, Veröffentlichung der „Grundlinien der Philosophie des Rechts“ (1820) und der zweiten und dritten Auflage der „Encyklopädie“ (1827/30); gest. 14. 11. 1831 in Berlin.
Biographische Übersicht nach dem Art. Hegel, Georg Wilhelm Friedrich, von:
Erdmann, in: ADB 11 (1880) 254—274;
I. Fetscher, in: NDB 8 (1969) 207—222;
W. Kern, in: LThK V (1960) 56—59.

maiers Systemdenken angezeigt. Hierin gelangt er über Drey hinaus, der sich in Tagebüchern und Veröffentlichungen kaum zu Hegel äußert[103].

Dagegen hat sich Staudenmaier von allen Tübingern am intensivsten mit ihm auseinandergesetzt[104], nach dem Urteil Theodor Steinbüchels darf er als „der bedeutendste katholische Hegelkritiker“[105] gelten. So ist es wohl auch eine Untertreibung, wenn Drey meint, Hegel könnte für Staudenmaiers Enzyklopädie „blos die Idee angeben“[106]. Gerade eine Gegenüberstellung der Enzyklopädien beider Verfasser, darauf weist Peter Hünermann mit mehreren Textvergleichen hin[107], kann deutlich machen, welche Anregungen und Einflüsse von Hegel ausgegangen sind. Staudenmaier hat ihm im „Andenken an Friedrich von Schlegel“[108] einen festen Platz in der Entwicklungsgeschichte des menschlichen Geistes zugewiesen und ihm auch in der Enzyklopädie Verehrung dargebracht:

„Ich muß übrigens hier bemerken, daß ich keineswegs verkenne, wie in Hegel nicht nur eine merkwürdige Urkräftigkeit des Geistes, ein seltener Scharf- und Tiefsinn, eine große Macht des Gedankens, sondern auch eine gemüthliche, kräftige Persönlichkeit, und ein hoher religiöser Ernst sichtbar geworden sei[109].“

Obwohl Staudenmaier davon überzeugt ist, daß seine Veröffentlichungen zu Hegel auch das Trennende in den Grundanschauungen genügend

[103] Vgl. P. Hünermann, Der Reflex des deutschen Idealismus, 61.

[104] Der Auseinandersetzung mit Hegel dienten in Staudenmaiers Gießener Zeit, in der er seine Enzyklopädie verfaßte, Beiträge für die von ihm mitbegründeten Jahrbücher für Theologie und christliche Philosophie:
F. A. Staudenmaier, Rez. zu Hegel, Vorlesungen über die Philosophie der Religion, Berlin 1832, in: Jahrbücher I (1834) 97—158.
Ders., Über den unpersönlichen Gott des Pantheismus und den persönlichen des Christenthums; oder über Pantheismus und christlichen Theismus, in: Jahrbücher I (1834) 259—339.
Ders., Kritik der Vorlesungen Hegels über die Beweise vom Dasein Gottes, in: Jahrbücher VI (1836) 251—359.
Diese Artikel wurden in das spätere, zusammenfassende Werk über Hegel aufgenommen:
F. A. Staudenmaier, Darstellung und Kritik des Hegelschen Systems. Aus dem Standpunkte der christlichen Philosophie, Mainz 1844.

[105] Th. Steinbüchel, Handbuch der katholischen Sittenlehre I, 1, Düsseldorf [4]1951, 101.

[106] J. S. Drey, Rez. zu F. A. Staudenmaier, Enzyklopädie 1: ThQ 17 (1835) 385.

[107] Vgl. P. Hünermann, Trinitarische Anthropologie bei F. A. Staudenmaier (Symposion 10), Freiburg-München 1962, 38—46.

[108] „Ich muß es hier noch einmal wiederholen, daß dieses tiefsinnige System ein nothwendiges und höchst bedeutsames Moment in der Entwicklungsgeschichte des menschlichen Geistes ist, und ich bin fest überzeugt, daß, wenn es möglich wäre, daß es mißachtet und hintangesetzt würde, was unmöglich ist, dann wieder ein anderer Hegel auftreten müßte, vielleicht mit demselben entscheidenden Tone auch in solchen Dingen, in welchen ihm offenbar nicht Recht gegeben werden kann.“
ThQ 14 (1832) 643.

[109] F. A. Staudenmaier, Enzyklopädie 1, Anm. zu § 817, 470f.

einsichtig gemacht haben, sieht er sich doch gezwungen, noch 1834 den Vorwurf des Hegelianismus zurückzuweisen, wie er von Ferdinand Christian Baur erhoben wird. Gegen diese unangebrachte „Namengeberei“ setzt er sich nicht ohne Ironie zur Wehr, nennt Karl Rosenkranz, der ihn zu den Gegnern Hegels zählt, und einen ungenannten Rezensenten zu seinen Gunsten und meint abschließend: „Und so haben uns von dem Vorwurfe des Hegelianismus schon Andere befreit, so daß es unserer eigenen Vertheidigung nicht bedarf, obwohl wir gestehen, und gerne gestehen, daß wir nie aufhören werden, den tiefsinnigen Hegel sehr hoch zu achten[110].“

Der Einfluß Hegels auf Staudenmaiers Systemdenken speist sich aus zwei Quellen. Zum einen ist die zuerst 1817 in Heidelberg, später 1827 und 1830 in Berlin überarbeitete Enzyklopädie Hegels selbst[111] hervorzuheben. Daneben aber wirkt sich das Vorbild des von Staudenmaier hochgeschätzten Hegelschülers und späteren Biographen[112] Karl Rosenkranz[113] aus, der 1831 den Versuch unternimmt, fußend auf der allgemeinen Wissenschaftstheorie seines Lehrers ein theologisches System zu entwerfen und als Enzyklopädie[114] darzustellen. Nach dem Urteil Staudenmaiers darf sie als die bedeutendste Leistung auf diesem Gebiet protestantischer Theologie angesehen werden[115], die keinen Vergleich mit Schleiermachers „Kurze(r) Darstellung“ zu scheuen braucht.

Angesichts der sich ständig erweiternden und in ihrer Fülle nicht mehr zu überschauenden Wissensgebiete sucht Staudenmaier nach einem Prinzip, das es gestattet, die ganze Skala menschlichen Denkens und Erkennens zur organischen Einheit zurückzuführen. Von vornherein ist er davon überzeugt, daß es nicht nur eine solche Möglichkeit geben müsse, sondern daß sie auch dem Prinzip der Polyhistorie grundsätzlich über-

[110] F. A. Staudenmaier, Rez. zu F. C. Baur, Der Gegensatz des Katholicismus und Protestantismus, Tübingen 1834; und ders., Erwiderung auf Möhlers neueste Polemik, Tübinger Zeitschrift für Theologie 1834, in: Jahrbücher III (1834) 190f.

[111] G. W. F. Hegel, Encyklopädie der philosophischen Wissenschaften im Grundrisse, Heidelberg 1817. Neudruck in der Jubiläumsausgabe, hrsg. von H. Glockner, 6. Bd., Stuttgart ³1956.
Zur 2. und 3. Auflage der Encyklopädie vgl. ebd. 8. Bd., Stuttgart ³1955.

[112] K. Rosenkranz, G. W. Fr. Hegel's Leben, Berlin 1844. Neudruck 1963.

[113] Joh. Karl Friedrich Rosenkranz, geb. 23. 4. 1805 in Magdeburg; 1818 Besuch des dortigen Pädagogiums; 1824 Studium in Berlin, 1826 in Halle, 1827 in Heidelberg; 1828 Promotion und Habilitation in Halle, anschließend dort Vorlesungstätigkeit u. a. über Religionsphilosophie; 1833 Berufung an die Universität Königsberg; vorübergehend 1848—1849 vortragender Rat in Berlin; gest. 14. 6. 1879 in Königsberg. Biographische Übersicht nach dem Art. Rosenkranz, Joh. Karl Friedrich, von:
Prantl, in: ADB 29 (1889) 213—215.

[114] K. Rosenkranz, Encyklopädie der theologischen Wissenschaften, Halle 1831.

[115] Vgl. F. A. Staudenmaier, Rez. zu K. Rosenkranz, Encyklopädie: Religiöse Zeitschrift für das katholische Deutschland (Hrsg. Sengler), I/2 (1833) 175.

legen sei. Denn an ihr bemängelt er die fehlende Kraft zur Integration der angesammelten Gelehrsamkeit. Der Gelehrte werde vor allem nach dem Umfang seines Wissens eingeschätzt, der menschliche Geist durch die Fülle des Stoffes niedergedrückt, die Form durch die Masse überwältigt und die Einheit im Denken und Erkennen zugunsten von ungeordneter Wissensfülle vernachlässigt[116].

Der Polyhistorie, dem Streben nach Umfang und Erweiterung von Kenntnissen, stellt Staudenmaier in seiner Auffassung von Enzyklopädie ein wissenschaftlich-organisierendes Prinzip entgegen, das die ursprüngliche Zusammengehörigkeit aller menschlichen Wissenschaft zum Ausdruck bringt. Die Idee der Universalenzyklopädie, auch allgemeine Wissenschaftslehre genannt, beruht für ihn auf der Überzeugung, „daß, wie der erkennende Geist nur Einer sei, so auch die Wissenschaften in einer inneren, ursprünglichen, nothwendigen und organischen Einheit mit einander stehen“[117].

Universalenzyklopädie bedeutet demnach „die in sich zusammenhängende, harmonisch abgeschlossene Darstellung ... der gesammten menschlichen Wissenschaften“[118]. Diese, der Zufälligkeit enthobene allgemeine Wissenschaftslehre gewinnt Staudenmaier aus der Philosophie, die ihm allein dazu geeignet erscheint, „den Geist von den Beschränktheiten einer einseitigen Bildung zu befreien und in das Reich des Allgemeinen und Absoluten zu erheben“[119]. Das Systemdenken des deutschen Idealismus bietet ihm in der Idee das Konstruktionsprinzip, mit dem sich die Totalität menschlicher Erkenntnis umfassen läßt. Wie er selbst hervorhebt, sieht er sich in einer gewissen Verwandtschaft zu Fichte, betont aber besonders die große Ähnlichkeit seiner Auffassung zu der Hegels[120]. Mit Schelling bezeichnet er die Philosophie als „Wissenschaft aller Wissenschaften“ und zitiert zustimmend aus dessen erster Vorlesung über den absoluten Begriff der Wissenschaft: „Die Anschauung eines organischen Ganzen der Wissenschaft überhaupt und im Allgemeinen ist daher nur von der Wissenschaft aller Wissenschaften, der Philosophie, im besonderen also von dem Philosophen zu erwarten, dessen besondere Wissenschaft zugleich die absolute allgemeine, dessen Streben also an sich schon auf die Totalität der Erkenntniß gerichtet sein muß[121].“

Den in diesen Worten ausgesprochenen Willen, die menschliche Erkenntnis zur Einheit zurückzuführen, sieht Staudenmaier eher als Programm, weniger als bereits erreichte Entwicklung an. Er erwartet die Lösung von der Zukunft und weist der Enzyklopädie die Aufgaben zu, als allgemeine Wissenschaftslehre auf das Ganze bezogen zu sein und den

[116] Vgl. F. A. Staudenmaier, Enzyklopädie 1, § 1, 1f.
[117] Ebd. § 7, 7.
[118] Ebd. § 6, 7.
[119] Ebd. § 8, 8.
[120] Vgl. ebd. Anm. zu § 7, 8.
[121] Ebd. § 8, 8f; vgl. Schellings Werke, 3. Bd., 236.

wesentlichen Zusammenhang aller Wissenschaften in Wirklichkeit zu beweisen. Die Grundlage zu dieser Synthese bildet seine an Hegel orientierte Überzeugung: „Die Wahrheit ist das Ganze, und dieses ist als Wissenschaft, in der sich die Idee selbst vollzieht, System[122]."

### 5. Die „Encyklopädie der theologischen Wissenschaften" auf dem Hintergrund der Universalenzyklopädie

Vom Begriff der Universalenzyklopädie leitet Staudenmaier die spezielle Enzyklopädie ab. Sie ist „die Darstellung der Wissenschaft eines gewissen Gebietes sowohl nach ihrer äussern Totalität als nach ihrem innern, einheitlichen und organischen Zusammenhang"[123]. Wurde die Aufgabe der allgemeinen Wissenschaftslehre damit beschrieben, die organische Einheit und den wesentlichen Zusammenhang menschlicher Erkenntnis und Erfahrung darzustellen und auf die ihr zugrundeliegende Idee zurückzuführen, so kann es auch der speziellen Enzyklopädie nicht genügen, nur eine äußere Beschreibung des Stoffes in einem Teilgebiet oder eine bloße Aufzählung untergeordneter Fächer abzugeben. Dies würde vom Wesentlichen ablenken, und das Resultat wäre nichts anderes als Methodologie, also eine Handgriffslehre, die die nötigen Kunstgriffe zur Beherrschung einer Teilwissenschaft vermittelt. Das gerade aber, so wenig über eine Methodenlehre hinauszukommen, lastet Staudenmaier den von ihm herangezogenen Enzyklopädien als erheblichen Mangel an[124], so daß es sein Bestreben sein muß, sie hierin zu übertreffen.

Er geht deshalb von der Überzeugung aus, „jede besondere Wissenschaft, die sich wirklich als solche erweisen kann, ist für sich ein Ganzes, ein sich in sich selbst schliessender Kreis, eine Totalität von nothwendigen Momenten, die in der Idee ruhen, welche diesem Ganzen zu Grunde liegt"[125].

122 F. A. Staudenmaier, Enzyklopädie 1, § 9, 10. Zum Einfluß Hegels vgl. P. Hünermann, Trinitarische Anthropologie, 42.

123 F. A. Staudenmaier, Enzyklopädie 1, § 11, 10f.

124 Vgl. ebd. § 11, V und VII.
In der Rezension zur Enzyklopädie Karl Rosenkranz' stellt Staudenmaier fest: „Nicht eine geistlose und unlebendige Methodologie, sondern eine Wissenschaft, ein System, das einen Geist, einen im Innern waltenden Genius hat, kann recht lehren, was die Wissenschaft sey und wie man zu ihr gelangen müsse ... Jene, welche die Encyklopädie als bloßes Aggregat der verschiedenen theologischen Disciplinen ansehen, könnten, um jene zu Stande zu bringen, eben sowohl aus verschiedenen Lehrbüchern das zusammentragen, was über Definition, Methode etc. der Dogmatik, der Moral etc. gesagt ist, denn zwischen dem, was sie selbst sagen würden, und zwischen dem, was sie sammeln, könnte bei der durchgehenden Unwissenschaftlichkeit, mit der sie behaftet sind, kein Unterschied Statt finden. Man hat nur Fragmente, die aber nicht Theile eines Ganzen sind."
Religiöse Zeitschrift für das katholische Deutschland (Hrsg. Sengler), I/2 (1833) 177f.

125 F. A. Staudenmaier, Enzyklopädie 1, § 11, 10.

Die spezielle Enzyklopädie darf sich daher nicht in Nebensächlichkeiten verzetteln, sondern muß die Grundbegrife in ihrem großen Zusammenhang darlegen. Objektivität wird dadurch erreicht, daß jedes wissenschaftliche Ganze, das heißt jeder einzelne Zweig des Wissens, „sich zum vollkommen entwickelten und kunstreich gegliederten Organismus gestalte, der sein Lebensprincip in sich selber trägt“[126]. Fragt man nach diesem Prinzip, das es ermöglicht, die Mannigfaltigkeit einer besonderen Wissenschaft in allen ihren Teilgebieten zugleich mit ihrer Einheit zum organischen Sinnzusammenhang zu verbinden, so wird auf die allem zugrundeliegende Idee verwiesen. Sie ist „für das Ganze das Alles tragende, zusammenhaltende und lebendig gestaltende Princip“[127].

Für die Definition der speziellen Enzyklopädie beansprucht Staudenmaier allgemeine Gültigkeit, sie muß daher auch auf eine theologische Enzyklopädie angewendet werden können. Doch ergibt sich mit der Frage nach der Offenbarung ein spezifisches und neues Moment. Ist es möglich, sie in den organischen Sinnzusammenhang einer Teilwissenschaft einzufügen oder ihr zugrundezulegen? Kann ihr übernatürlicher Charakter angesichts der von Hegel beeinflußten Ideenlehre gewahrt bleiben?

Die Antwort darauf deutet sich bereits in der Feststellung an, daß die Enzyklopädie der theologischen Wissenschaften ebenso wie alle übrigen Systementwürfe das Wesen und die Idee der Enzyklopädie, also ihren Organismusgedanken, ungetrübt darstellen müsse. Das jedoch, worin sie sich unterscheide, sei „das theologische Moment und der eigenthümliche positive Charakter“[128].

Der Hinweis auf die Eigenständigkeit der T h e o l o g i e gibt Staudenmaier Gelegenheit, die Offenbarung von der Allwissenschaft der Philosophie abzugrenzen und ihr den eigenen Bereich zuzumessen. Schon gegen Karl Rosenkranz, dem er vorwirft, Philosophie und Theologie so miteinander zu verschmelzen, daß zwischen ihnen kein Unterschied mehr besteht[129], hatte er die Ansicht zurückgewiesen, die Idee der geoffenbarten Religion sei bereits vor ihrer Offenbarung ganz und vollendet vorhanden. Nur durch die Offenbarung selbst, betont er gegen Hegel, sei es möglich, zur Idee der geoffenbarten Religion zu gelangen, die ihrem Wesen entsprechend Geschichte ist[130]. Dieser Grundgedanke wird in der Enzyklopädie weiter entfaltet und in einem zweifachen Schritt vollzogen.

Den Ausgangspunkt dazu bildet die Voraussetzung, daß die Theologie, „die Wissenschaft von Gott und vom göttlichen Wesen, so wie von seinen Verhältnissen zur Welt und der Welt zu ihm“[131], die natürliche Religion übersteigt und das Positive schon vom Begriff her miteinbezieht. Daraus

[126] Ebd. § 11, 11.
[127] Ebd. § 15, 13.
[128] Ebd. § 28, 17.
[129] Vgl. F. A. Staudenmaier, Rez. zu K. Rosenkranz, Enzyklopädie, 185.
[130] Vgl. ebd. 181.
[131] F. A. Staudenmaier, Enzyklopädie 1, § 32, 20.

leitet sich für das theologische System eine zweifache Grundlage ab; es ruht auf „der Vernunft, die um Gott weiß, und der Offenbarung, die ihn näher zeigt“[132].

Glauben und Wissen[133] sind nicht schlechthin miteinander identisch, sie treten aber in wechselseitige Beziehung. Die Theologie geht nicht wie bei den Hegelianern in Philosophie auf.

Daß die Vernunft um Gott weiß, führt Staudenmaier auf die Uroffenbarung zurück. Ihr verdankt der Mensch die eingeborene Gottesidee[134], denn ursprünglich waren Gottesbewußtsein und Offenbarung nicht getrennt. „Er hätte kein Bewußtsein und keine Idee von Gott, wenn der sich offenbarende Gott dieses Bewußtsein und diese Idee in ihn nicht dadurch legte, daß er ihn als sein Bild erschuf; und Gott konnte sich ihm nicht offenbaren, ehe jenes in ihn gelegt war. Beides, Schaffen und Offenbaren, war ursprünglich nur Ein Act der göttlichen Wirksamkeit. Beides also auch, die erste göttliche Offenbarung und das ursprüngliche heilige Bewußtsein, in dem Gott als der Seiende gegeben war, erbte sich lebendig, aber unter verschiedenen Schicksalen, durch alle Geschlechter herab in der Menschheit[135].“

Es ist demnach legitim, von „rationaler Theologie“[136] zu sprechen, insofern sie ihre Quelle in der Vernunft hat, auf die das Gottesbewußtsein des Menschen zurückgeführt werden kann. Die Theologie als Wissenschaft von der Wahrheit[137] gründet auf der absoluten Wahrheit, auf Gott selbst. Sie schaut und erkennt ihn und alles, was aus seiner Macht hervorgegangen ist.

Die zweite Grundlage, auf der das theologische System ruht, ist das positive Moment. Als etwas Gegebenes, das in Tathandlungen und Tatsachen besteht, tritt die Offenbarung in einen Gegensatz zum vernünftigen Erkennen des Menschen[138]. Damit wird ausgesagt, daß das Positive der christlichen Religion sich nicht in Resten göttlicher Uroffen-

[132] Ebd. § 31, 20.

[133] Vgl. dazu die Untersuchung von PHIL. WEINDEL, Das Verhältnis von Glauben und Wissen in der Theologie Franz Anton Staudenmaiers. Eine Auseinandersetzung Katholischer Theologie mit Hegelschem Idealismus (Abhandlungen aus Ethik und Moral 14), Düsseldorf 1940.
Ders., Fr. H. Jacobis Einwirkung auf die Glaubenswissenschaft der katholischen Tübinger Schule, in: Aus Theologie und Philosophie. Festschrift für Fritz Tillmann, hrsg. von Th. Steinbüchel und Th. Müncker, Düsseldorf 1950, 573—596.
Die These Weindels, Staudenmaier sei von allen Tübingern am stärksten von Jacobi, einem Gegner äußerer Offenbarung beeinflußt, widerlegt P. HÜNERMANN, Trinitarische Anthropologie, 30f; vgl. auch 49.

[134] Zur Lehre von der eingeborenen Gottesidee vgl. PHIL. WEINDEL, Das Verhältnis von Glauben und Wissen, 43—80.

[135] F. A. STAUDENMAIER, Enzyklopädie 1, § 41, 23f.

[136] Ebd. § 38, 22.

[137] Vgl. ebd. § 33, 20f.

[138] Vgl. ebd. § 39, 22f.

barung erschöpft und auch nicht einfach als menschliche oder nationale Ausdrucksform verstanden werden darf. Es ist als „Norm und Gesetz für Erkennen und Leben"[139] göttlich geoffenbart und durch Christus mitgeteilt. Christus ist das Ende aller Naturreligionen[140]. Durch ihn wird dem von Gott abgefallenen Geist die Kenntnis der absolut wahren Religion vermittelt[141].

Dennoch würde eine Aneignung der Offenbarung, die sich nur auf das Historische beschränkt, im äußerlichen steckenbleiben und das ideale Moment, das der geschichtlichen Erscheinung zugrundeliegt, außer acht lassen. „Solange daher das Geschichtliche nicht als Idee mit der vollen Erkenntniß ihres Inhaltes aufgefaßt wird, hat die wissenschaftliche Theologie ihren wesentlichen Beruf noch nicht erfüllt. Die Idee ist die Wahrheit der Geschichte, und die Geschichte der Offenbarung die Idee in ihrer lebendigen Wahrheit[142]."

Der Entwurf eines theologischen Systems muß daran gemessen werden, wieweit es gelungen ist, Idee und Geschichte in einen harmonischen Zusammenhang zu bringen. Staudenmaier warnt deshalb davor, beide Momente dadurch zu entwerten, daß die Spekulation als gehaltlose Abstraktion, die Historie als reine Aufzählung von Tatsachen behandelt wird. „Man entzieht dadurch der Idee ihren wirklichen Gehalt und ihr lebendiges Wesen, und der Geschichte ihren tieferen Sinn und ihren höheren Geist. Somit sind Speculation und Geschichte in der wissenschaftlichen Theologie von einander nicht zu trennen, sondern nur aus der gegenseitigen Verbindung der Idee und der Empirie geht das wahre theologische Erkennen hervor, welches Vernunft und Offenbarung in ihrer unzertrennlichen Einheit umfaßt[143]."

Während Staudenmaier später im ersten Hauptteil seines Werkes Philosophie und Geschichte der Offenbarung breiter entfaltet, einen Überblick über die Grundanschauungen der großen nichtchristlichen Religionen bietet und Altes wie Neues Testament in seinen Hauptlinien nachzeichnet[144], begnügt er sich in der einleitenden Begriffsbeschreibung der theologischen Enzyklopädie mit dem knappen Hinweis auf die Offenbarung durch Christus, um die Theologie als christliche zu definieren[145]. Die Kirchlichkeit dieser Theologie wird mit dem Postulat, es sei ein Institut nötig, in dem die Geschichte erhalten und gedeutet werden soll, eher gefordert als begründet. Auch hier ist darauf zu verweisen, daß die Lehre von der Kirche erst später dargelegt wird[146]. Aber an dieser

[139] Ebd. § 43, 24.
[140] Vgl. ebd. § 702, 402.
[141] Vgl. ebd. § 54, 27.
[142] Ebd. § 52, 27.
[143] Ebd. § 53, 27.
[144] STAUDENMAIER befaßt sich damit in der I. Abteilung der spekulativen Theologie „Theorie der Religion und Offenbarung". Vgl. ebd. §§ 130—474, 81—305.
[145] Vgl. ebd. § 58, 29.

Stelle, wo es sich zunächst nur um die Abgrenzung der speziellen, theologischen Enzyklopädie handelt, wirkt der Hinweis auf das nicht näher erläuterte „Magisterium“[147] in seiner Beziehung zum Positiven der Offenbarung überraschend und unorganisch. Es drängt sich der Eindruck auf, daß das ekklesiologische Moment der christlichen Offenbarung als wesentliches Element in die Beschreibung der Enzyklopädie mit eingebracht werden sollte, ohne daß es hier schon gelungen wäre, die Zuordnung von Offenbarung und Kirche genügend zu verdeutlichen.

Ausgehend von der Universalenzyklopädie als allgemeiner Wissenschaftslehre hatte Staudenmaier der speziellen Enzyklopädie die Aufgabe zugewiesen, einen Teilbereich menschlichen Wissens in organischem Zusammenhang darzustellen und die ihn tragende Idee als Prinzip der Einheit und Lebendigkeit aufzuweisen. Daran orientiert sich die theologische Wissenschaftslehre. Der Systemgedanke findet seine Zusammenfassung in der Definition: „Die Encyclopädie der theologischen Wissenschaften ist nach all diesen Bestimmungen der systematische Grundriß der gesammten Theologie, der kurze Entwurf ihrer concreten Idee[148] nach allen wesentlichen und nothwendigen Richtungen und Bestimmungen. Sie entwickelt den innern, nothwendigen und organischen Zusammenhang aller Theile, die zu ihr als ihre Gliederungen gehören. Damit stellt sie

[146] Die Ekklesiologie wird zusammen mit der Eschatologie als „Fortsetzung der Erlösung“ dargelegt, vgl. ebd. §§ 735—800, 425—461.

[147] „Das wahrhafte Positive finden wir daher in seinem wirklichen Bestehen und in seiner richtigen Deutung nur in der Kirche; und eben so ergiebt sich der Begriff des Positiven in seinem vollen Umfang nur dann, wenn es in einem Verhältniß zur Kirche und des Magisteriums in ihr aufgefaßt wird.“ Ebd. § 59, 29.

[148] Während Staudenmaier bisher stets von der „Idee“ handelte, verwendet er an dieser Stelle nachdrücklich den Begriff „konkrete Idee“, dem eine wichtige wissenschaftstheoretische Bedeutung zukommt, wie Anton Burkhart hervorhebt. In der konkreten Idee liegt eine bewußte Abkehr von Hegel und dem subjektiven Idealismus, der der Offenbarung Gottes in Raum und Zeit nicht gerecht wird und sie in bereits a priori vorhandene Vernunftwahrheiten aufzulösen sucht. Für Staudenmaier ist es undenkbar, daß die Philosophie aus sich heraus, unabhängig von der Erscheinungsweise der Religion in der Geschichte, zur Erkenntnis ihres Wesens gelangen kann. Die Idee der christlichen Religion in ihrer Konkretheit kann nicht von ihrer historischen Erscheinung abstrahieren. Spekulation und Historie stehen in notwendiger und direkter Beziehung. „Konkrete Idee“ bedeutet daher: „Die Idee ist kein blasser, leerer Verstandesbegriff, sondern etwas inhaltlich ‚Gefülltes‘; Idee ist Begriff und Sein, der mit dem Sein erfüllte Begriff, und zugleich das allgemeine wie das besondere Sein, und das heißt letztlich die Entsprechung = Übereinstimmung mit der wahren, der von Gott gewollten Wirklichkeit.“

A. Burkhart, Der Mensch — Gottes Ebenbild und Gleichnis. Ein Beitrag zur dogmatischen Anthropologie F. A. Staudenmaiers (Freiburger Theol. Studien 79), Freiburg-Basel-Wien 1962, 33.

Zur Wissenschaftstheorie Staudenmaiers vgl. ebd. 31—41.

die Theologie als wirkliche Wissenschaft dar, indem sie dieselbe erfaßt als Einheit und Totalität ihrer einzelnen Verzweigungen, in welchen sie ihr einheitliches Leben als ein Besonderes ausspricht. Dadurch wird eben auch jene reine Objectivität erreicht, in der die Theologie als eine in sich gegliederte Wissenschaft, wie ein wirklicher Organismus, ihr Lebensprincip in sich selber trägt[149]."

An dieser Zusammenfassung ist die eigenständige Leistung Staudenmaiers für das Systemdenken ablesbar. Hatte Drey die zentrale Idee des Reiches Gottes zum konstruktiven Prinzip der Glaubenslehre erhoben, so folgt er ihm hierin nicht. Dabei verkennt er nicht den günstigen Einfluß der Reich-Gottes-Idee, den diese auf die Theologie ausgeübt hat: „Man war noch in den letzten Decennien viel bemüht, eine Idee ausfindig zu machen, welche als Grund- und Centralidee des Christenthums an die Spitze der Dogmatik gestellt werden sollte. Dieß war die Idee vom göttlichen Reiche, die nicht nur in der Bibel enthalten, sondern auch eine Forderung der Vernunft ist. In der That hat auch diese Idee als Princip viel für sich. Das Reich Gottes ist nicht blos ein Begriff, es ist etwas Wirkliches und Lebendiges. Auch ist das endliche Ziel und die Vollendung der Dinge das Reich Gottes, d. h. eine Verbindung der Gläubigen mit Gott durch Christus im heiligen Geiste. Durch diese Idee als durch ein Princip käme nun wirklich in die Religionswissenschaft ein festerer Zusammenhang"[150]. Dennoch behält die Reich-Gottes-Idee in Staudenmaiers Werk ihre hohe Bedeutung; in Anlehnung an Hirscher gründet er die christliche Moral darauf, daß ein wirkliches Reich Gottes besteht, dessen Urheber, Gesetzgeber und Herrscher Gott ist[151].

Der Gedanke, „daß Gott ein moralisches Reich gegründet habe", ist, wie Staudenmaier in der Enzyklopädie betont, ein „Grundgedanke im Systeme der Offenbarung"[152]. Die Reich-Gottes-Idee eigne sich vorzüg-

149 F. A. Staudenmaier, Enzyklopädie 1, § 61, 30f.
In der Selbstanzeige seiner Enzyklopädie hatte Staudenmaier folgende etwas einfachere Definition gegeben: „Nach diesen Bestimmungen ist die Encyklopädie der theologischen Wissenschaften der systematische Grundriß der gesammten Theologie, der gedrängte Entwurf ihrer concreten Ideen nach allen wesentlichen Bestimmungen. Oder, um vielleicht für Manchen deutlicher zu werden, die theol. Encyklopädie behandelt alle Theile der theol. Wissenschaft; nur kürzer; und so enthält sie, um mich in das Einzelne einzulassen, eine vollständige, wenn schon kurz gefaßte Dogmatik, Moral, Pastoral, Kirchenrecht, Dogmen- und Kirchengeschichte; nur erscheinen diese Wissenschaften hier Alle als Ein System, und die ganze Theologie als Eine Wissenschaft, deren Theile nicht mehr getrennt auseinanderliegen."
Jahrbücher III (1834) 406.

150 F. A. Staudenmaier, Enzyklopädie 1, § 549, 334.

151 Vgl. ebd. § 830, 479.
Zur Bedeutung der Reich-Gottes-Idee für die Moraltheologie Hirschers vgl. A. Exeler, Eine Frohbotschaft vom christlichen Leben. Die Eigenart der Moraltheologie Johann Baptist Hirschers (1788—1865), Freiburg-Basel-Wien 1959.

152 F. A. Staudenmaier, Enzyklopädie 1, § 289, 216. Die Reich-Gottes-Idee wird

lich dazu, die ewige, göttliche Ordnung darzustellen, der die Menschen untreu geworden sind und der sie durch Christus wieder zugeführt werden. In ihm habe das Reich Gottes von neuem lebendige Gestalt angenommen[153]. Als tiefe und reiche Idee behält daher die Wahrheit vom Reich Gottes, die mehr ist als ein bloßer Begriff und stets von neuem ihre Kraft erweist, bleibenden Wert. Sie erscheint jedoch ungeeignet, im System der Wissenschaft als Prinzip der Einheit zu dienen, das dem lebendigen Organismus der Wahrheit in seiner Totalität und in der Wechselbeziehung des Ganzen zu seinen einzelnen Momenten zugrundeliegt. Im zehn Jahre später veröffentlichten ersten Band seiner Dogmatik erhebt Staudenmaier das Glaubenssymbolum zum Konstruktionsprinzip, da „uns im Symbol Alles und mehr schon geboten ist, als die Idee vom göttlichen Reiche enthält, denn im Symbol ist auch sie selbst schon mit einbegriffen“[154].

Der Wissenschaftsbegriff der Enzyklopädie wird, zieht man die darin enthaltene Grundlegung der Dogmatik ergänzend hinzu, durch die Begriffe Einheit und Notwendigkeit bestimmt, die in einem inneren Zusammenhang stehen. „In jener Einheit, welche der wesentliche Charakter der Wissenschaft ist, ist der höchste Gesichts- und Standpunkt gegeben, der allen blos bedingten Erkenntnissen innerhalb des Systems ihre Wahrheit und die universelle Form verleiht. Denn das Wahre ist nur im Ganzen, und dieses ein Organisches, eine Einheit, in der kein Widerspruch, und eines wie das andere wesentlich nothwendig ist. So erscheint das System als Totalität wirklicher, wesentlicher und nothwendiger Momente. Außer dem Princip der Einheit kann es in der Wissenschaft kein anderes geben; die Einheit ist somit auch das Eine Princip, und es ist ihr wesentlich, alle anderen Principien in sich zu enthalten“[155].

Von daher ist es nur folgerichtig, wenn Staudenmaier zur tieferen Erkenntnis der Wissenschaft die Fähigkeit systematischen und spekulativen Denkens voraussetzt, das es erst ermöglicht, die Wahrheit in seinen einzelnen Elementen wie in seiner Totalität zu lebendiger Einheit zusammenzufassen. Nur wer imstande ist, „den systematischen Grundriß einer Wissenschaft, den Entwurf ihrer Idee nach dem innern, organischen Zusammenhange der nothwendigen Glieder selbst vorzunehmen“[156], besitzt damit den Zugang zur Wissenschaft als System.

erneut dargestellt in der geschichtstheologischen Abhandlung: Geist der göttlichen Offenbarung, oder Wissenschaft der Geschichtsprincipien des Christenthums, Gießen 1837, 83—91; 192—207.

[153] Vgl. ebd. § 551, 335.

[154] F. A. Staudenmaier, Dogmatik I, 162.

[155] F. A. Staudenmaier, Enzyklopädie 1, § 554, 336.

[156] Ebd. § 71, 36.

## B. Einteilung und Abgrenzung der theologischen Wissenschaften

### 1. Das dreigliedrige Einteilungsschema der „Encyklopädie der theologischen Wissenschaften“

Das Jahr 1811 bezeichnet mit der Veröffentlichung von Friedrich Schleiermachers Kurze(r) Darstellung des theologischen Studiums eine wichtige Zäsur für das Einteilungsschema der Theologie. Bis zu diesem Zeitpunkt wurde der Stoff zumeist in vier großen Abschnitten als exegetische, historische, systematische und praktische Theologie abgehandelt. Mit Schleiermacher setzt die Wende zur Dreigliedrigkeit ein, die sich unter seinem Einfluß seitdem weitgehend durchgesetzt hat. Nun lautet die Einteilung: philosophische, historische und praktische Theologie. Daß sich der Übergang jedoch nicht ohne Ausnahmen vollzogen hat, beweist z. B. die Enzyklopädie von Hagenbach[157], die sich 1833 noch am älteren Viererschema orientiert.

Walter Birnbaum hat darauf aufmerksam gemacht, daß sich für das Zustandekommen des Dreierschemas zwei Wege abzeichnen, die zu zwei Typen theologischer Enzyklopädie führen[158].

Die erste Form, die sich am reinsten bei Karl Rosenkranz findet, geht aus von der Idee der christlichen Religion, mit der sich die spekulative Theologie befaßt. Die historische Theologie ist der Verwirklichung der Idee in der Endlichkeit zuzuordnen. Beiden steht als Resultat die praktische Theologie gegenüber, die der Verwirklichung in der Gegenwart dient.

Die zweite Form wendet sich zuerst der Idee in der Geschichte zu, ordnet also in der Regel die spekulative Theologie als zweiten Abschnitt nach der historischen ein, während die praktische Theologie Wege für die zukünftige Gestaltung angibt.

Ein Vergleich beider Typen theologischer Enzyklopädie zeigt, daß ihre Dreigestaltung von unterschiedlichem Gewicht ist, woraus sich Konsequenzen für die praktische Theologie und mit ihr für die Liturgik ergeben. Denn „der erste (Typus) neigt dazu, die praktische Theologie der zweigespaltenen theoretischen gegenüberzustellen, in der dann die systematische das Übergewicht über die historische hat. Der zweite Typus bildet mehr eine gleichgewichtige Dreigliederung, wobei zumeist, entsprechend der Geschichte der Kirche, die historische Theologie mit Exegese

[157] Staudenmaier, der in seiner Rezension die Gegenüberstellung von formaler Enzyklopädie zu Methodologie tadelt, nimmt am traditionellen viergliedrigen Einteilungsschema der theologischen Lehrfächer keinen Anstoß. Vgl. Jahrbücher V (1835) 322—333.

[158] Vgl. W. Birnbaum, Theologische Wandlungen von Schleiermacher bis Karl Barth. Eine enzyklopädische Studie zur praktischen Theologie, Tübingen 1963, 98—102.

und Kirchengeschichte vorangeht[159]". Staudenmaiers Enzyklopädie, die mit Einschränkungen dem ersten Typus zuzuordnen ist, unterscheidet sich in einer charakteristischen Eigenart von vergleichbaren Werken: Die historische Theologie rückt vom zweiten auf den dritten Platz, während die praktische Theologie ihre Normalstellung verliert und bereits an zweiter Stelle nach der spekulativen Theologie eingeordnet wird. Diese Reihenfolge ist ungewöhnlich und begegnet sonst nur, darauf weist Walter Birnbaum hin[160], bei Thanner, den Staudenmaier einleitend nennt, und Kleuker[161].

Untersucht man die Begründung, die Staudenmaier selbst zur Einteilung seiner Enzyklopädie gibt, so fällt auf, welch starkes Gewicht der Offenbarung zugemessen wird. Eine spekulative Behandlung der Theologie, ausgehend allein von der Idee der Religion an sich und ohne ihren positiven Charakter, d. h. ihre Gestaltung durch Christus, ist für ihn mit dem Wesen des Christentums unvereinbar. „Nie kommt die Philosophie durch sich selbst zum Christenthum und zur absoluten Idee der Religion desselben[162]." Die Theologie hat es mit der Idee der Religion in ihrer Konkretheit zu tun, die nicht unabhängig von der Erscheinung ihres Wesens begriffen werden kann.

„Um die concrete Idee der christlichen Religion zu gewinnen", schlägt Staudenmaier zunächst folgendes Denkmodell und die damit gegebene Einteilung vor: Man könnte „bei der Geschichte und der Exegese den Anfang machen, sodann aufsteigen zur biblischen Theologie und Dogmatik, von da aus aber zur praktischen Theologie übergehen, und zuletzt das Historische der Kirche mit ihren Rechtsverhältnissen behandeln und das Ganze vollenden"[163].

Aber an diesem Entwurf bemängelt Staudenmaier, daß er die Apologetik, von ihm als Theorie der Offenbarung verstanden, nicht enthält. Wichtiges bliebe so ungesagt, vor allem käme das religiöse Bewußtsein des menschlichen Geistes und die Offenbarung vor Christus nicht zur Sprache. Er sieht es deshalb als bessere Lösung an, die Theorie der Religion und Offenbarung an den Anfang zu setzen. Auffällig ist in diesem Zusammenhang wieder die deutliche Abgrenzung von idealistisch beeinflußter Religionsphilosophie[164], wenn Staudenmaier betont: „Es ist nicht

[159] W. Birnbaum, Theologische Wandlungen von Schleiermacher bis Karl Barth, 101.

[160] Ebd.

[161] Zu Thanner vgl. S. 7, Anm. 25.
J. F. Kleuker, Grundriß einer Encyklopädie der Theologie, 2 Bde., Hamburg 1800—1801.

[162] F. A. Staudenmaier, Enzyklopädie 1, § 124, 73.

[163] Ebd. § 125, 74.

[164] Eine spekulative Theologie, welche die Idee der christlichen Religion unabhängig von der Erscheinung ihres Wesens entwickelt, hält Staudenmaier, wie er in der Rezension zur Enzyklopädie Karl Rosenkranz' hervorhebt, für eine contradictio in adiecto. „Denn es heißt so viel als eine christliche Idee ohne

die Idee des geoffenbarten Christenthums, mit der ich den Anfang mache, und zwar so, daß ich die Idee der christlichen Religion vor der Erscheinung desselben setze; sondern es ist die göttliche Offenbarung, die schon mit dem ersten Menschen beginnt, von der die christliche nur Fortsetzung und Vollendung ist. Von dieser Offenbarung gehen wir dann über zur christlichen, wo sich dann die weitere Gliederung der Encyklopädie von selbst ergibt[165]."

Die von Staudenmaier in der ersten Auflage seiner Enzyklopädie durchgeführte Gesamtdarstellung der Theologie läßt sich an folgender tabellarischer Übersicht[166] ablesen:

1. Teil: Spekulative Theologie.
   - I. Theorie der Religion und Offenbarung.
   - II. Dogmatik.
   - III. Moral.

2. Teil: Praktische Theologie.
   - I. Kirchendienst.
   - II. Kirchenregiment.

3. Teil: Historische Theologie.
   - I. Dogmengeschichte.
   - II. Archäologie.
   - III. Kirchengeschichte.

## 2. Johann Sebastian Dreys Kritik an Staudenmaiers Einteilungsschema

Johann Sebastian Drey widmet der Enzyklopädie Staudenmaiers in der Theologischen Quartalschrift eine ausführliche und anerkennende Rezension[167], in der er den von der bisherigen Gewohnheit abweichenden Systemgedanken würdigt und das dreigliedrige Einteilungsschema der Kritik unterzieht. Berücksichtigt man Dreys Auffassung, die er bereits

Christus haben wollen, durch den sie doch allein nur der Welt geoffenbart wurde. Wäre sie unabhängig von der Erscheinung möglich gewesen, und zwar in ihrer ganzen Kraft und Fülle, so hätte es keiner Offenbarung bedurft, die wir nie durch Philosophie hervorrufen oder ersetzen können." Religiöse Zeitschrift für das katholische Deutschland (Hrsg. Sengler), I/2 (1833) 185.

165 F. A. Staudenmaier, Enzyklopädie 1, § 127, 75f.

166 Eine kurze Zusammenfassung der Einteilung mit der gegenseitigen Zuordnung der einzelnen Disziplinen bietet Staudenmaier ebd. § 129, 77—80. Vgl. auch seine Selbstanzeige der Enzyklopädie 1, in: Jahrbücher III (1834) 406—411.

167 J. S. Drey, Rez. zu F. A. Staudenmaier, Enzyklopädie 1: ThQ 17 (1835) 384—403.

1819 in der Kurze(n) Einleitung in das Studium der Theologie niedergelegt hat[168], so verwundert es nicht, wenn er einerseits die generelle Dreiteilung in spekulative, praktische und historische Theologie als die einzig richtige ansieht[169], andererseits aber gegen die Durchführung Bedenken erhebt. Er stellt sich die Frage, „ob die Art, wie der Herr Verfasser die Theile rangirt, und wie er die untergeordneten Disciplinen in den Haupttheilen unterbringt, über alle Einwendungen erhaben sey“[170].

Für Drey unterliegt es keinem Zweifel, „daß der spekulative Theil wegen des wissenschaftlichen, und der praktische wegen des religiös-kirchlichen Moments dem historischen an Bedeutsamkeit vorangehe“, aber er hegt Bedenken, ob dies auch gilt „nach der natürlichen Bewegung des Wissens und nach der Stellung, die diesen Theilen in einer Encyklopädie zu geben ist, welche für werdende Theologen berechnet ist“[171].

Gegen die bevorzugte Behandlung und Einordnung der spekulativen Theologie bringt Drey zwei Gründe vor. Zum ersten meint er, Staudenmaier widerspreche damit seiner eigenen, in der Enzyklopädie niedergelegten Vorstellung vom Verlauf wissenschaftlicher Tätigkeit[172]. Zweitens weist er dem Verfasser insofern Inkonsequenz nach, als dieser ja selbst die Schwierigkeit empfunden und eingestanden habe, die in der Vorrangstellung der Spekulation besteht, denn diese beruhe auf der Offenbarung, d. h. auf einem historischen Fundament. Er ist sogar davon überzeugt, daß Staudenmaier den Versuch unternommen hätte, einen mittleren Weg einzuschlagen, wenn ihn nicht Bedenken bezüglich der Apologetik wieder davon abgebracht hätten[173].

Staudenmaiers Eigenart, die praktische Theologie nach der spekulativen an zweiter Stelle zu behandeln, mißbilligt der Rezensent. Er sieht sich außerstande, dieser Einordnung zuzustimmen, weil er eine Beschäftigung mit der Praxis der Kirche ohne Kenntnis ihrer geschichtlichen Bedingtheit und Entstehung für verfehlt hält. „Zwar setzt die Ausübung wie der Vortrag derselben (d. h. der praktischen Theologie) die Kenntniß der Ideen voraus, aber nicht blos die speculative Kenntniß derselben, sondern auch die Kenntniß ihrer historischen Gestaltung, ihres Eingehens in die Institutionen, Gesetze, Gebräuche und Sitten der Kirche, und zwar dieser bestimmten, gegebenen Kirche, welches Alles man nicht anders als aus der Geschichte eben dieser Kirche lernen kann, weßwegen sich auch keine Darstellung der praktischen Theologie ohne Berücksichtigung jenes Historischen denken läßt.“

[168] Vgl. S. 9—15.

[169] Vgl. J. S. Drey, Rez. zu F. A. Staudenmaier, Enzyklopädie 1: ThQ 17 (1835) 393.

[170] Ebd.

[171] Ebd.

[172] Drey bezieht sich hier auf F. A. Staudenmaier, Enzyklopädie 1, §§ 16—20, 14f, wo die drei verschiedenen Richtungen wissenschaftlicher Tätigkeit, d. h. das verständige, dialektische und spekulative Denken, behandelt werden.

[173] Vgl. J. S. Drey, Rez. zu F. A. Staudenmaier, Enzyklopädie 1: ThQ 17 (1835) 393f.

Drey schränkt sein ablehnendes Urteil nur insofern ein, als er vermittelnd hinzufügt: „Diese Bemerkungen sind daraus entstanden, daß ich mir in einer encyklopädischen Darstellung einer Hauptwissenschaft dieselbe Aneinanderreihung der Theile und Fächer denke, wie sie sich im ausführlichen Studium folgen sollen; für den Leser indessen verlieren sie an Erheblichkeit, da es ja bei ihm steht anzufangen, wo er will[174]."

Die Einteilung der praktischen Theologie, darauf sei hier schon vorwegnehmend hingewiesen, findet die Zustimmung Dreys, denn sie ist „die allgemein angenommene nach den im geistlichen Amte ruhenden Normen und Verrichtungen. Die Grundsätze der Katechetik und Homiletik sind kurz skizziert, etwas ausführlicher ist der Verfasser über Liturgik und Cultus; was man sonst die Privat-Pastoral nannte, ist als kirchliche Erziehung bezeichnet, ganz gut, da wir ja Alle Kinder im Reiche Gottes sind, und die Kirche Mutterstelle an uns vertritt[175]."

Nicht einverstanden erklärt sich Drey dagegen mit der Stellung des Kirchenrechts, das innerhalb der praktischen Theologie ausschließlich dem Kirchenregiment zugeordnet wird. Nach seiner jetzigen Ansicht, die von der in der „Kurze(n) Einleitung" niedergelegten abweicht[176], würde er das Kirchenrecht nun „der historischen Theologie als Krystallisirung der Kirchengeschichte zuteilen"[177].

Wichtig erscheint noch ein Hinweis zur Ekklesiologie, weil später nach der Bedeutung des Gottesdienstes im Gesamt der Kirche zu fragen ist. Staudenmaier hat die Lehre von der Kirche im Anschluß an die Rechtfertigung in die Dogmatik eingefügt, und Drey bekennt, auch er habe dies früher nach älteren Vorbildern so gehalten. Jetzt aber sei er durch eine neue Auffassung der Apologetik auch zu einer veränderten Einordnung der Ekklesiologie gelangt. „In meinem Systeme geht nämlich Christus, wie er zum vollkommenen Manne geworden sogleich auf Brautfahrt, sucht und schmückt sich seine Kirche, das heißt in meinem Systeme schließt sich an die Apologetik des Christenthums sogleich die der Kirche, und in der letztern die volle Entwickelung der Idee der Kirche an[178]."

Da Christus sich nur in der Kirche selbst fortsetzt und daher eine allgemeine Beziehung zwischen der Kirche und dem Christentum besteht, hat Drey die Überzeugung gewonnen, daß der theologische Ort der Ekklesiologie im allgemeinen, d. h. im religionsphilosophischen Teil der spekulativen Theologie zu suchen sei. Dies hätte auch den Vorteil, den gesamten Bereich zusammenhängend darstellen zu können, während Staudenmaier aufgrund seiner Konzeption gezwungen ist, die Beziehung der Kirche zu Schrift und Tradition in der Theorie der Religion und Offen-

[174] Ebd. 394.

[175] Ebd. 402.

[176] Vgl. J. S. Drey, KE § 333, 224, wo der kirchlichen Gesetzgebung und Gesetzesvollziehung innerhalb des Kirchenregimentes zur Aufgabe gestellt wird, über Symbol, Liturgie und Verfassungsform zu wachen.

[177] J. S. Drey, Rez. zu F. A. Staudenmaier, Enzyklopädie 1: ThQ 17 (1835) 395.

[178] Ebd. 399.

barung[179] zu behandeln, die übrigen Aspekte der Ekklesiologie, verbunden mit der Eschatologie aber der Dogmatik[180] zuzuweisen.

Im Zusammenhang dieser Arbeit ist die Kritik Dreys an der Einordnung der praktischen vor der historischen Theologie besonders zu beachten. Der Rezensent gibt damit seiner Sorge Ausdruck, daß die Spekulation ein unangemessenes Übergewicht erhalten könnte und die Kenntnis der vielfältigen Ausprägung der Kirche in ihrer Geschichte zu sehr zurücktritt. Diesem Hinweis muß auch deswegen nachgegangen werden, weil Staudenmaier nicht müde wird, vor allem im Gegensatz zum deutschen Idealismus die Geschichtlichkeit der Offenbarung zu betonen. Die weitere Untersuchung wird ergeben, wieweit Staudenmaier der historischen Bedingtheit im praktischen Vollzug der Kirche, also auch in ihrem Gottesdienst Rechnung trägt.

## C. Die Einordnung der Liturgik in den Flächerkanon der praktischen Theologie

### 1. Konzeption und Einteilungsschema der praktischen Theologie

Als Staudenmaier 1834 in der Enzyklopädie den Grundriß der theologischen Wissenschaften veröffentlichte, war die praktische Theologie eine noch junge Universitätsdisziplin. Ihre Entstehung gründet in den Reformbemühungen um eine Neuordnung der Hochschulstudien unter Kaiserin Maria Theresia, die 1777 durch Dekret erstmals eigene Lehrstühle für Pastoraltheologie an den Universitäten der österreichischen Erblande errichtete und gleichzeitig den Auftrag zur Ausarbeitung geeigneter deutschsprachiger Lehrbücher erteilte. Die treibende Kraft der Reform war also zunächst der aufgeklärte absolutistische Staat, der Hoheitsrechte bis in den kirchlichen Bereich hinein beanspruchte. Als Grundlage der neuen Studienordnung diente ein Entwurf des Benediktinerabtes Stephan Rautenstrauch, der den Lehrplänen in dieser Anfangsphase zugrundegelegt wurde und nachhaltigen Einfluß auf die nun zahlreich erscheinenden Handbücher des neuen Fachgebietes ausübte[181].

179 Vgl. F. A. Staudenmaier, Enzyklopädie 1, §§ 476—495, 306—314.

180 Vgl. ebd. §§ 736—800, 425—461.

181 Zur Geschichte der Pastoraltheologie als Universitätsdisziplin vgl. besonders H. Schuster, Die Geschichte der Pastoraltheologie, in: HPTh I (1964) 40—92.
F. X. Arnold, Grundsätzliches und Geschichtliches zur Theologie der Seelsorge. Das Prinzip des Gott-Menschlichen (Untersuchungen zur Theologie der Seelsorge 2), Freiburg 1949.
Ders., Seelsorge aus der Mitte der Heilsgeschichte. Pastoraltheologische Durchblicke, Freiburg 1956.

Die Reform der Hochschulstudien erwies sich bald als Gewinn. Zwar ist von den Gründern her auch zeitbedingtes Ideengut der Aufklärung in das neue Lehrfach Pastoraltheologie eingegangen, aber die von der Neuordnung ausgehenden Impulse wirkten sich überwiegend positiv auf die Theologie insgesamt aus. Die Studienzeit wurde verlängert, die Ausbildung der Theologen dadurch intensiviert und der Wandel von der lateinischen Beredsamkeit zur deutschen Sprache vollzogen. Die kirchliche Wissenschaft schenkte der Seelsorgspraxis neue Aufmerksamkeit, befreite Dogmatik und Moral von der Behandlung praktischer Fragen und wies sie der neuen Universitätsdisziplin zu. Dabei überrascht es nicht, daß die Pastoraltheologie zunächst von einem untheologischen und pragmatischen Ansatz[182] ausging. Sie war in erster Linie darauf ausgerichtet, den Geistlichen Richtlinien für ihr praktisches, seelsorgliches Handeln an die Hand zu geben, ohne daß genügend über den Ort dieser neuen Wissenschaft im Gesamtzusammenhang der Theologie reflektiert worden wäre.

Staudenmaier braucht jedoch nicht bis in die Anfangsgründe der Pastoraltheologie zurückzugreifen, als er seine Auffassung in der Enzyklopädie niederlegt. Er kann sich auf Vorarbeiten stützen, die seit 1777 den Ansatz und das Selbstverständnis dieser Wissenschaft überprüft und korrigiert haben. Aus der katholischen Tübinger Schule ist vor allem Johann Sebastian Drey zu nennen, der zwar, wie Franz Xaver Arnold feststellt, noch nicht „zu einem theologisch vertieften Verständnis der praktischen Theologie im ganzen"[183] vorgedrungen ist, weil auch bei ihm noch die Ansicht einer praktischen Kunstlehre überwiegt, der aber mit der Zentralidee des Reiches Gottes von einem ekklesiologischen Ansatzpunkt ausgeht. Sein Grundgedanke von der „Selbstüberlieferung des Christentums zu beständiger Gegenwart"[184] übertrifft Schleiermacher[185], mit dessen Entwurf ihn sonst vieles verbindet, und ist von Anton Graf[186] weitergeführt und auf die praktische Theologie angewandt worden.

F. Füglister, Die Pastoraltheologie als Universitätsdisziplin. Eine historisch-theologische Studie, Basel 1951.
W. Birnbaum, Theologische Wandlungen von Schleiermacher bis Karl Barth. Eine enzyklopädische Studie zur praktischen Theologie, Tübingen 1963.
G. Krause [Hrsg.], Praktische Theologie. Texte zum Werden und Selbstverständnis der praktischen Disziplin der evangelischen Theologie (Wege der Forschung CCLXIV), Darmstadt 1972.

182 Vgl. H. Schuster, Die Geschichte der Pastoraltheologie, 47—52.

183 F. X. Arnold, Der geschichtliche Weg theozentrischer Pastoralwissenschaft, in: Seelsorge aus der Mitte der Heilsgeschichte, 171.

184 Ebd. 183.

185 Zum Einfluß Schleiermachers auf Drey vgl. die unterschiedliche Beurteilung bei F. X. Arnold, Der geschichtliche Weg, 170—183; und W. Birnbaum, Theologische Wandlungen, 89f.

186 A. Graf, Zur Praktischen Theologie. Kritische Darstellung des gegenwärtigen Zustandes der praktischen Theologie, Tübingen-Wien-Prag 1841. (Von drei geplanten Bänden ist nur der erste erschienen.)

Zum Begriff der praktischen Theologie — die Bezeichnung „Pastoraltheologie“[187] wird von ihm nicht verwendet — äußert sich Staudenmaier nur sehr knapp, immerhin aber deutlich genug, um den ekklesiologischen Ansatz und die wissenschaftliche Eigenständigkeit erkennen zu lassen.

„Wenn schon die Moral lehrt, wie die christliche Wahrheit in das christliche Leben übergehen soll; so muß doch für die Menschheit ein Institut errichtet sein, durch dessen Tätigkeit sie zu ihrem göttlichen Ziele geleitet und geführt wird. Dieses Institut ist die Kirche. Die Theologie aber, sofern sie diese Thätigkeit der Führung zu ihrem Gegenstande macht, ist die praktische[188].“

Bemerkenswert ist, daß hier in aller Kürze eine theologische Begriffsbestimmung der praktischen Theologie vorgetragen wird, mit der Staudenmaier über seinen Lehrer Drey hinausführt. Nun ist nicht mehr von den Aufgaben und Pflichten der Kirchenbeamten, d. h. des Klerus die Rede, es geht also nicht um Standesmoral und Kunstregeln, sondern die Kirche selbst erscheint als eine Einrichtung, von der die Menschheit geführt und geleitet werden soll. Diese allgemeine Aufgabe der Kirche wird zum Objekt einer speziellen Wissenschaft erhoben. Die weitere Untersuchung wird erweisen, ob Staudenmaier sich in dieser Gesamtschau der Kirche treu geblieben ist oder ob nicht doch wieder in der Ausführung der einzelnen Untergliederungen der Hauptakzent auf den Rechten und Pflichten der Priester liegen wird.

Auffällig ist auch, daß die Tätigkeit der Kirche, mit der sie ihren Zweck erreicht, als Leitung und Führung bezeichnet wird. Die von der Aufklärung her naheliegenden und oft gebrauchten Begriffe Belehrung, Erbauung oder Erziehung werden nicht verwendet, obwohl sie Staudenmaier durchaus vertraut sind. Im Anschluß an Lessings Schrift über die Erziehung des Menschengeschlechts widmet er der Offenbarung einen eigenen Abschnitt, in dem sie als Erziehung, Gott selbst aber als der erste Erzieher dargestellt wird[189]. Es hätte also durchaus nahegelegen, auf diesen Begriff zur Bezeichnung der kirchlichen Tätigkeit zurückzugreifen. Daß Staudenmaier es vermeidet, ist eines der Anzeichen dafür, wieweit er sich vom Rationalismus der Aufklärung entfernt weiß, den er an anderer Stelle seines Werkes gerade in bezug auf die Praxis kirchlicher Verkündigung massiv kritisiert[190].

[187] Zum Namen des neuen Lehrfachs und zur Bezeichnung „praktische Theologie“ oder „Pastoraltheologie“ durch die verschiedenen Autoren vgl. H. Schuster, Die Geschichte der Pastoraltheologie, 48f und 58.

[188] F. A. Staudenmaier, Enzyklopädie 1, § 1097, 571.

[189] Vgl. ebd. § 358, 252f. In der Abhandlung Geist der göttlichen Offenbarung, oder Wissenschaft der Geschichtsprincipien des Christenthums, Gießen 1837, 98 stellt Staudenmaier fest, Lessing habe den herrlichen Gedanken der göttlichen Erziehung nicht in seiner wahren Bedeutung erkannt.

[190] Vgl. F. A. Staudenmaier, Andenken an Friedrich von Schlegel: ThQ 14 (1832) 609—613; ders., Dogmatik I (1844) 292f. An beiden Stellen kritisiert

Die in der Begriffsbestimmung genannte leitende und führende Tätigkeit der Kirche wird von Staudenmaier nach ihren verschiedenen Richtungen aufgeschlüsselt; er gewinnt daraus die allgemeine Einteilung des ersten Teils der praktischen Theologie, den er als Kirchendienst bezeichnet. Demnach hat die Kirche zunächst die Aufgabe, „das göttliche Wort den Menschen zu verkünden, und so entsteht in ihr das beständige Lehramt. Geschieht die Verkündigung an die Unmündigen, so ist die Lehre, in welcher die Regeln dieser Verkündigung vorgetragen werden, Katechetik; geschieht sie an die Erwachsenen, so ist die Lehre von dieser andern Verkündigung Homiletik“[191].

Aus dem Lehramt der Kirche leitet Staudenmaier mit Hilfe einer rein formalen Unterscheidung je nach dem Objekt, auf das es sich richtet — auf Unmündige oder Erwachsene — die Fächer Katechetik und Homiletik ab. Da er sie dem Inhalt nach nur als „Umschreibungen der Exegese“ und nach ihrem praktischen Vollzug als „untergeordnete Arten der Bibelerklärung“[192] ansieht, gelingt es ihm nicht, sie mit der Liturgie inhaltlich zu verknüpfen.

Zwischen Homiletik und liturgischer Feier bestehen nur lose Verbindungen, die Anweisungen zur Verkündigung wären auch ohne den Vollzug des Gottesdienstes verständlich, jedenfalls wird niemals ausdrücklich Bezug darauf genommen. Da aber die Predigt einerseits in ihrem Inhalt auf das Wort Gottes verpflichtet wird, „wie es durch Offenbarung geschichtlich an uns gekommen ist“[193], Staudenmaier andererseits die Feste des Kirchenjahres von ihrer geschichtlichen Grundlage her versteht, so ergibt sich von daher eine — wenn auch nicht ausgesprochene — Verbindung. Diese gewinnt an Gewicht, wenn man feststellt, daß Staudenmaier der Vertiefung in die heilige Geschichte, der Verkündigung des ganzen Christus und des ungeteilten göttlichen Wortes die erste Stelle einräumt, vor der Umdeutung christlicher Feste warnt, die Kasualreden auf ihr notwendiges Maß zurückführt und die Politik ganz von der Kanzel verbannt[194].

Neben dem Lehramt nennt Staudenmaier als zweite Aufgabe der Kirche „die Vollziehung oder Verwirklichung der göttlichen Wahrheit“[195]. Ihr ordnet er die Fächer kirchliche Pädagogik und Liturgik zu. Mit ihnen schließt er den ersten Teil der praktischen Theologie ab, den er als Pastoral, d. h. als „Anweisung zur Seelenführung“ oder als „Seelenführungslehre“[196] versteht. Im zeitgenössischen Sprachgebrauch wird dieser gesamte Bereich als Kirchendienst zusammengefaßt.

er die von der Aufklärung beeinflußte Predigtpraxis. Sie werden ausführlich in Kapitel 3 dieser Arbeit zitiert.

[191] F. A. Staudenmaier, Enzyklopädie 1, § 1080, 571.

[192] Ebd. § 1082, 572.

[193] Ebd. § 1120, 585.

[194] Vgl. ebd. §§ 1120—1127, 585ff.

[195] Ebd. § 1080, 571.

[196] Ebd. § 1080, 572.

Dem Kirchendienst steht als eigener größerer Abschnitt das Kirchenregiment gegenüber, das bei Staudenmaier nur das Kirchenrecht umfaßt. Es bezieht sich auf die Regierung, „weil auch diese im Großen zur Seelenführung gehört, und weil der kirchliche Organismus ohne Leitung durch die Oberen nicht bestehen könnte“[197]. Staudenmaier nennt bei dem, was unter die kirchliche Gesetzgebung fällt, zwar auch den Kult, bleibt aber bei dieser allgemeinen Aussage stehen, ohne sie weiter auszuführen.
In der tabellarischen Übersicht stellt sich die Gliederung der praktischen Theologie, deren Zweiteilung in Kirchendienst und Kirchenregiment sich seit Schleiermacher allgemein durchgesetzt hat[198], so dar:

I. Kirchendienst.
   1. Katechetik.
   2. Homiletik.
   3. Liturgik.
   4. Die kirchliche Erziehung.

II. Kirchenregiment.
   Das Kirchenrecht.

## D. Theologische Grundlegung und Ordnungsprinzipien der Liturgik

### 1. Die Definition der Liturgie und ihre theologischen Grundlagen

Im ersten Teil der praktischen Theologie, dem Kirchendienst, räumt Staudenmaier der Liturgik nach Katechetik und Homiletik den dritten Platz ein. Ihr Aufgabenbereich wird mit der knappen Aussage gekennzeichnet: „Sie ist die Theorie des Cultus und der Form desselben nach allen wesentlichen Momenten[199].“ Die Liturgik muß demnach Wesen

[197] Ebd. § 1081, 572.
[198] Vgl. S. 19, Anm. 87.
Eine Übersicht über die Einteilungsprinzipien nichtkatholischer Autoren vermittelt der von G. Krause herausgegebene Sammelband, vgl. S. 39 Anm. 181.
[199] F. A. Staudenmaier, Enzyklopädie 1, § 1145, 592. Wie weit Staudenmaier damit über ein Verständnis der Liturgik hinausgeht, das sich nur der Darstellung der Religion durch Zeremonien zuwendet, zeigt ein Vergleich mit Franz Xaver Schmid:
„Die Liturgik der christkatholischen Religion ist also die Wissenschaft der christkatholischen Liturgie, oder mit anderen Worten, die wissenschaftliche Darstellung aller jener Ceremonien, wodurch die innere christkatholische Religion geoffenbart (sinnlich dargestellt), und geoffenbart bey uns und andern gestärkt und erhöht, bisweilen auch bey andern sogar erst gewecket wird.“
F. X. Schmid, Liturgik der christkatholischen Religion I, Passau 1832, 9.

und äußere Erscheinung der christlichen Liturgie zum Gegenstand ihrer wissenschaftlichen Erörterung machen, wenn sie dieser Begriffsbestimmung gerecht werden will. Dabei kommt es entscheidend auf die Definition an, die Staudenmaier der Liturgie selbst zugrundelegt, denn von ihr hängt Verständnis, Umfang und Einteilungsschema dieser Teilwissenschaft ab.

Zunächst ist aber anzumerken, daß Staudenmaier mit der Einordnung der Liturgik in den Kirchendienst bereits eine Vorentscheidung getroffen hat. Er hat sich mit der Tatsache auseinandergesetzt, daß die Zuordnung der theologischen Fächer von den einzelnen Autoren verschieden beurteilt und daher gelegentlich die Liturgik zwischen Katechetik und Homletik eingefügt wird[200]. Ohne eigentlich eine Begründung dafür anzugeben, wohl um die christliche Verkündigung nicht unnötig auseinanderreißen zu lassen, lehnt er diese Anordnung ab.

„So kann gefragt werden, ob die Liturgik mit Recht zwischen die Katechetik und Homiletik hineingestellt, und nicht viel besser getrennt von diesen als eine ganz besondere Disciplin unter dem Namen: Die Lehre vom Cult behandelt werde, mit welcher dann auch als Geschichte die Archäologie zusammen fiele, sofern nämlich diese die heilige Handlung und Zeit und die heilige Kunst in sich faßt. Denn in der Ausdehnung, wie die Archäologie gewöhnlich genommen wird, wornach in sie hinein auch ein großer Teil der Geschichte des kanonischen Rechts fällt, und noch manch Anderes aus der Kirchengeschichte überhaupt, kann sie von dem ganz gewiß nicht genommen werden, der die Theologie auch nur Einmal in der Totalität ihrer Momente aufgefaßt und erkannt hat[201]."

Damit steht fest, daß Staudenmaier die Liturgik als Lehre vom Kult nur insoweit zur praktischen Theologie rechnet, als sie sich mit der Verwirklichung des Gottesdienstes in heiligen Handlungen, in heiligen Zeiten und in heiliger Kunst befaßt. Der gesamte Bereich der Geschichte und Entstehung der Liturgie, d. h. die Archäologie wird der historischen Theologie zugewiesen, zu der außer ihr noch Dogmen- und Kirchengeschichte zählen. Staudenmaier ist sich wohl bewußt, daß er damit Wissenschaften auseinanderreißt, die sich gegenseitig voraussetzen und bedingen[202], meint aber, an seinem Ordnungsprinzip festhalten zu müssen. Dreys Kritik trifft folgerichtig gerade diesen Punkt[203].

[200] Karl Rosenkranz ordnet in der Reihenfolge Katechetik — Liturgik — Homiletik, und Staudenmaier vermerkt dazu: „Die Liturgik hat nach unserer Überzeugung ihre rechte Stelle nicht zwischen der Katechetik und Homiletik, sondern erst nach der Homiletik."
F. A. Staudenmaier, Rez. zu K. Rosenkranz, Enzyklopädie: Religiöse Zeitschrift für das katholische Deutschland (Hrsg. Sengler), I/2 (1833) 192.

[201] F. A. Staudenmaier, Enzyklopädie 1, § 128, 76.

[202] Vgl. ebd.

[203] Die Kritik Dreys wurde S. 35—38 dargestellt.
Vgl. J. S. Drey, Rez. zu F. A. Staudenmaier, Enzyklopädie 1: ThQ 17 (1835) 393—396.

Auf dem Hintergrund der bisher genannten Vorentscheidungen sind die weiteren Gesichtspunkte zu beachten, die sich aus der Definition der Liturgie ergeben.

„Die Liturgie als Verwirklichung des Cultus ist die durch den Priester vermittelte wirkliche Feier der höchsten Momente des göttlichen in Christus ruhenden Lebens der Menschheit in heiligen Handlungen zu verschiedenen heiligen Zeiten unter Mitwirkung der heiligen Kunst[204]."

Zur Terminologie ist einleitend hervorzuheben, daß Staudenmaier sich an den zeitgenössischen Sprachgebrauch hält. Daher zieht er durchgehend „Kult" statt „Liturgie"[205] vor. Während Kult als der umfassendere Begriff den ganzen Bereich der äußeren Gottesverehrung zum Inhalt hat, kennzeichnet Liturgie die Verwirklichung des Kultes, d. h. die tatsächliche Feier öffentlichen Gottesdienstes[206]. Der handelnde Priester gilt als „Liturg", die spezielle Wissenschaft trägt den Namen „Liturgik". In den Mittelpunkt seiner Begriffsbestimmung setzt Staudenmaier die Aussage, die Liturgie sei die wirkliche Feier des göttlichen in Christus ruhenden Lebens. Mit diesem Kernsatz wird in komprimierter Form die Eigenständigkeit des aus der Theologie der Tübinger Schule erwachsenen Liturgiebegriffs zusammengefaßt, zugleich aber auch seine Abgrenzung von Definitionen vollzogen, die ihren Ausgangspunkt vom Vollzug der Tugend der Religion nehmen.

Ein Vergleich mit Franz Xaver Schmid[207] vermag das Spezifische der Auffassung Staudenmaiers besonders deutlich hervorzuheben. Zunächst könnte es scheinen, als liege mit dem Begriff „Leben", den beide Autoren verwenden, eine verbindende Gemeinsamkeit vor. Die

[204] F. A. Staudenmaier, Enzyklopädie 1, § 1148, 593.

[205] Zu Verwendung und Gehalt dieser Begriffe vgl. S. 17f., Anm. 76.

[206] Staudenmaiers Gießener Kollege Johann B. Lüft faßt den herrschenden Sprachgebrauch so zusammen:
„Durch Cultus bezeichnet man nach der gewöhnlichen Auffassungsweise die äußere, öffentliche Gottesverehrung irgend einer religiösen Gemeinschaft, die objektive, äußere Erscheinung und Darstellung der innern Religion. Die einzelnen Darstellungsweisen nennt man Cultformen, die sich hinwiederum in gottesdienstliche Handlungen, Symbole, Ceremonien und Ritus unterscheiden; die konkrete Anlage oder die kirchlich bestimmte Anordnung der Cultformen, bisweilen auch die wirkliche Vornahme des öffentlichen Gottesdienstes, Liturgie."
J. B. Lüft, Prinzipien 58.

[207] Die biographischen Handbücher und theologischen Lexika enthalten zu F. X. Schmid keine Angaben, selbst nicht Wetzer-Welte und die erste Auflage des LThK. Nach Oppenheim war er der erste Verfasser einer selbständigen Liturgik; vgl. Ph. Oppenheim, Institutiones systematico-historicae in sacram liturgiam, ser. I: De scientia liturgica, vol. I: Introductio historica in litteras liturgicas, Turin ²1945, 57. Nach Hurter war er zur Zeit der Abfassung seiner Liturgik Subregens in Passau, er starb 1871 als Pfarrer in Traunstein; vgl. Hurter, V, 2, 1833.

nähere Untersuchung zeigt jedoch fundamentale Unterschiede. Schmid zählt zu den Liturgikern, die, beeinflußt von der scholastischen Tugendlehre und ihrer Ausprägung in Kanonistik und Moraltheologie, die Tugend der religio zur Grundlage ihrer Wissenschaft gemacht haben. Es ist bezeichnend, daß schon in der ersten Überschrift seiner Liturgik von der „Pflicht, die Religion zu äußern“[208], die Rede ist. Religion im objektiven Sinn wird definiert als „der Inbegriff aller Wahrheiten, welche das Verhältniß Gottes zum Universum und insbesondere zum Menschen, und das Verhältniß des Menschen zu Gott ausdrücken“[209].

Schmid erhebt nun die Forderung, die Religion nicht nur auf das Wissen zu beschränken, sondern sie subjektiv werden zu lassen und verbindet diesen Anspruch unter Berufung auf Johann Michael Sailer mit dem Begriff „Leben“. Die Religion soll „das Erkenntniß-, Gefühls- und Begehrungs-Vermögen des Menschen, sein ganzes geistiges Seyn beherrschen, — in ihm leben. ‚Wer die Religion‘, schreibt Sailer (Beytr. 2. Bd. 2. Abhandl. § 1) in diesem Sinne, ‚in ihrem Wesen erfaßen will, wird sie nicht als einen todten Begriff, nicht als ein leeres Zeichen, nicht als ein seelenloses Wort, sondern als ein wahres inneres lebendiges Seyn, als ‚ein Leben‘ betrachten müßen[210].“

An diesen Ausführungen fällt auf, daß eine Grundlegung der christlichen Liturgik versucht wird, ohne Lehre und Auftrag Christi selbst überhaupt zu nennen. Die Praxis der Kirche gilt als schlüssiger Beweis, „daß Christus eine in die Sinne fallende Darstellung seiner Religion wollte“[211]. Wenn in diesem Zusammenhang von „Leben“ die Rede ist, so wird der Unterschied zu Staudenmaiers Auffassung augenfällig. Leben bedeutet hier nichts weiter als Subjektivierung und Intensivierung der Religion, wobei die Argumentationskette lautet: Religion soll nicht nur Gegenstand des Wissens bleiben, sondern auch in das subjektive Empfinden des Menschen eingehen; wenn aber die Religion im Menschen lebt, dann kann sie nicht leben, ohne sich auch sinnlich zu äußern. Gestützt wird dieser Zusammenhang mit einem Zitat von Köppen: „Gott im Herzen, das Wort auf der Lippe, Tempel und Altar vor den Sinnen[212].“

Ähnlich äußert sich Johann Baptist Lüft in der Darstellung des latreutischen Zwecks der Liturgie. Auch er fordert, es dürfe nicht bei der bloß intellektuellen Aufnahme der Wahrheit bleiben. „Die bloße gläubige Aufnahme des Religiösen und der Idee des Göttlichen mit dem Verstande ist erst die erste Entwicklung, erst gleichsam die materielle Begründung des Religiösen und Göttlichen im Menschen. Ist die religiöse Wahrheit und das Göttliche mit Klarheit, Ueberzeugung und gläubiger Gewißheit wahr- und aufgenommen, so muß es von dem Menschen lebenspraktisch ergriffen werden, und es muß ihn ergreifen. Die Wahrheit und die Idee muß in ihm Leben werden. Sie muß nicht nur den Verstand

[208] F. X. Schmid, Liturgik I (1832) 1.
[209] Ebd.
[210] Ebd.
[211] Ebd. 2.
[212] Ebd.

erleuchten, sondern in dem tiefern Grund und in das Mark seines geistigen Seyns herein-, und den ganzen Menschen in allen Adern seines geistigen Organismus, in Verstand und Herz, Intelligenz und Gefühl durchdringen. Eine Religion also, in welcher der bloße Gedanke auf den Thron der Autonomie erhoben, und deren letzes Streben Gewißheit der Wahrheit wäre, müßte eben darum als eine einseitige erscheinen[213]."

Aus den weiteren Ausführungen wird ersichtlich, daß Lüft den Übergang von der Gewißheit einer religiösen Wahrheit zum Leben der vermittelnden Funktion des Gefühls zuschreibt. Der Glaube, fordert er, muß übergehen in das Gefühl. Dieses aber strebt danach, sich zu veräußerlichen und offenbart sich in sinnenfälligen Zeichen[214].

An dieser Gegenüberstellung ist deutlich geworden, daß Staudenmaier die christliche Liturgie nicht aus einer Tugendlehre heraus entwickelt, sondern von einer neuen Grundlage ausgeht, die zunächst allgemein mit dem Begriff „Leben" beschrieben werden kann. Mit Hilfe dieses Begriffs gelingt es Staudenmaier, eine Verbindung herzustellen zwischen der Religionsphilosophie, die generelle Aussagen zum Wesen der Religion macht, der Moral als der Wissenschaft vom christlichen Leben und der Liturgik, die vom Wesen des christlichen Gottesdienstes handelt.

„Gemeinschaft" und „Leben" sind die beiden Begriffe, die im Mittelpunkt der allgemeinen Wesensbestimmung der Religion stehen. „Religion in ihrer Wahrheit und Wirklichkeit ist die bewußte, freie und lebendige Gemeinschaft des Menschen mit Gott. Der Grund und die erste Ursache derselben ist die Erkenntniß und das Gefühl unserer Abhängigkeit von dem, mit welchem wir durch die Religion in Gemeinschaft stehen. Da, wo diese Gemeinschaft noch nicht ist, ist auch die Religion in ihrer Wahrheit und Wirklichkeit nicht vorhanden, sondern sie ist unwahr, unwirklich und unlebendig und muß erst zum Leben kommen. Religiöses Leben ist daher nur, wo wirkliche Gemeinschaft mit Gott ist; und so ist das religiöse Leben durch die Gemeinschaft, und die Gemeinschaft durch das Leben bedingt. Durch diese Bestimmungen ist der Allgemeinheit des Begriffs der Religion nicht der mindeste Eintrag gethan; denn wenn wir auch die Religion die durch das Bewußtsein der Abhängigkeit von Gott bestimmte Lebensweise schlechthin nennen wollten; so wäre diese so bestimmte Lebensweise in allen Verhältnissen doch nur dann wirkliche und wahre Religion, wenn sie bewußte und freie Gemeinschaft mit dem höchsten Wesen ist. Das Wahre liegt hier im Lebendigen, und das Lebendige ist die Gemeinschaft. Das Streben nach lebendiger Gemeinschaft ist daher noch nicht Religion, sondern Streben nach Religion. Eben deßhalb ist die Religion etwas Ewiges, und die künftige Seligkeit wird nur die vollendete Religion sein, wie auch schon hier die Religion die Seligkeit des Lebens, ihr Mangel aber das unselige Leben selbst ist[215]."

213 J. B. Lüft, Prinzipien 60.
214 Vgl. ebd. 60ff.
215 F. A. Staudenmaier, Enzyklopädie 1, § 195, 131f.

Staudenmaier nennt die Religion die bewußte Gemeinschaft des Menschen mit Gott und weist damit eine Ansicht zurück, die sie einseitig nur dem Gefühl der Abhängigkeit zuordnet. Bewußtsein und Gefühl müssen sich ergänzen, wobei dem Bewußtsein die Priorität zukommt. „Die beiden also, Bewußtsein und Gefühl, sind nur Momente, und nur in ihrer Einheit ist die Religion auch ursprünglich, wie in ihrem Fortgange. Ein Moment ist ohne das andere unwahr und vielen Unfällen ausgesetzt. Das Gefühl, ohne seine rechte Stellung zum Wissen und ohne Verbindung mit diesem, artet aus in falsche Gefühle, in Aberglaube und Schwärmerei, sowie in subjective, willkührliche Bestimmungen aller Art und Gattung, ohne daß ihm in einer Gefühlstheorie Rettung geboten wäre, so systematisch diese Theorie auch sein möchte. Der Begriff aber, das blosse Wissen ohne das Gefühl läßt es nicht zur wirklichen Religion kommen, weil die Religion ein Leben ist, das Leben aber im Gefühle seinen Sitz hat. Deßhalb liegt das Wahre darin: die Religion muß als solche bewußt und lebendig sein; bewußt ist sie im Denken, lebendig im Gefühl. Im Denken bewußt und im Gefühle lebendig muß sie aber schon in ihrem Ursprung gewesen sein, weil sie ohne dieß nicht wahr gewesen wäre[216]."

Als freie Gemeinschaft des Menschen mit Gott überwindet die Religion das Gefühl der absoluten Abhängigkeit, das eher geeignet ist, Furcht zu erwecken als die Hinwendung zu Gott zu fördern. Erst das Moment der Freiheit ermöglicht es dem Menschen, das Abhängigkeitsverhältnis von Gott zu bejahen und mit eigenem Willen anzuerkennen. Ohne Freiheit ist Gemeinschaft nicht denkbar.

Der Rückblick auf die Schöpfung, die als freie Tat Gottes verstanden wird, fügt einen weiteren Gesichtspunkt hinzu. „Mit Freiheit hat Gott die Welt geschaffen. Das Motiv zu dieser freien Schöpfung aber war die Liebe. Die Schöpfung ist somit zuletzt auf die Liebe gebaut. Daher die Tiefe, Unendlichkeit und Ewigkeit der Liebe, die deßhalb auch zum Weltgesetz geworden ist. Menschliche Freiheit und Liebe wurzelt in der göttlichen. Sowie Gott mit Freiheit die Creatur erschuf; so erkennt der Mensch mit Freiheit sich als abhängig an; — und wie Gott zur freien Schöpfung und zur freien Gemeinschaft mit dem Menschen durch die Liebe sich bestimmte; so bestimmt sich der Mensch zur freien Gemeinschaft mit Gott, zur Religion, in und durch die Liebe. Deßhalb ist in der Religion eben soviel Freiheit als Liebe, und die freie Liebe ist das Element alles Lebens in Gott, das Princip der Religion[217]."

Ausgehend vom Gottesbewußtsein, das der Mensch sich nicht selbst erringen kann, sondern das ihm als göttliche Offenbarung geschenkt wird, definiert Staudenmaier schließlich die Religion als lebendige Gemeinschaft mit Gott. Das Gottesbewußtsein kann aber erst dann religiös genannt werden, wenn es Erkennen und Glauben übersteigt und „zum Leben in Gott sich entwickelt, welches die wahre Religion ist[218]".

[216] Ebd. § 196, 135.
[217] Ebd. § 197, 136f.
[218] Ebd. § 202, 141f.

Mit einer Anmerkung sichert sich Staudenmaier gegen mögliche Mißdeutungen ab, die ihn, den Hegelverehrer, des Pantheismus verdächtigen könnten. „Für solche, die überall Pantheismus riechen, brauche ich nur zu sagen, daß die heilige Schrift lehre, daß wir in Gott leben, weben und sind. Mit Beziehung auf diese Stelle sagt auch Franz von Sales in seiner Philotea II. Buch. 2. Kapitel: ‚Gott sei der Hintergrund unseres Geistes, den er mit seiner Gegenwart belebe, da er gleichsam das Herz unseres Herzens, der Geist unseres Geistes sei.‘ Wer daher die Lebendigkeit des Verhältnisses zwischen Gott und dem Menschen verdammen will als Pantheismus, der muß bei dem Apostel Paulus anfangen und so herabgehen auf alle religiösen Männer bis auf unsere Zeit[219].“

Der Begriff der Religion, wie ihn Staudenmaier in der Religionsphilosophie entwickelt, vereinigt in sich die Elemente des religiösen Bewußtseins, des frommen Gefühls und des Lebens und ordnet sie einander zu. „Der Glaube geht über in ein Handeln im Glauben, das Erkennen wird Leben in Wahrheit. Die Religion hat somit ihr Dasein im Erkennen, Fühlen und Handeln zugleich, und keins von diesen dreien darf ausgeschlossen werden, wenn sie selbst in Wahrheit in uns leben soll[220].“

Die tiefen Einsichten über Leben und Gemeinschaft des Menschen mit Gott, die Staudenmaier in der Religionsphilosophie entwickelt hat, ruhen auf dem Fundament, daß das göttliche Bewußtsein als Offenbarung geschenkt ist. Alles Erkennen Gottes hat seinen Urgrund in Gott selbst, der absoluten Wahrheit. Die größte und nicht mehr zu überbietende Offenbarung wird der Menschheit jedoch in Jesus Christus zuteil. „Er ist, der da kommen sollte, und wir haben auf keinen anderen zu warten; er stiftete die neue Gemeinschaft mit Gott, zerrüttete das Reich der Finsterniß, und gründete das wahre Reich Gottes, und in diesem ein neues, heiliges Bewußtsein und Leben[221].“ Während Staudenmaier in der Dogmatik von der Person, vom Werk und von den Ständen Christi handelt[222], weist er der Moral die Aufgabe zu, das Wesen christlichen Lebens darzustellen. Ihre Grundlage ist „keine andere als die geschichtliche Offenbarung der Person Christi“[223].

Von der Art und Weise, wie Staudenmaier das durch Christus vermittelte göttliche Leben in der Moral darstellt, darf man Rückschlüsse auf sein Liturgieverständnis erwarten. Weit entfernt davon, einen Pflichtenkatalog aufzustellen, zielt er darauf ab, die Einheit von Glauben und Handeln als ewige Forderung des Christentums aufzuzeigen, dessen Wahrheit sich in der Ungetrenntheit von Glaube und Leben erweist[224]. Leben aber umfaßt mehr als nur praktische Lebensgestaltung oder Lebensführung. Staudenmeier führt die Moral immer wieder auf das gött-

[219] Ebd., Anm. zu § 202, 142.
[220] Ebd. § 202, 142f.
[221] Ebd. § 473, 305.
[222] Vgl. ebd. §§ 678—711, 387—406.
[223] Ebd. § 836, 481.
[224] Vgl. ebd. § 803, 462.

liche Leben selbst zurück, so daß sich die Berührungspunkte zu dem, was die Kirche in ihrem Gottesdienst feiert, von selbst ergeben.

Das Wesen des christlichen Lebens besteht in der Gemeinschaft, im inneren Einssein mit Christus. Einheit mit Christus aber bedeutet immer auch Gemeinschaft mit Gott. „Wer mit Christo Eins ist, ist eben darum auch schon Eins mit Gott, der in Christo war, und somit löst sich in und durch die lebendige Gemeinschaft mit dem Erlöser die höchste Aufgabe: daß wir gottähnlich, daß wir vollkommen werden sollen, wie der Vater im Himmel vollkommen ist[225]."

Christus ist „das Urbild der reinen Menschheit"[226], der die Versöhnung Gottes und der Welt herbeiführt. Als geistige Kraft wirkt er, das Haupt, auf die Glieder seines Leibes, um sie untereinander zur Gemeinschaft zu verbinden, alle gemeinsam aber mit Gott zu vereinen. „In der kräftigen Gemeinschaft mit Christo wird also die Macht der Sünde vernichtet, das Princip des Lichtes herrschend gemacht und das Reich Gottes wie in jedem Einzelnen, so auch in der Menschheit hergestellt, in der Weise, daß die dadurch bewirkte Verherrlichung des Vaters nur die Entfaltung des Lebens Christi im Geschlechte ist[227]."

Wenn die Erlösung als „Mittheilung eines neuen geistigen Lebens"[228] beschrieben wird, so führt die Frage, wie die Menschen dies erlösende, belebende Handeln Christi an sich erfahren, von der Moral zum Liturgiebegriff Staudenmaiers. Denn er bezeichnet als Funktion des Liturgen, es sei seine Aufgabe, das Göttliche herunterzuziehen und es mit dem Menschlichen zu versöhnen und zu vereinigen[229]. In dieser vermittelnden Tätigkeit, die ausdrücklich in die Definition der Liturgie aufgenommen wird, erblickt Staudenmaier das Spezifische des priesterlichen Amtes. Die Stellung, die er dem Ordo in der Sakramentenlehre einräumt, bestätigt diese Sicht. Die Priesterweihe wird dort allen übrigen Sakramenten mit der Begründung vorangestellt[230], im Priestertum spiegle sich das dreifache Amt Christi wider.

Das Priestertum kulminiert in der Feier der Liturgie, in die jedoch die Verkündigung des Wortes nicht einbezogen wird[231]. Die Predigt gilt als

[225] Ebd. § 846, 485f.
[226] Ebd. § 848, 486.
[227] Ebd. § 850, 487.
[228] Ebd. § 851, 487.
[229] Vgl. ebd. § 1144, 592.
[230] Vgl. ebd. § 753, 433f.
Ähnlich verfährt in neuerer Zeit das von A.—G. Martimort herausgegebene Handbuch der Liturgiewissenschaft, das im ersten Band die Feier der Eucharistie behandelt, im zweiten Band die Ordinationen den übrigen Sakramenten voranstellt.
Vgl. HLit II (1965) 6—44.
Zur Begründung vgl. A.—G. Martimort, Les signes de la Nouvelle Alliance, Paris 1959, 75.
[231] Zum Zusammenhang von Predigt und Kult urteilt J. B. Lüft:
„Katechese und Predigt wollen den Glauben begründen, belehren, überzeu-

Vorbereitung des eigentlichen priesterlichen Handelns, ihre Aufgabe besteht darin, das Gemüt der Gemeinde zu Gott zu erheben[232]. In der Beschreibung der Liturgie herrscht durch die Hervorhebung der „absteigenden" Wirkung daher das soterische Element vor. Das wird besonders deutlich in der gerafften Übersicht, die vom Liturgen fordert: „Er soll, wenn das wahre göttliche Licht erkannt worden ist, dieses Licht nun auch zum Leben werden lassen, und dieß geschieht dadurch, daß er im Namen Christi und der Kirche Sünden erläßt, die Sakramente spendet und durch den ganzen Cult die Versöhnung und Vereinigung des Menschen mit Gott verwirklichet[233]."

Liturgie ist nach Staudenmaier mehr als nur Darstellung[234], es ist wirkliche, in göttlicher Offenbarung begründete und daher in geschichtlicher Grundlage verankerte F e i e r. „Im Cult stellt sich die Religion als Act dar, und dieser Act ist eben die Verwirklichung des wahren christlichen Lebens. Als christliches Leben muß es auf christlichen Ideen, und diese auf der göttlichen Geschichte ruhen. Dieses historische Moment ist festgehalten in der Reihe der Feste des kirchlichen Jahres. Alle wirkliche lebendige Darstellung geschieht in Formen, welche die äussern Offenbarungen des innern Lebens sind. Dieß muß da umsomehr der Fall sein, wo nicht ein Einzelner sein Leben darstellt, sondern eine ganze Gemeinde, und selbst die ganze christliche Kirche. Zur Darstellung jener Formen, damit sie würdig des sich darstellenden heiligen Lebens werden, muß daher auch das Höchste mitwirken, was der Mensch hat, um ein Inneres zu versinnlichen. Dieß ist die Kunst[235]."

Mit seiner Definition der Liturgie, deren Mittelpunkt die Feier göttlichen Lebens bildet, erweist sich Staudenmaier als Theologe der Tübin-

gen und erbauen: der Cultus ist seiner Grundtendenz nach Ausdruck des Erbautseyns, also Resultat und Vollzug der beiden ersten Thätigkeiten. Fassen wir die Predigt von dieser, ihrer eigentlichsten Seite auf, so muß zwar die Nothwendigkeit ihrer Verbindung mit dem Cultus, aber auch dieses einleuchten, daß die Predigt nicht organischer Theil des Cultus, nicht Cultus selbst, und noch weniger Mittelpunkt des Cultus seyn kann. Nur wo, wie bei besonderen Festlichkeiten, durch eine Rede die Feier des Tages verherrlicht werden soll, und der Prediger weniger zunächst belehren und überzeugen will, als vielmehr, als Repräsentant der Gemeinde, den allgemeinen Gefühlen, die sich an die Bedeutung des Festes knüpfen, gleichsam nur Ton gibt, wird die Predigt zugleich Cultus."
J. B. Lüft, Prinzipien 70f.

[232] Vgl. F. A. Staudenmaier, Enzyklopädie 1, § 1144, 592.

[233] Ebd. § 1146, 592.

[234] Nach F. X. Schmid ist es Aufgabe der Zeremonien, aus denen sich die Liturgie zusammensetzt, die „innere Religion" zu offenbaren oder darzustellen.
Vgl. F. X. Schmid, Liturgik I (1832) 6ff.
Ähnlich Lüft: Der Kult ist die „objektive, äußere Erscheinung und Darstellung der inneren Religion."
J. B. Lüft, Prinzipien 58.

[235] F. A. Staudenmaier, Enzyklopädie 1, § 1147, 592f.

ger Schule, dem es nicht genügt, die Enzyklopädie der theologischen Wissenschaften mit einer Beschreibung des praktisch-kirchlichen Handelns abzurunden. Auch die praktische Theologie wird in das Systemdenken einbezogen, der Nachweis der zugrundeliegenden und Einheit stiftenden Idee bis in den Liturgiebegriff hinein fortgesetzt. Der Gottesdienst der Kirche ruht auf der göttlichen Wahrheit, die sich der Menschheit in fortschreitender Heilsgeschichte als Offenbarung mitteilt. Ihr unüberbietbarer Höhepunkt ist das Christusereignis, das nicht Vergangenheit bleibt, sondern als dauernde Gegenwart in der Liturgie gefeiert wird. Ihr letztes Ziel besteht in der Verwirklichung des christlichen Lebens, in der Versöhnung und Vereinigung des menschlichen mit dem göttlichen Geist.

## 2. Das Wesen des christlichen Kultes

Im Anschluß an seine Definition der Liturgie gibt Staudenmaier nähere Erläuterungen zum Wesen und zu den Eigenschaften des Kultes, die das bereits Gesagte noch einmal bekräftigen, in einigen Punkten aber auch neue Akzente setzen, von denen in der Begriffsbestimmung bisher keine Rede war.

Zu den Gedanken, die erneut aufgegriffen werden, zählt der Hinweis, daß die Erlösung als Versöhnung und Vereinigung des Menschen mit Gott aufgefaßt werden muß. Staudenmaier erblickt das Spezifische des Christentums — im Gegensatz zur alten Weltanschauung — darin: Der Zwiespalt zwischen Welt und Gott sei nun überwunden, ein neues Bewußtsein und eine neue Zeit angebrochen. Es gehört nach seiner Darlegung zum Selbstverständnis des Christentums, daß in ihm und durch seine Vermittlung die Welt mit Gott versöhnt worden ist. Das Christentum — Staudenmaier vermeidet es, hier von Kirche zu sprechen — hat die Funktion, den Vorgang der Erlösung, der nicht als abgeschlossene Vergangenheit, sondern als andauernde Gegenwart beschrieben wird, sichtbar zu machen. Das Geschehen zwischen Gott und Mensch wird in der Erscheinung des Christentums erfahrbar, weil es die Darstellung dessen ist, was sich als Ereignis ständig vollzieht. „Denn wie dadurch, daß der ewige Logos Mensch wurde, das Göttliche in die geschichtliche Wirklichkeit eingetreten ist und Bestand und Leben in derselben gewonnen hat; eben so tritt durch die von Christus vollbrachte Erlösung der Mensch immerwährend in das Ewige und Göttliche ein, und das Christenthum ist nur die Darstellung dieses beiderseitigen Eintretens und Sichvereinigens[236]."

Damit ist die Einheit als Zweck der göttlichen Offenbarung noch einmal deutlich hervorgehoben, sie wird aber in bezug auf die Moral und auf den Kult, klarer als es in der Definition der Liturgie zum Ausdruck kam, als Gemeinschaft mit Gott dem Vater, mit Christus und mit dem

[236] Ebd. § 1150, 593f.

Heiligen Geist gekennzeichnet[237]. Staudenmaier darf sich hier mit dieser knappen Andeutung begnügen, weil er bereits in der Grundlegung der Moral den göttlichen Geist als Prinzip des christlichen Lebens[238] dargestellt hat.

Durch die organische Verbindung mit Christus wird dem Menschen der göttliche Geist zuteil, er ist das belebende Prinzip dieser Gemeinschaft und damit des ganzen christlichen Lebens[239]. „Der heilige Geist... durchdringt als wirkendes Princip das ganze menschliche Sein und Leben, Wissen und Handeln mit seiner höheren Kraft, und vollendet es bis zu jener Stufe, auf welcher das endliche Leben als das ewige erscheint[240]."

Als heiliges Prinzip wirkt der göttliche Geist auf den Geist des Gläubigen ein, den er „ergreift, erleuchtet, erregt, erneuert, leitet, heiliget, stärkt und beseliget. Die Beseligung liegt aber darin, daß er das Menschliche mit dem Göttlichen vereiniget, worin eben das rechte ewige Leben liegt; mit Einem Worte: der göttliche Geist ist das Princip des christlichen Lebens nach seinen wichtigsten Momenten[241]."

Staudenmaier führt alle Kräfte und Erscheinungen des christlichen Lebens auf das Wirken des göttlichen Geistes zurück. Auf dem Geist der Wahrheit, der Weisheit, der Heiligkeit und der Liebe „ruhet alles sittliche Leben, jede Tugend, jede höhere Kraft; er ist die lebendige Einheit von Glaube, Hoffnung und Liebe; er wirkt die guten Entschlüsse, führt uns zum Gebet und spricht in diesem für uns in unaussprechbaren Seufzern, verleiht verschiedene Gaben; durch ihn haben wir Gemeinschaft mit Christo, Antheil am Reiche Gottes, das Bewußtsein, daß wir Gottes Kinder sind, so wie das Bewußtsein der Begnadigung; endlich besitzen wir in ihm die rechte Freiheit, so wie jenen tiefen Frieden, der über allen Begriff ist[242]".

Wird als Prinzip des christlichen Lebens der göttliche Geist aufgewiesen, als ihr Wesen die Gemeinschaft des Menschen mit Christus und durch ihn mit dem Vater und dem Geist, so ist damit gleichzeitig einer Mißdeutung des Kultes Einhalt geboten. Seine Bedeutung liegt nicht im äußerlich sichtbaren Vollzug, sondern darin, daß sich in ihm die Einheit von göttlichem und menschlichem Leben verwirklicht. „Der Cult ist daher nicht etwa blos eine gewisse Form der Gottesverehrung, sondern der Act der Religion selbst oder die Religion als Act; alle wirkliche Form der Verehrung Gottes oder irgendeiner religiösen Handlung ist somit nicht der Cult selbst, sondern nur an ihm, in Verbindung mit ihm, und das, was sie eben in dieser Verbindung ist[243]."

[237] Vgl. F. A. Staudenmaier, Enzyklopädie 1, § 1153, 594.
[238] Vgl. ebd. §§ 852—858, 488—491.
[239] Vgl. ebd. § 852, 488.
[240] Ebd. § 853, 488.
[241] Ebd. § 855, 490.
[242] Ebd. § 856, 490f.
[243] Ebd. § 1154, 594.

Die näheren Bestimmungen, die Staudenmaier zum Wesen des Kultes anführt, bekräftigen noch einmal die zentralen Begriffe Leben, Einheit und Gemeinschaft, von denen aus Wesen und Verwirklichung des christlichen Lebens verstanden werden müssen. So verwundert es nicht, daß auch die zusammenfassende Wesensbestimmung des christlichen Kultes das Einswerden von menschlichem und göttlichem Geist in den Mittelpunkt rückt. „Die absolute Beziehung im Culte ist daher das Einswerden des menschlichen Geistes mit dem göttlichen Geiste, folglich das geistige Leben in seinem höchsten Momente, in seiner erhabensten Würde, in seiner tiefsten Idee und in seiner Ewigkeit[244]."

## 3. Die Eigenschaften des christlichen Kultes

Aus der Wesensbestimmung des christlichen Kultes leitet Staudenmaier die Prinzipien ab, nach denen dessen äußere Erscheinungsweisen zu beurteilen sind. Er fordert, auch in den Kultformen müsse das Wesen in Erscheinung treten, sollen sie nicht leer und bedeutungslos bleiben. „Überall also muß der Geist des Christenthums und die Idee der Religion sich offenbaren, und das Sinnliche, Aeußerliche, das hierbei erforderlich ist, darf nur die Versinnlichung, das Symbol sein des höhern Innern[345]."

Die Verknüpfung des Außen und des Innen, der Formen, in denen sich die christliche Liturgie darstellt und ihres eigentlichen Gehaltes, der durch sie und in ihnen ausgedrückt wird, scheint so selbstverständlich zu sein, daß die Erwähnung sich erübrigen könnte. Sieht man sie jedoch auf dem Hintergrund zeitgenössischer Liturgik, so ergibt sich ein anderes Bild. Gewiß kann Staudenmaier an den Vorarbeiten von Drey und Hirscher[246] anknüpfen, die ihn in der Forderung nach Kultreform bei weitem übertreffen, aber es bestehen daneben auch andere Strömungen. Als Beispiel darf Franz Xaver Schmid gelten, in dessen Liturgik man vergebens einen Abschnitt über die Eigenschaften des Kultes sucht. Da er die Liturgie als Gesamtheit aller Zeremonien versteht, stellt er das Prinzip auf: „Alle jene Ceremonien haben Werth, welche die innere christkatholische Religion auf die sicherste und passendste Weise offenbaren, und geoffenbart bey uns und andern erzeugen, stärken und erhalten[247]." Aus diesem Prinzip folgert Schmid, das Kriterium, nach dem

[244] Ebd. § 1155, 594.

[245] Ebd. § 1156, 595.

[246] Von den katholischen Tübingern sind Drey und Hirscher mehrfach mit Beiträgen zur Liturgiereform hervorgetreten. Hirschers Dissertation Missae genuinam notionem, Tübingen 1821, wurde 1823 indiziert.
Vgl. F. Laupheimer, Die kultisch-liturgischen Anschauungen Johann Sebastian von Dreys, Diss. (masch.) Tübingen 1959; E. Keller, Kult und Kultreform bei Johann B. Hirscher (FDA 90, 333—456), Freiburg 1970.

[247] F. X. Schmid, Liturgik I (1832) 9.

sich der Wert einer Zeremonie bemißt, sei in der Zweckmäßigkeit zu suchen, mit der sie ihrem Ziel dient[248].

Ohne Zweifel begünstigt eine rein auf Zweckmäßigkeit ausgerichtete Auffassung die Gefahr, formalistisch zu erstarren. Staudenmaier entgeht ihr, weil die von ihm aufgestellte Reihenfolge von Eigenschaften des Kultes nicht auf Äußerlichkeiten eingeht, sondern zugleich Wesensbestimmungen enthält.

Die erste, herausgehobene Stelle in dieser Abfolge nimmt die Wahrheit[249] ein. „Diese besteht in der Angemessenheit der Formen zum Inhalte, wie dieser in der Glaubens- und Sittenlehre vorliegt, oder in der Angemessenheit des Symbols zur Idee, der Erscheinung zum Wesen. Diese Eigenschaft ist um so nothwendiger, je mehr ohne sie Alles zur Lüge wird[250]."

Die Betonung und Hervorhebung der Wahrheit ergibt sich aus dem Liturgiebegriff Staudenmaiers und ist von daher verständlich, daß er

[248] Wie das oben genannte Prinzip Schmids interpretiert werden muß, läßt sich an den daraus abgeleiteten Sätzen ablesen, weil in ihnen das juridische Element und das Moment der Einsetzung besonders hervorstechen. Die Folgerungen (ohne erklärende Zusätze) lauten:

„a) Obwohl jede Ceremonie innere Religion darzustellen hat, so ist es dennoch nicht nothwendig, daß sie immer zuvörderst belehrend sey.

b) Der Werth einer Ceremonie hängt weder ab von dem hohen oder geringen Alter, in welchem sie entstanden ist; noch auch von dem Anlaße, der sie einführte. Nur die sichtbaren Zeichen der Sakramente, und der Minister, das Subjekt und die Zahl derselben müßen nothwendig von Christus angeordnet seyn.

c) Jede Ceremonie muß ästhetisch seyn; jedoch so, daß diese Forderung nicht übertrieben und nach dem Geschmacke einzelner Weniger beurtheilt werden darf.

d) Sparsamkeit ist nur in einem gewissen Grade, und auch in diesem nicht immer empfehlbar.

e) Der Werth einer Ceremonie verliert nicht durch Mißbräuche, die sich damit verbinden.

f) Jede in der heil. katholischen Kirche übliche Ceremonie hat die Präsumtion der Zweckmäßigkeit für sich; da sie sich entweder einer kirchlichen Einsetzung oder wenigstens einer kirchlichen Adprobation erfreut.

g) Da das sichtbare Zeichen, der Minister, die Zahl und das Subjekt der Sakramente göttlicher Einsetzung sind, wo wäre es Vermessenheit, über dieselben, als über menschliche Anordnungen kategorisch absprechen zu wollen."

Ebd. 10—12.

Diese Folgerungen werden in der zweiten Auflage modifiziert und erweitert, in der Grundtendenz aber beibehalten; vgl. F. X. SCHMID, Liturgik I ($^2$1835) 16—27.

[249] Staudenmaier entspricht damit J. B. Lüft, der die Eigenschaften des Kultes als „formelle Seite der Cultformen" behandelt und in ihrer Abfolge die dogmatische Wahrheit an die erste Stelle rückt.

Vgl. J. B. LÜFT, Prinzipien 80—96.

[250] F. A. STAUDENMAIER, Enzyklopädie 1, § 1157, 595.

Erkenntnis und Leben in der gottesdienstlichen Feier miteinander verknüpft. Das „wahre göttliche Licht“[251] erkannt und die Offenbarung auf die Wirklichkeit göttlicher Geschichte zurückgeführt zu haben, ist Vorbedingung und Grundlage für den Prozeß des Überganges von intellektueller Erfassung zur Verwirklichung. Das erkannte Licht muß zum Leben werden, und dies geschieht im Kult der Kirche.

Mit der bevorzugten Stellung der Wahrheit wehrt Staudenmaier zugleich dem Mißverständnis, Religion sei allein dem Gemüt zugeordnet und daher nur gefühlsmäßig zu erfassen. Gewiß bezeugt die Verwendung des Begriffs „Feier“ in Staudenmaiers Definition der Liturgie den Erlebniswert des Gottesdienstes, doch ist er nicht bereit, diesen nur nach Kriterien des Gefühls beurteilen zu lassen. Erst die Rückbindung an das intellektuelle Erfassen sichert die Wahrheit. Daher fordert er, auch das religiöse Gefühl und das heilig gestimmte Gemüt müsse sich „immer aufs Neue wieder an die intellectuelle Anschauung halten, in der die Wahrheit wohnt, denn ohne dieß ginge der göttliche Gedanke verloren, der immer vorhanden sein muß, und ein lebendiges Denken werden soll[252].“

Die Wahrheit ist das Band, das die äußere Erscheinungsweise des Gottesdienstes und sein inneres Wesen zu harmonischer Einheit verknüpft. „Die Wahrheit des Cultus ist also die Einheit der Form mit der Idee, die Harmonie der religiösen Bewegung und Handlung mit dem Geiste und dem Wesen[253].“

Staudenmaier bleibt aber nicht bei dieser allgemeinen Aussage über den Kult stehen, sondern verbindet sie mit einer Forderung an den Liturgen, der den Gottesdienst vollzieht. Es genüge nicht, gibt er zu bedenken, daß die Formen des Kultes von der Wahrheit geprägt seien, auch der handelnde Priester selbst müsse sie widerspiegeln. Denn „all seine Wirksamkeit ist dahin, wenn sein Innerstes nicht mit dem Geiste der heiligen Handlung auf das Genaueste übereinstimmt. Da nutzt es nichts, die Gebährde der Würde anzunehmen, Demuth zu affectiren, mit falschem Pathos sich zu helfen, und den Mangel der Begeisterung durch Geschrei zu ersetzen. Die Gemeinde fühlt es nur zu bald, daß in ihrem Priester keine Wahrheit sei[254].“

Wie die Gemeinde[255] keine Aufnahme in die Definition der Liturgie gefunden hat, so wendet sich auch hier die Ermahnung nur an den handelnden Priester, der isoliert und als Gegenüber der Versammlung betrachtet wird. Die Gemeinde — auch die übrigen noch zu nennenden Eigenschaften des Kultes legen dies nahe — wird ausschließlich als Objekt angesehen, auf das sich die Pastoral und mit ihr der Gottesdienst richtet.

Mit dem Wesensmerkmal des christlichen Kultes, das Staudenmaier an die zweite Stelle rückt, der k i r c h l i c h e n U r s p r ü n g l i c h k e i t,

[251] Ebd. § 1146, 592.
[252] Ebd. § 1157, 595.
[253] Ebd.
[254] Ebd.
[255] Ein Vergleich zu J. B. Lüft ergibt, daß er im Gegensatz zu Staudenmaier gerade die Darstellung der dogmatischen Wahrheit als Eigenschaft des

Kultes zu nutzen versteht, um die Kirche als Gemeinschaft aller Glaubenden mitzubedenken. Zwei Gesichtspunkte, die er eigens hervorhebt, machen dies deutlich:

1. Lüft betont, das Dogmatische sei an sich nicht von den geistigen Strömungen irgend einer Zeit abhängig und besitze einen „ewigstehenden Charakter". Dennoch sei es möglich, daß in der Vergangenheit durch Vorliebe oder freie Entwicklung der eine oder andere Aspekt der dogmatischen Wahrheit besonders betont wurde, was seinen Niederschlag in Gebetstexten und Liedern gefunden hat.

2. Als Ergänzung des offiziellen Kultes erkennt Lüft die besonderen Andachtsobjekte und Verehrungsweisen an, die sich aus der „frommen Volksmeinung (opinio probabilis)" herleiten:

„In so fern dieselben nun einer Seits nichts dem christlichen Dogma Widersprechendes und der Idee und Entwicklung des christlichen Lebens Nachtheiliges darbieten, und auf der anderen Seite, indem sie zur Begründung und Belebung der Andacht auf eine würdige Weise wirklich geeignet sind, eine Angemessenheit zur Idee und Tendenz des christlichen Cultus haben, können dieselben von der Kirche tolerirt oder auch gefördert werden. So lange das Göttliche sich zur Menschenwelt herabläßt, um diese zu seiner Geburtsstätte hinaufzuziehen, wird dasselbe bei seiner Menschwerdung das Menschlicheigenthümliche nicht übersehen dürfen, und es wird auf diese Weise von Seiten der Kirche immer eine gewisse Connivenz in Bezug auf die religiöse Anschauungsweise einer gewissen Zeit, doch immer nur mit Berücksichtigung des oben bezeichneten Maaßstabes, stattfinden müssen. Denn die mannichfachen verzerrten Erscheinungen des Cultus, wie dieselben in Bezug auf jene außerwesentlichen Andachtsobjekte und Andachtsweisen hie und da stattfanden, sollen durch die gegebene Auffassung durchaus nicht in Schutz genommen werden."

J. B. Lüft, Prinzipien 81f.

Außerdem ist bemerkenswert, daß Lüft nach der dogmatischen Wahrheit als weitere Eigenschaft des Kultes sogleich die „volksthümliche Gemeinsamkeit" aufführt. Das gibt ihm Gelegenheit, die Volksbeteiligung an der Liturgie zu fordern:

„Im christlichen Cultus soll die Gemeinde nicht mit einem Schaugepränge unterhalten werden; es soll kein priesterlicher Tempeldienst seyn. Es soll da der Form keine einseitigobjektiv operirende Wirksamkeit zugeschrieben werden, oder die Priesterschaft, wie der Chorus in der alten Tragödie, eine ausschließende Thätigkeit behaupten. Seitdem mit dem Abschlusse des alten Bundes der Vorhang des Tempels zerrissen ist, darf auch der Profane in's innerste Heiligthum des Göttlichen hineinschauen, und in die unmittelbare Nähe der Gottheit treten. Der christliche Cultus soll eine Anbetung im Geiste und in der Wahrheit seyn, und Alles soll da eine subjektivpraktische, unmittelbare Beziehung zum innersten Leben des Geistes und des Gemüthes haben. Bei einer entgegengesetzten Einrichtung des Cultus würde einerseits in demselben die Gemeinde keinen natürlichen, unmitelbaren Ausdruck ihrer Andachtsgefühle und Gottverehrung finden; in Bezug auf den religiössittlichen Zweck des Cultus aber müßte eine solche Organisation nothwendig ihre nachtheiligen Einflüsse äussern."

J. B. Lüft, Prinzipien 82.

Zu der sich anschließenden Darstellung der Unterscheidung von Priestertum und Volk vgl. S. 65, Anm. 287.

verbindet er eine pauschale Ablehnung aller zeitgenössischen Reformversuche. Eine Abkehr von den liturgischen Bestrebungen der bereits überwundenen Epoche der Aufklärung hätte an dieser Stelle nicht weiter überrascht; Staudenmaier hat sich von ihnen stets deutlich distanziert. Wohl aber mag es verwunderlich erscheinen, daß die Bemühungen der sonst hochgeschätzten Kollegen Drey und Hirscher unerwähnt und unbeachtet bleiben. Undifferenziert stellt Staudenmaier fest: „Die liturgischen Erzeugnisse der neuern Zeit sind, je mehr sie sich absichtlich von den alten entfernen, klein, dürftig, schwach und leer gegen den einfachen, hohen und kräftigen Geist, der uns aus dem Alterthume anspricht[256]."

Von den so zur Dürftigkeit abgewerteten Reformversuchen hebt sich um so strahlender die Liturgie des christlichen Altertums ab, „denn hier war die Form unmittelbares Erzeugniß des christlichen Geistes in der Ursprünglichkeit seines Lebens[257]". Es gilt daher, die Archäologie des Geistes zu erkennen und zu bewahren. Das geschichtliche Moment der Liturgie dient der Wahrheit seiner Erscheinungsformen. Zwar erklärt sich Staudenmaier zu dem Eingeständnis bereit, daß der Kreis der vorhandenen Symbole nicht gänzlich abgeschlossen sei, ja sogar, daß die uneingeschränkte Ablehnung neuer Kultformen dem in der Kirche wirkenden göttlichen Geist widersprechen würde, aber er betont um so stärker, „daß wir solange als möglich bei den Formen der alten Kirche bleiben sollen, in welchen jener hohe und kräftige Geist wohnt, der die Welt neu geschaffen hat und in ewiger Jugend vor uns da steht. Er ist, obschon der alte, doch immer der neue[258]."

Die Hervorhebung des geschichtlichen Moments und die Hochschätzung des Urchristentums lassen erkennen, daß Staudenmaier in der Tradition der Tübinger Schule steht, die Entscheidendes zur Philosophie und Theologie der Geschichte beigetragen hat. Ihre Ergebnisse ermöglichten es, die einseitige Überbewertung des christlichen Altertums durch Theologen und Liturgiker der Aufklärungszeit[259] bis hin zu Johann Michael

[256] F. A. Staudenmaier, Enzyklopädie 1, § 1158, 596.

[257] Ebd.

[258] Ebd.

[259] Allgemeine Darstellungen und Hinweise zur katholischen Liturgik der Aufklärungszeit im deutschsprachigen Raum:

Ph. Funk, Von der Aufklärung zur Romantik. Studien zur Vorgeschichte der Münchener Romantik, München 1925.

R. Giessler, Die geistliche Lieddichtung der Katholiken im Zeitalter der Aufklärung (Schriften zur deutschen Literatur 10), Augsburg 1928/29.

B. Goy, Aufklärung und Volksfrömmigkeit in den Bistümern Würzburg und Bamberg (Quellen und Forschungen zur Geschichte des Bistums und Hochstifts Würzburg 21), Würzburg 1969.

J. Hacker, Die Messe in den deutschen Diözesan-Gesang- und Gebetbüchern von der Aufklärungszeit bis zur Gegenwart (Münchener Theologische Studien II/1), München 1950.

E. Hegel, Liturgie und Seelsorge in der Zeit der Aufklärung: ThGl 35 (1943) 103—107.

Sailer[260] in wesentlichen Punkten zu korrigieren und ein neues Verständnis für die Entfaltung der Kirche in ihrer Geschichte zu wecken. Zwar wäre es eine unerlaubte Verallgemeinerung, den Vertretern der Aufklärung ohne jede Einschränkung Ungeschicklichkeit anzulasten — Anton L. Mayer nennt diesen Vorwurf eine Legende[261] —, doch steht fest, daß sie die einzelnen Epochen der Kirchengeschichte sehr unterschiedlich bewerteten, dem Mittelalter kaum Beachtung schenkten, den Pomp des Barock entschieden verwarfen und in der edlen Einfachheit des urchristlichen Gottesdienstes das klassizistisch geprägte Ideal erblickten, das es wiederzugewinnen galt.

„Wie die Romantik das Mittelalter verherrlichte, als unerreichtes Vorbild verehrte, als den Inbegriff alles Schönen und Großen pries, so

J. A. JUNGMANN, Liturgische Erneuerung zwischen Barock und Gegenwart: LJ 12 (1962) 1—15.

A. L. MAYER, Liturgie, Aufklärung und Klassizismus: JLW IX (1929) 67—127.

Im folgenden zitiert nach dem Wiederabdruck in: Ders., Die Liturgie in der europäischen Geistesgeschichte. Gesammelte Aufsätze, Darmstadt 1971, 185—245.

F. POPP, Studien zu liturgischen Reformbemühungen im Zeitalter der Aufklärung (FDA 87), Freiburg 1967.

B. THIEL, Die Liturgik der Aufklärungszeit in Deutschland, ihre Grundlagen und die Ziele ihrer Vertreter (Diss.), Breslau 1926.

Ders., Die liturgische Bewegung im Zeitalter der Aufklärung und in unseren Tagen: BZThS 5 (1928) 32—41.

W. TRAPP, Der Ursprung der liturgischen Bewegung. I. Die Aufklärung: LZ 4 (1931/32) 1—10, 44—49.

Ders., Vorgeschichte und Ursprung der liturgischen Bewegung vorwiegend in Hinsicht auf das deutsche Sprachgebiet, Regensburg 1940.

Aufsätze und Monographien zu Liturgikern der Aufklärungszeit:

A. VIERBACH, Die liturgischen Anschauungen des Vitus Anton Winter. Ein Beitrag zur Geschichte der Aufklärung (Münchener Studien zur historischen Theologie 9), München 1929.

E. KELLER, Die Konstanzer Liturgiereform unter Ignaz Heinrich von Wessenberg (FDA 85), Freiburg 1965.

W. MÜLLER, Die liturgischen Bestrebungen des Konstanzer Generalvikars Wessenberg: LJ 10 (1960) 232—238.

P. VOLLMAR, Die liturgischen Anschauungen des Ignaz Heinrich von Wessenberg (1774—1860), Zürich 1971.

260 Nach J. R. Geiselmann erscheint den Liturgikern der Aufklärungszeit die gegenwärtige Form des Christentums und der Kirche als „Abfall“ vom urchristlichen Ideal; für J. M. Sailer bildet sie dagegen einen „Ersatz“ für die urchristliche Wirklichkeit. Vgl. J. R. GEISELMANN, Einführung zu: Geist des Christentums und des Katholizismus XVI.

Ders., Lebendiger Glaube aus geheiligter Überlieferung 143—147; 208.

Zu J. M. Sailers liturgischen Anschauungen vgl. M. PROBST, Gottesdienst in Geist und Wahrheit. Die liturgischen Ansichten und Bestrebungen Johann Michael Sailers (1751—1832) (Studien zur Pastoralliturgie 2), Regensburg 1976.

261 Vgl. A. L. MAYER, Liturgie, Aufklärung und Klassizismus 213.

umgab der Klassizismus die Antike mit jener Gloriole unnennbarer Schönheit, makelloser Klarheit und ewiger Heiterkeit, die ihr bis auf unsere Tage trotz vieler Widersprüche und Trübungen geblieben ist. Auch diese Verherrlichung ist ein Stück Romantik, wenn auch nicht mit den glühenden Farben der eigentlichen Romantiker aufgetragen. Die klassizistischen Liturgiereformer konnten, wenn sie nicht den Boden des Christentums und der Kirche überhaupt verlassen wollten, nur im antiken Christentum jene ‚Klassik' wiedersehen, nach der sie Sehnsucht hatten. Es leitete sie ein heimliches Ahnen von den inneren Zusammenhängen zwischen der großen Antike und dem christlichen Altertum, ein Gefühl für den logischen Typ, der beide miteinander verband, ein richtiges Empfinden für die ‚edle Einfalt' und Einfachheit, für die objektive Ruhe, für die feierliche Insichgeschlossenheit und das Insichberuhen, für die sichere, harmonieschaffende Form, die aus der antiken Klassik in die altchristliche eine Brücke schlägt. Dieser liturgische, antibarocke Klassizismus, dem es zur einen Hälfte wirklich um die Herausschälung des Wesentlichen zu tun war — auch wenn es nicht geglückt ist —, konnte das Ideal in keiner anderen Zeit finden; in seinem begeisterten und zweckbewußten Rückblick auf die christliche Antike trafen sich naturgemäß die beiden Komponenten dieser Geistigkeit: der Klassizismus der Aufklärung und das Streben nach einer katholischen Liturgie[262]."

Die zeitweilig maßlose und ungerechtfertigte Verurteilung der Aufklärung[263] insgesamt und der aus ihr entstandenen oder von ihr beeinflußten liturgischen Bestrebungen und Experimente ist seit Sebastian Merkle[264] einer ruhigeren Betrachtung gewichen, so daß heute ein abgewogeneres Urteil über die von ihren Vertretern vorgebrachte Kritik an den damaligen kirchlichen Verhältnissen möglich erscheint. Dabei ist festzustellen, daß sich gerade diese Epoche durch einen starken Drang nach Veränderung auszeichnet. Auf allen Gebieten des kirchlichen Lebens begnügt man sich nicht damit, wahre oder vermeintliche Mängel und Fehlentwicklungen nur zu konstatieren, sondern auch Reformen von großer Bandbreite in Gang zu bringen, die sich von den einzelnen Disziplinen der theologischen Wissenschaft bis hin zur praktischen Gemeindeseelsorge erstrecken. In dem Bestreben nach Erneuerung wird vor allem dem Gottesdienst und der mit ihm verbundenen Volksfrömmigkeit besondere Aufmerksamkeit gewidmet.

262 Ebd.

263 So vor allem durch den Kirchenhistoriker Heinrich Brück, den späteren Bischof von Mainz, dessen Werke:
Die rationalistischen Bestrebungen im katholischen Deutschland, Mainz 1865;
Geschichte der katholischen Kirche in Deutschland im neunzehnten Jahrhundert, fortgesetzt von J. B. Kißling, 4 Bde., Mainz 1887—1905, Münster ²1902—1908;
lange Zeit hindurch die katholische Beurteilung dieser Epoche geprägt haben.

264 Vgl. S. Merkle, Die katholische Beurteilung des Aufklärungszeitalters, Berlin 1909. Wiederabdruck in: Ders., Ausgewählte Reden und Aufsätze, hrsg.

Zwar stehen die katholischen Tübinger zumindest in einigen ihrer Vertreter nicht hinter den praktischen Reformvorhaben der Aufklärung zurück, doch besteht ihr Hauptverdienst darin, die geistesgeschichtliche Grundlage dieser Epoche in Frage gestellt und überwunden zu haben. Unter dem Einfluß der Geschichtsphilosophie Schellings ist es ihnen gelungen, den rationalistischen Historismus mit seiner statischen und idealisierenden Betrachtung des christlichen Altertums abzulösen und ihm ein Kirchenbild entgegenzusetzen, das von der zu allen Zeiten lebendigen Selbstüberlieferung der Offenbarung geprägt ist. Die Kirche wird damit aus der Rolle eines bloßen Instruments, das nur der Übermittlung des in Christus und seinen Aposteln längst abgeschlossenen Faktums der Offenbarung dient, herausgenommen und erlangt einen relativen Eigenwert, der darin gründet, daß in ihrer konkreten Gestalt das Urchristentum weiterlebt und in der Gegenwart erfahren werden kann.

Die Wende zu dieser neuen Sicht einer Theologie der Geschichte ist von J. S. Drey, dem Gründer der katholischen Tübinger Schule, ausgegangen. Seine Schüler und Kollegen haben die eingeschlagene Richtung weiter verfolgt und sie in eigenen Beiträgen und Ergänzungen modifiziert[265]. Unter ihnen ragen die Entwürfe von Möhler[266] und Staudenmaier[267] besonders heraus. Alle Autoren stimmen darin überein, daß sie eine Antwort auf die Frage zu geben suchen, wie die gegenwärtige Gestalt der Kirche und des Katholizismus in seinem offenkundigen Unterschied zu den Anfängen des Christentums zu deuten ist, wie die Identität der Kirche durch alle Jahrhunderte hindurch aufgezeigt und begründet werden kann und in welchem Verhältnis Profan- und Heilsgeschichte zueinander stehen.

von Th. Freudenberger (Quellen und Forschungen zur Geschichte des Bistums und Hochstifts Würzburg 17), Würzburg 1965, 361—413.

265 Eine eingehende Darstellung bietet das Kapitel „Die Philosophie und Theologie der Geschichte nach der Katholischen Tübinger Schule“, in: J. R. Geiselmann, Die Katholische Tübinger Schule. Ihre theologische Eigenart, Freiburg-Basel-Wien 1964, 280—368, das von Drey, Staudenmaier, Möhler und Kuhn handelt.
Weitere Hinweise bei B. Welte, Zum Strukturwandel der katholischen Theologie im 19. Jahrhundert, in: Ders., Auf der Spur des Ewigen, Freiburg 1965, 391—395. Ders., Beobachtungen zum Systemgedanken in der Tübinger katholischen Schule: ThQ 147 (1967) 40—59. P. Hünermann, Der Durchbruch geschichtlichen Denkens im 19. Jahrhundert, Freiburg-Basel-Wien 1967, 21—48.

266 Auf den Ablösungsprozeß Möhlers aus dem Kreis der Tübinger und dessen Auswirkung auf sein Geschichtsdenken verweist P. Hünermann, in: Der Durchbruch geschichtlichen Denkens 21f., Anm. 1.

267 Unter dem Einfluß Möhlers war Staudenmaier schon früh an geschichtlichen Themen interessiert, wie zwei seiner ersten Arbeiten bezeugen: Die Quäcker und ihr Verhältnis zur Kirche: Der Katholik 9 (1829) Bd. 34, 1—46; 129—170; 257—275. Geschichte der Bischofswahlen, mit besonderer Berücksichtigung der Rechte und des Einflusses christlicher Fürsten auf dieselben, Tübingen 1830.

Wenn Staudenmaier für den Kult kirchliche Ursprünglichkeit fordert und die Formen der alten Kirche so lange wie nur möglich beizubehalten wünscht, darf dies Postulat dennoch nicht mit der starren Blickrichtung der Aufklärung auf die ersten christlichen Jahrhunderte und ihrer ständigen Frage: Was war damals, und wie läßt es sich wiederherstellen? verwechselt werden. Staudenmaier sieht die Kirche als eine historische Größe, als einen lebendigen, vom Geist Gottes erfüllten Organismus, der sich in stetiger Bewegung auf sein ewiges Ziel hin befindet[268], und daher auch eine dauernde Entwicklung kennt.

Die Kirche steht im Dienst ewiger Welterlösung; sie ist eine heilige Anstalt, in der Christus „als Prophet und Hohepriester durch alle Zeiten hindurchgeht. Wie die Menschheit zu allen Zeiten und an allen Orten, ein wesentliches, nothwendiges und ewiges Verhältniß zu Christo hat; so kommt er auch als Erlöser in jener heiligen Anstalt zu jedem Menschen, um ihm Prophet und Hohepriester zu sein. Darin liegt die Ewigkeit des Christenthums[269]". Zu seinen Geschichtsprinzipien gehört es, „daß Christus als König das durch seine Erlösung vermittelte Leben der Menschheit nicht verläßt, sondern die Vermittlung fortsetzt[270]".

Andererseits schätzt Staudenmaier den Beginn des Christentums in der Kraft seines Ursprungs so hoch ein, daß er zwar die Erzeugung neuer Kultformen nicht völlig ausschließen will, den jugendfrischen Geist der frühen Kirche aber allen späteren Zufügungen für überlegen hält. So ist es nicht verwunderlich, wenn der Abschnitt über die Archäologie, „die Geschichte der Entstehung und Bildung des christlichen Cultus[271]", nicht bis in die Gegenwart durchgeführt wird, sondern seltsam unscharf mit der Einführung des Fronleichnamsfestes abbricht und in der kirchlichen Kunst zur Repristination auffordert[272].

Staudenmaiers Ideal liegt im „einfachen, hohen und kräftigen Geist, der uns aus dem Alterthume anspricht[273]", und daher überrascht es nicht, wenn diese Epoche mit einem Lob ausgezeichnet wird, das keiner anderen Periode der Kirchengeschichte zukommt. Der neue Geist, der sich in der jungen Kirche Bahn bricht, erweist seine Kraft und Heiligkeit in der Verfolgung und bleibt das Maß, an dem sich alle weitere Entwicklung messen lassen muß.

Außer dem Abschnitt zur Philosophie und Geschichte der Offenbarung in der Enzyklopädie (vgl. Enzyklopädie 1, §§ 275—474, 207—305) hat STAUDENMAIER seine Geschichtsauffassung in folgenden Arbeiten niedergelegt:
Das göttliche Princip in der Geschichte und seine Bedeutung für Philosophie und Theologie, in: Jahrbücher IV (1835) 3—48. Die Theologie in ihrem Zusammenhange mit den andern Wissenschaften, in: Jahrbücher VI (1836) 1—32. Geist der göttlichen Offenbarung, oder Wissenschaft der Geschichtsprincipien des Christenthums, Gießen 1837.

268 Vgl. F. A. STAUDENMAIER, Enzyklopädie 1, § 743, 428f.

269 F. A. STAUDENMAIER, Geist der göttlichen Offenbarung 197.

270 Ebd. 198; vgl. auch 203.

271 F. A. STAUDENMAIER, Enzyklopädie 1, § 1646, 786.

272 Vgl. ebd. §§ 1672—1675, 792f.

273 Ebd. § 1158, 596.

„Die großen, neuen Ideen des Christenthums erzeugten neue Motive; ungeahnte Kräfte der menschlichen Natur, die zu dem noch von göttlicher Gnade unterstützt war, waren erwacht; die göttliche Lehre beurkundete sich als etwas Eigenthümliches, indem sie Wirkungen hervorbrachte, welche für die damalige Welt Befremden erregen mußten. Der geistige Bildungstrieb des Idealen im Christenthum war zugleich die Quelle einer ununterbrochenen Schöpfung. Die Reinheit, Lauterkeit und religiöse Kraft desselben ist so sehr anerkannt, daß man es von jeher als Muster aufgestellt hat[274]."

Als dritte Eigenschaft des christlichen Kultes nennt Staudenmaier die Würde, sie geht unmittelbar aus dem Inhalt der Feier selbst hervor. „Denn es ist der immerwährende Sieg des Geistes über die Sinnlichkeit, des Ewigen über das Zeitliche, des Höhern über das Niedere, der Gnade über die Natur, was hier gefeiert wird. Da aber, wo sich der Geist in seiner Herrschaft behauptet, ist Würde. Mit diesem ist der Ernst verbunden. Würde und Ernst aber erzeugen die erhabene Ruhe. Daraus folgt von selbst, daß an den Cultformen nichts Gemeines, Niederes, den Anstand Verletzendes, Kleinliches, Leichtfertiges, Spielendes, Flatterhaftes, mit Raschheit Bewegliches gefunden werden dürfe[275]." Eine abschließende Ermahnung warnt den Liturgen vor gespielter Würde, die nicht aus dem Innern stammt, denn „die affectirte Würde ist weniger als keine Würde[276]".

Eng mit der Würde ist als weitere Eigenschaft des christlichen Kultes die Erhabenheit verbunden, die in der Kraft, Größe und Majestät ruht, „mit welcher das Göttliche in seiner Unendlichkeit auftritt. Diese Eigenschaft wird der Cult besonders in jenen Formen haben, die Symbole jener göttlichen Erhabenheit sein sollen; übrigens erweist sich das Christenthum und seine Kraft mit Hinsicht auf das nichtige Leben der Vergänglichkeit fast durchgängig in jener Erhabenheit, und so erscheint der Cult in Allem erhaben, denn er selbst ist erhaben über Alles[277]".

[274] Ebd. § 1694, 797.

[275] Ebd. § 1159, 596.

In der Kennzeichnung der Würde des Kultes stimmt Staudenmaier, wie der Vergleich zeigt, fast wörtlich mit Lüft überein. „Die Würde entsteht durch das stärkere Hervortreten und Vorherrschen der Kraft über die Anmuth, des Geistigen über das Sinnliche, und ist ein nothwendiges Prädikat der christlichen Cultformen, wo das Sinnliche nur eine untergeordnete Tendenz hat, und nicht Sinnenreiz und ästhetischer Zauber, sondern Erhebung über das Sinnliche zum Ewigen und Unendlichen Zweck ist. Die Würde offenbart sich ferner durch eine gewisse heilige Ruhe, durch tiefen großartigen Ernst, durch Entfernung alles Kleinlichen, Mißständigen, Gemeinen, Spielenden, rasch Wechselnden, leichtfertig und profan Beweglichen. Dies Alles muß im Cultus, wo Alles nur an das Höchste, Göttliche erinnern und Alles nur zur tiefsten Erregung heiliger Gefühle führen soll, als höchst anstößig und störend erscheinen."

J. B. Lüft, Prinzipien 88.

[276] F. A. Staudenmaier, Enzyklopädie 1, § 1159, 596.

[277] Ebd. § 1160, 597.

Würde und Erhabenheit des christlichen Kultes werden ergänzt durch Einfachheit, der alles Überladene, Flitterhafte und Gezierte entgegensteht. „Das Ewige bedarf dieses fremden Schmuckes nicht, und wo er vorkommt, kann auch das Uebersinnliche den starken, tiefen und unauslöschlichen Eindruck nicht machen, denn es erscheint nicht mit seinem wahren heiligen Antlitze, das in unsern Geist eindringt wie ein Lichtstrahl in das Auge[278]."

Die Schönheit, die den christlichen Kult auszeichnet, charakterisiert Staudenmaier als übersinnlich[279] und ewig. Sie ist eins „mit dem Wahren, dem Guten und Heiligen. Das Schöne liegt in der Harmonie des Geistes und seiner höhern Kräfte, besonders aber in einem Leben, das göttlich geordnet ist[280]". Tiefstes Geheimnis dieser Schönheit ist die Unschuld, das Ebenbild Gottes im Menschen. Weil mit dem Verlust der Unschuld des Paradieses auch die göttliche Schönheit des Menschen verlorenging, durch die Gnade der Erlösung aber neu erworben wurde, unterscheidet Staudenmaier eine zweifache Schönheit des Kultes. Neben der Schönheit des Göttlichen an sich besteht jene, „die durch die Versöhnung, welche Aufhebung der Schuld und Versetzung in die Unschuld des Lebens ist, zur Erscheinung kommt. Wie diese Unschuld als Schönheit oftmals auf dem Antlitze des in Andacht versunkenen Frommen sichtbar wird und als ein wunderbarer, himmlischer Glanz erscheint; so muß auch das Höchste, der wirkliche Act der Religion, der Cultus, mit diesem Glanze umgeben sein[281]."

Mit diesem knappen Hinweis, der Fragen der Ästhetik unberücksichtigt läßt, kann sich Staudenmaier in dieser Reihenfolge von Eigenschaften des Kultes zunächst begnügen, da er seine Kunstauffassung später in einem eigenen Abschnitt darlegt[282].

Alle bisher genannten Eigenschaften bedingen in ihrem Zusammenwirken die Einheit des Kultes und verwirklichen die zugrundeliegende Idee. Denn „ohne daß die Formen von Einem Geiste durchdrungen sind, können sie auch nicht harmonisch zusammenstimmen; ohne daß sie harmonisch zusammenstimmen, können sie auch nicht zusammenwirken; ohne daß sie zusammenwirken, verfehlen sie den Einen, wesentlichen und nothwendigen Eindruck, welcher der Gesammteindruck ist[283]".

278 Ebd. § 1161, 597.

279 Wie Staudenmaier hebt auch Lüft sinnliche und übersinnliche Schönheit voneinander ab, wenn er fordert, daß die Kunst nicht „durch und für sich selbst gefallen, und durch bloßen Sinnenreiz ergötzen" dürfe. „Die Form muß gleichsam als solche verschwinden und untergehen, und nur das Göttliche, das Heilige und Unendliche an sich erscheinen und hervortreten lassen. Nur so wird sie ihrer Bedeutung entsprechen, zum Unendlichen erheben, und das Göttliche im Gemüthe begründen."
J. B. Lüft, Prinzipien 85.

280 F. A. Staudenmaier, Enzyklopädie 1, § 1162, 597.

281 Ebd. § 1162, 598.

282 Vgl. ebd. §§ 1182—1223, 607—618.

283 Ebd. § 1163, 598.

Während Lüft die Darstellung der Einheit des Kultes benutzt, um behutsam und zurückhaltend die Möglichkeit einer Reform[284] anklingen zu lassen, verbindet Staudenmaier diesen Gedanken — freilich sehr vage — mit der Mannigfaltigkeit, die der unerschöpflichen Fülle göttlicher Ideen entspringt. „Aus der Fülle der christlichen Ideen ist es auch zu erklären, daß wir nicht gehalten sein können, die Zustände der ersten Zeiten des verfolgten Christenthums in unsern Cultformen nachzuahmen, die schon damals in den ersten Anfängen des Christenthums anders beschaffen gewesen wären, hätten die Christen mehr Freiheit nach Aussen gehabt. Daraus, daß sie in Katakomben sich versammelten, folgt doch nicht, daß wir keine Tempel über der Erde bauen dürfen[285]."

[284] Lüft verweist zunächst auf die großartige klassische Einheit der altkirchlichen Liturgie, um dann fortzufahren: „Ob und in wie fern indessen auf der andern Seite einzelne unwesentliche Formen und Verzierungen, die mehr aus dem Charakter des religiösen Lebens und der ästhetischen Anschauungsweisen gewisser Zeiten und den Eigenthümlichkeiten fremder Nationalität herzuleiten sind, und in die großartige Harmonie des Ganzen vielleicht störend einwirken, zu entfernen sind, um durch mehr Einfachheit jene Einheit zu retten, wage ich nicht zu entscheiden. Es ergibt sich indessen aus dem Gesagten nicht minder, welcher Behutsamheit selbst bei unwesentlichen Reformen der Liturgie und in ihrer Verwaltung es bedürfe, um die Idee des Ganzen nicht zu stören."
J. B. Lüft, Prinzipien 91f., Anm. 2.

[285] F. A. Staudenmaier, Enzyklopädie 1, § 1164, 598. Staudenmaier vereinfacht und verflacht hier einen Gedanken, den Lüft zur Entwicklung des urchristlichen Gottesdienstes vorträgt:
„Man hat oft die formlose Einfachheit der apostolischen Urliturgie als Typus des christlichen Cultus überhaupt, und als Maaßstab der Kritik seiner spätern reichlichern Ausstattung geltend zu machen gesucht. Allein die Nothwendigkeit und das Naturgemäße dieser allmähligen Entwicklung des Cultus ist zu einleuchtend, als daß jener Einwurf in seiner Allgemeinheit auch nur irgend eine Bedeutung haben könnte. Wie das kirchliche Leben in seinem Beginne überhaupt gestaltlos und erst in seinem genetischen Processe begriffen war, so fand dies auch auf dem Gebiete des Cultus statt. Schon die Furcht auch nur scheinbarer oder zu großer Annäherung an das Judenthum und Heidenthum hinderte anfangs, zunächst manches allgemein Praktische herüberzunehmen. Später als der unterscheidende Charakter des christlichen Lebens seinem Wesen nach sich genugsam stabilisirt hatte, und es jenseits keinen Gegensatz mehr fand, war man hierin weniger beschränkt. Daß noch andere, äußere Hemmungen hinzutraten, bedarf ohnedies keiner Erwähnung. Dazu kommt aber noch ein anderer, tiefer liegender Grund. Die ersten Christen, die noch nicht durch Gewohnheit und Geburt, sondern aus innerer Erweckung Glieder der kirchlichen Gemeinschaft waren, und mit Begeisterung die Gemeinschaft mit Gott und dem Göttlichen erstrebten, bedurften, da sie ein inneres, ideal-geistiges Leben führten, nur weniger äußerer Mittel zur Gottseligkeit. Die Form erlag unter der Idee; man bedurfte zur innern Begeisterung des äußern Vehikels der Kunst nicht. Als aber diese erste Begeisterung sich allmählig verlor, und das christliche Leben aus dieser freien Innerlichkeit mehr und mehr heraustrat; als deßwegen die Kirche überhaupt einen mehr äußerlichen, gesetzmäßigen Charak-

Ein Argument dieser Art, vorgetragen in einer wissenschaftlichen Enzyklopädie, läßt zwar noch deutlich die Ablehnung eines aufklärerischen Historismus erkennen, spricht jedoch in seiner Oberflächlichkeit gegen sich selbst. Es wird hier besonders deutlich, daß Staudenmaier der Frage nach zeitbedingten, legitimen Erneuerungsbestrebungen in der Liturgie kaum Aufmerksamkeit geschenkt hat und darin noch hinter Lüft zurückbleibt, von Drey und Hirscher ganz zu schweigen.

Das letzte Glied in der Reihe der Kulteigenschaften bildet die Allgemeinheit der Teilnahme. Aber auch dieser Abschnitt ist wie die meisten vorangegangenen so knapp gehalten, daß keine eingehenden Darlegungen zur Art und Weise, wie eine christliche Gemeinde Gottesdienst feiert, zu erwarten sind. Staudenmaier stellt lediglich fest: „Die ganze Versammlung ist getheilt in den Priester und das Volk", und zur Art ihres Zusammenwirkens merkt er an: „Diese beiden wirken, jeder auf seine Weise, mit[286]."

Für Staudenmaier kommt die Gemeinde als Trägerin der Liturgie nicht genügend in den Blick[287], um das Spezifische ihrer Teilnahme deutlich

ter annehmen mußte, mußte dadurch auch der natürliche Grund zur extensivern Gestaltung der Liturgie gegeben seyn. (Vgl. Philos. der Gesch. oder über Tradition. Frankfurt a. M. 1827. S. 329). Das bescheidene Mittelmaaß, zwischen urchristlicher Formlosigkeit und Ueberladung ist also auch hier das Richtige."
J. B. Lüft, Prinzipien 90f.

[286] F. A. Staudenmaier, Enzyklopädie 1, § 1165, 599.

[287] Wie bereits angemerkt, räumt Lüft der Beteiligung der Gemeinde am Gottesdienst weit größeren Raum ein als Staudenmaier. Doch hebt auch er die Unterscheidung von Priestertum und Volk hervor, in der er die beiden Grundrichtungen des katholischen Kultes ausgedrückt sieht, die als „eine organische, sich gegenseitig bedingende und durchdringende Einheit" miteinander in Beziehung stehen. So sehr Lüft die mittlerische Funktion des Priesters betont, in der er der Gemeinde gegenübersteht, so entschieden weist er die Anschauung zurück, dadurch werde die Mittätigkeit der Gläubigen im Gottesdienst eingeschränkt. Diesen Standpunkt verteidigt er ausdrücklich auch gegen eine Ansicht, die aus dem sakramentalischen Zweck des Kultes, d. h. aus dem im Kult gegenwärtigen Gnadenwirken Gottes folgert, die Gemeinde sei lediglich Objekt liturgischen Handelns:
„Steht der Priester als Repräsentant der Gemeinde und als Vermittler der Volksandacht, oder in Bezug auf die sakramentalische Seite des Cultus als Vermittler und Organ des Göttlichen, der Gemeinde gegenüber, so ist es im ersten Falle die Andacht der Gemeinde, die er der Gottheit, im zweiten die Gnade der Gottheit, die er der Gemeinde vermittelt, und es ist sonach immer die Gemeinde, die in unmittelbaren Anspruch genommen ist. Zwar könnte man bei oberflächlicher Auffassung durch die Idee des sakramentalischen Cultus veranlaßt werden, hier eine entgegengesetzte Ansicht geltend machen zu wollen. Allein bei näherer Unterscheidung und Prüfung ergibt es sich leicht, daß diese Ansicht als eine unstatthafte zurückgewiesen werden muß. Indem die Kirche in den Sakramenten ihren Gläubigen bei den wichtigsten Abschnitten und Momenten des Lebens bei eigner guter Absicht, kräftigem Wollen und regem Streben zuverlässigen höhern Beistand verheißt und mit-

genug herauszuarbeiten. Nach seiner Definition der Liturgie[288], die als durch den Priester vermittelte Feier verstanden wird, war zu erwarten, daß das Hauptaugenmerk auf dem Handeln des Liturgen liegen würde. Daher fügt er hier — im Anschluß an Gedanken, die er vorher bereits zur Gottesfurcht entwickelt hat[289] — über die Art der Teilnahme am Gottesdienst hinzu, jeder könne und solle „in der Gemeinde ausströmen, wovon sein Herz voll ist. In der gemeinsamen Mitwirkung stellt sich die ewige Verbindung der Glieder untereinander und mit Gott dar; auch ist in dieser Gemeinschaftlichkeit eine reiche Quelle der Begeisterung und gegenseitigen Erbauung[290]".

Nach Staudenmaier stellt die zum Gottesdienst versammelte Gemeinde in ihrer Gemeinschaft das von Gott berufene und mit seinem Geist erfüllte Volk in seiner Einheit dar und gewinnt als Wirkung dieser gemeinsamen Teilnahme die gegenseitige Ermunterung und Stärkung. Zieht man zum Vergleich Staudenmaiers Grundrisse der Ekklesiologie und Sa-

theilt, will sie den Menschen zugleich bei jedem wichtigen Abschnitte des Lebens an die Bestimmung des Lebens, an das Ewige und die Pflichten, die für diese neue Periode seines Daseyns ihm obliegen, lebhaft und eindringlich erinnern. Diese Tendenz veranlaßte die außerwesentliche, liturgische Einkleidung der sakramentalischen Handlungen, durch welche in heiligen Symbolen dem Gläubigen jene Pflichtanforderungen und das Ewige eindringlich und unvergeßlich bedeutet werden soll. Daß in Bezug auf diese, reinsittliche, Tendenz des sakramentalischen Cultus die selbstige, geistige Mitthätigkeit des Subjektes unerlaßlich ist, liegt ohne dies in der Natur der Sache und in psychologischen Rücksichten; daß dieselbe aber auch in Bezug auf das wesentlichsakramentalische Moment, wo das Subjekt als empfangend erscheint, nicht ausgeschlossen seyn darf, ist auf katholisch-theologischem Gebiete sogar dogmatisch begründet. Auch dürfen wir, um uns über die Wahrheit dieser Ansicht vollkommen zu überzeugen, nur auf die ursprüngliche Constituirung des Cultus im apostolischen Zeitalter zurückgehen; und wenn auch der spätern Zeit das Recht und die Pflicht der weitern Ausbildung des Cultus zuerkannt werden muß, so durfte dabei doch nicht gegen den Grundcharakter seiner ursprünglichen Einrichtungen verstoßen werden."
J. B. Lüft, Prinzipien 83f.

288 Vgl. F. A. Staudenmaier, Enzyklopädie 1, § 1148, 593.

289 Die Gottesfurcht, die sich aus Glaube und Hoffnung nährt, wird im Rahmen der christlichen Moral dargestellt. Ihr entspringt die Anbetung Gottes, die sich als innere und äußere Andacht zu erkennen gibt.
„Das innere Gebet tritt als äusseres hervor in der Familienandacht, durch welche jedes christliche Haus zu einem stillen Heiligthume des Herrn geweiht wird, und in der öffentlichen Gottesverehrung, in der die christliche Gemeinde, als beseelt durch Einen Glauben, geleitet durch Eine Hoffnung, und durchdrungen von Einer Liebe ihre frommen Gefühle, Empfindungen und Bewegungen gemeinsam zum Ausdrucke bringt, so daß im Vereine der Brüder zugleich Jeder an dem Glauben, der Hoffnung und der Liebe des Andern sich erbaut, stärkt und aufrichtet, worin ein neuer Segen Gottes unmöglich verkannt werden kann."
Ebd. § 987, 539.

290 F. A. Staudenmaier, Enzyklopädie 1, § 1165, 599.

kramentenlehre heran, wird man auch dort nur spärliche Hinweise zur Funktion der Gemeinde im Gottesdienst erhalten. Als eine Wirkung der Taufe wird zwar die „Aufnahme in die Gemeinde Christi und in die Rechte dieser Gemeinde“[291] genannt, doch werden diese Rechte nicht weiter verdeutlicht. Wo von der Eucharistie als Opfer die Rede ist, folgt der Gedanke, daß die ganze Kirche in und mit Christus die Hingabe an Gott vollzieht. Die Meßfeier bildet den Mittelpunkt des christlichen Kultes, weil sich in ihr Christus ewig für die Welt hingibt. „Eben so gibt sich aber auch die Gemeinde an ihn hin und wird so in seine Gemeinschaft hineingezogen, in der wir auch mit dem Vater Eins sind[292].“

Wenn aber hier die Allgemeinheit der Teilnahme ganz unter dem Blickwinkel der Begeisterung und gegenseitigen Erbauung gesehen wird, so ist der Grund dafür in Staudenmaiers Lehre vom inneren Leben der Kirche zu suchen. Denn der Heilige Geist, der das Lebensprinzip aller Gläubigen ist, beseelt nicht nur die Kirche in ihrer Gesamtheit, sondern durchdringt das Leben des einzelnen Christen und verleiht die verschiedenen Geistesgaben[293]. Erst in der Einwohnung des Heiligen Geistes ist Lebensgemeinschaft mit Christus und Einheit möglich, derselbe Geist aber verleiht dem einzelnen in der Verschiedenartigkeit der Gaben das Besondere seiner Individualität. In der Kirche ist keiner unbegabt, „die Besonderheiten sind nur die gebrochenen Strahlen des Einen Urlichtes[294]“. Alle müssen zusammenwirken und einander ergänzen, um die Einheit zu verwirklichen. „Aus der engen Beziehung des Einen zum Andern aber, und aus der wechselseitigen Lebensverbindung ergibt es sich, daß nur Ein Gefühl sie durchdringt, daß sie nur Ein Leiden, Eine Freude kennen, sowie nur Eine Sorge, Einen Eifer, Ein Streben. Sie erkennen und fühlen sich wesentlich gleich als jene Organe des göttlichen Geistes, der sie zum Leibe Christi bildet[295].“ Die Erbauung der Gemeinde im Gottesdienst erweist sich so als Werk des Heiligen Geistes, der alle Glieder des Leibes Christi in Liebe miteinander verbindet und zur Einheit führt.

### 4. Die Sprache des christlichen Kultes

Wer erwartet, Staudenmaier werde sich zur Sprache des christlichen Kultes äußern, um in diesem Zusammenhang das Problem der Muttersprache im Gottesdienst zu erörtern, sieht sich in seiner Vermutung

[291] Ebd. § 755, 435.

[292] Ebd. § 760, 441.

[293] Staudenmaier kann sich in der Enzyklopädie 1 mit einer kurzen Zusammenfassung (§§ 762—773, 442—448) begnügen und stattdessen auf die bereits vorliegende Abhandlung verweisen: Der Pragmatismus der Geistesgaben: ThQ 10 (1828) 389—432; 608—640.
Das Thema ist erneut aufgenommen und erweitert, in: Der Pragmatismus der Geistesgaben oder das Wirken des göttlichen Geistes im Menschen und in der Menschheit, Tübingen 1835.

[294] F. A. Staudenmaier, Enzyklopädie 1, § 769, 446.

[295] Ebd. § 770, 447.

enttäuscht. Der Autor widmet diesem Streitpunkt, der für die Liturgiker der Aufklärungszeit Anlaß zu zahlreichen Reformvorschlägen war und zu dem auch Hirscher, Drey und Möhler[296] noch Stellung bezogen haben, in der Enzyklopädie keine Aufmerksamkeit. Sein Schweigen deutet einen inzwischen vollzogenen Wandel zu einem restaurativen Liturgieverständnis an, aus dem heraus die Verwendung des Latein von neuem verteidigt und propagiert wird[297]. Erst am Ende der schriftstellerischen Tätigkeit Staudenmaiers gewinnt diese Frage unter veränderten Zeitumständen für ihn neues Gewicht, so daß er sich 1848/49 mit vermittelnden Vorschlägen zu Wort meldet[298].

Staudenmaiers Aufmerksamkeit gilt hier einem anderen Problem, dem Stil liturgischen und kirchlichen Sprechens, das er mit dem biblischen gleichsetzt. Die biblische wie die kirchliche Sprache vereinen Erweckung und Belehrung[299] gleichermaßen in sich, während „moderne Sentimentalität, Schöngeisterei, Schminke und Zierde"[300] unangebracht erscheinen

[296] Die Meinung der genannten Tübinger zur Verwendung der Volkssprache im Gottesdienst referiert W. Trapp, Vorgeschichte und Ursprung der liturgischen Bewegung vorwiegend in Hinsicht auf das deutsche Sprachgebiet, Regensburg 1940, 218—232.

[297] Vgl. die ausführliche Darlegung der Vorzüge der (lateinischen) Kirchensprache bei der Sakramentenspendung und der Feier der Eucharistie durch F. X. Schmid, Liturgik I (1832) 70—81; 558—561. Schmids Apologie für die Beibehaltung der lateinischen Kultsprache wird von J. B. Lüft in einer Rezension der Liturgik als völlig ungenügend bezeichnet;
vgl. Jahrbücher III (1834) 236.

[298] In der Veröffentlichung: Die kirchliche Aufgabe der Gegenwart, Freiburg 1849. Vorher schon unter gleichem Titel: ZTh XIX (1848) 295—463.

[299] In der biblischen und kirchlichen Sprache sind für Staudenmaier Erweckung und Belehrung meistens eng miteinander verknüpft und aufeinander hingeordnet. Grundsätzlichen und praktischen Fragen, die sich aus dieser Zuordnung für den Gottesdienst ergeben, schenkt er keine weitere Beachtung. Darin unterscheidet er sich von Lüft, der eine deutliche Unterordnung des didaktischen Elements in der Liturgie zugunsten der Objektivität ihrer Formen und ihrer biblischen Sprache fordert. Ausgehend von der Auffassung, das Gefühl sei das Organ des Religiösen, postuliert er, die Sprachdarstellung des Kultes selbst dürfe nicht didaktisch sein. „Indem das begleitende Wort das Gefühl oder die Idee ausspricht, die zugleich durch die Form veranschaulicht wird, wird indirekt die Form verständlicht, ohne daß eine didaktische Tendenz eigenthümlich hervortritt." (S. 95)
Wenn etwas Belehrendes über die Bedeutung eines Kultaktes zu sagen sei, sollte dies in kurzen Vorreden zusammengedrängt werden, selbst darin aber dürfe der didaktische Charakter nicht eigentümlich hervortreten. Lüft plädiert also deutlich dafür, der Vollzug der Liturgie müsse aus sich selber sprechen und die zugrundeliegende Idee unmittelbar erfahrbar sein. Dabei muß aber beachtet werden, daß Lüft dem zu den oft vieldeutigen Kultformen oder Symbolen hinzutretenden Wort eine unerläßliche Bedeutung beimißt, insofern es der Verständlichkeit dient, belebt und vergeistigt.
Vgl. J. B. Lüft, Prinzipien 94ff.

[300] F. A. Staudenmaier, Enzyklopädie 1, § 1166, 599.

und nur störend wirken. Obwohl es der Autor bei diesen kurzen Hinweisen beläßt, wird deutlich, daß er eine mittlere Position einzunehmen sucht. Die Sprachgestalt liturgischer Texte darf sich an der gehobenen Alltagssprache[301] orientieren, ohne kurzlebigen Modeströmungen nachzugeben oder blumig und sentimental zu werden. In ihrer Zielsetzung soll die Sprache des Gottesdienstes in dem Sinne biblisch sein, daß Verkündigung und Erbauung, die Aussage von Glaubensinhalten und die Erweckung des persönlichen Glaubensvollzuges, in einem gleichzeitigen und ausgewogenen Verhältnis zueinander stehen.

Für die Gestaltung neuer liturgischer Texte räumt Staudenmaier nur einen sehr geringen Spielraum ein; für ihn steht es außer Frage, daß ein feststehendes Formular legitim und in seiner Verwendung sinnvoll ist. Denn wenn es den Geist des Christentums in biblischer Sprache ausspricht, „kann sein Inhalt nie ermüden, sondern bleibt immer neu, und belebt immer wieder, und mehr noch als zuvor[302]". Das einzige Zugeständnis Staudenmaiers besteht darin, daß er den Liturgen einräumt, „für besondere Fälle eigene Gebete zu sprechen, wenn sie nur der Ausdruck des kirchlichen Geistes sind[303]". Das Bestehende stellt die Norm dar, die es je neu ins Bewußtsein zu heben gilt, die schöpferische Kraft der Gegenwart wird auf Ausnahmefälle verwiesen und damit drastisch eingeschränkt.

## 5. Ordnungsprinzipien der Liturgik

Es kann nicht Aufgabe einer theologischen Enzyklopädie sein, die ungeheure Stoffülle eines Teilbereichs — in diesem Fall der Liturgik — in allen ihren Einzelheiten vor dem Leser auszubreiten. Vielmehr kommt es darauf an, die jeweilige Einzeldisziplin von anderen abzugrenzen, ihre Grundzüge klar herauszuarbeiten und ein überzeugendes Konzept für die Gliederung des angesammelten und noch zu erwartenden Materials anzubieten. Staudenmaiers Aufriß der Liturgik erscheint nun auf den ersten Blick so einfach und überzeugend, daß die dahinterstehende Leistung des Autors leicht übersehen werden kann. Wie bereits dargestellt, beginnt er mit grundsätzlichen Überlegungen, aus denen seine Definition der Liturgie erwächst; sie wird ergänzt durch eine Abhandlung über Wesen und Eigenschaften des Kultes. Damit liegt eine formale Grundlegung dieser theologischen Disziplin vor. Die Frage, wie der in den mannigfaltigen Erscheinungsformen der Liturgie sich abzeichnende Le-

[301] Es sind hier die Forderungen Staudenmaiers zur Sprache der Predigt heranzuziehen: Edle Popularität und Einfachheit sollen sich ergänzen und dem doppelten Zweck dienen, sowohl den Verstand zu belehren als auch das Gefühl zu beleben.
Vgl. ebd. § 1142, 591.

[302] Ebd. § 1166, 599.

[303] Ebd.

bensvollzug der Kirche in einer sinnvollen Ordnung beschrieben und zusammengefaßt werden kann, beantwortet Staudenmaier in einem dreifachen Schritt. Das ist ihm um so eher dadurch möglich, als alles zum geschichtlichen Verständnis Nötige der Archäologie zugewiesen wird, so daß der Gesamtbereich des kirchlichen Gottesdienstes sich nun in diese Gliederung einfügt:

Die heiligen Handlungen,
die heiligen Zeiten,
die heilige Kunst.

Erst vor dem Hintergrund zeitgenössischer Liturgiewissenschaft kann die Sinnfälligkeit dieses Ordnungsschemas ausreichend gewürdigt werden, wie ein Vergleich zu F. X. Schmids Handbuch zeigt. Schmid gilt nach Eisenhofer als der erste Autor, der es unternahm, „die gesamte Liturgik selbständig und nach einheitlichen Prinzipien zu behandeln[304]". Dennoch bleibt das Werk gerade in der theologischen Grundlegung noch völlig unzureichend[305]. Die weitere Einteilung hält sich an folgende Gliederung:

I. Liturgik der Sakramente,
II. Liturgik der Benediktionen,
III. Liturgik der Gebetsformularien,
IV. Liturgik der heiligen Zeiten, Örter, Sachen, Gänge und Gesellschaften[306].

Den Fortschritt, der trotz aller Unzulänglichkeit[307] schon in dieser Einteilung steckt, wird man erst dann ermessen können, wenn man die Gegenüberstellung gelten läßt, mit der sich Schmid an Edilbert Menne[308] mißt, dessen Aufriß er zitiert und den zu übertreffen er beansprucht:

1. Die Feier der Sakramente (Geheimniszeremonien),
2. Die Feier des Meßopfers (Opferzeremonien),
3. Andachtsgebräuche,
4. Benediktionen (Segnungs- und Weihungsgebräuche),
5. Leichengebräuche,
6. Kirchenzuchtgebräuche,
7. Monachalgebräuche,
8. Sakramentalgebräuche[309].

Staudenmaier bleibt insofern auf dem von Schmid vorgezeichneten Weg, als er dessen Gliederung im Sinne einer Konzentration kon-

304 L. Eisenhofer, Handbuch der katholischen Liturgik I, Freiburg 1932, 147.

305 Lüft bezweifelt in seiner Rezension des Werkes, ob die Einleitung der Liturgik überhaupt als wissenschaftliche Grundlegung angesehen werden darf; vgl. Jahrbücher III (1834) 233.

306 Vgl. F. X. Schmid, Liturgik I (1832) 22.

307 Da die grundlegende Idee des Kultes fehlt, leidet das Werk an einer unnatürlichen Zersplitterung des Stoffes, urteilt J. Fluck, Liturgik I (1853) IV.

308 Schmid bezieht sich auf Edilbert Menne, Die Liturgie der Kirche, systematisch abgehandelt. 3 Bde., Augsburg 1810.

309 Vgl. F. X. Schmid, Liturgik I (1832) 22 Anm.

sequent weiterentwickelt und Zusammengehöriges deutlicher zusammenfaßt, so daß die übergeordneten Gesichtspunkte jetzt lauten: Handlungen — Zeiten — Kunst. Darin liegt gleichzeitig eine Entscheidung gegen das Ordnungsschema seines Gießener Kollegen Lüft, der zwar erst 1844 mit der Herausgabe einer eigenen Liturgik beginnt, bereits 1834 jedoch, dem Erscheinungsjahr der Enzyklopädie, in Beiträgen für die Gießener Jahrbücher[310] grundlegende Prinzipien zum Aufriß der Liturgiewissenschaft niedergelegt hat.

L ü f t geht davon aus, daß der latreutische Zweck des Kultes, d. h. die Anbetung und Verehrung Gottes, dessen erster und Grundzweck ist[311]. Diese Vorentscheidung wirkt sich insofern auf sein Einteilungsschema der Liturgik aus, daß ein allgemeiner Teil, der die liturgischen Prinzipien behandelt, von dem besonderen, der die liturgischen Formen darstellt, unterschieden wird. Dieser zweite Hauptteil muß nach Lüft wiederum in zwei Richtungen zerfallen: in den latreutischen Kult der Gottesverehrung und in den Kult der Sakramente. In dieser, wie der Autor meint, natürlichen und notwendigen Unterscheidung kann dann einerseits die Anbetung Gottes, in der der Mensch seine Versöhnung und Vereinigung mit Gott sucht, andererseits die Heiligung des Menschen, d. h. die Versöhnung und Vereinigung Gottes mit dem Menschen dargelegt werden[312].

Der 1844 veröffentlichte erste Band von Lüfts Liturgik spiegelt diese Konzeption wider, wenn dort als erster Hauptzweck gemeinschaftlichen Gottesdienstes „Ausdruck oder Darstellung der innern Religion, der innern Religiösität und Andacht, Ausdruck und Gesammtausdruck des der Kirche, der Gemeinde und ihrer einzelnen Glieder inwohnenden religiösen Lebens"[313] angegeben wird. Der Aufriß stellt in seinem zweiten Hauptteil den öffentlich-gemeinschaftlichen Kult dem privaten

310 J. B. LÜFT, Principien über Cultus und Liturgie, in: Jahrbücher I (1834) 55—96; ders., Rezension zu: F. X. Schmid, Liturgik der christkatholischen Religion, 2 Bde., Passau 1832—1833, in: Jahrbücher III (1834) 229—237.

311 Vgl. J. B. LÜFT, Principien über Cultus und Liturgie, in: Jahrbücher I (1834) 59; ders., Rez. zu F. X. Schmid, Liturgik, in: Jahrbücher III (1834) 233.

312 Vgl. J. B. LÜFT, Rez. zu: F. X. Schmid, Liturgik, in: Jahrbücher III (1834) 234.
Die Art, wie Schmid die Eucharistie im Zusammenhang mit der Liturgie der Sakramente darstellt, dient Lüft als Argument für seine These. Schmid gliedert nämlich die Feier des allerheiligsten Altarssakramentes nach folgenden Gesichtspunkten: 1. Die Feier als Opfer (Meßfeier) — 2. Die Feier als Kommunion (Spendung und Empfang) — 3. Die Feier als Sakrament (Aussetzung, Anbetung, Segen). Dazu bemerkt Lüft: „Der eucharistische oder Meßkult, der Mittel- und Ausgangspunkt des latreutischen, ist zwischen den sakramentlischen mitten hineingeschoben; er spaltet so die Liturgik der Sakramente und ist ebenso unsystematisch von den übrigen Theilen des latreutischen Cultus geschieden."
Ebd. 235.

313 J. B. LÜFT, Liturgik I (1844) 211.

Kult der Sakramente, Segnungen und Weihungen gegenüber[314]. Lüft vermerkt überdies anerkennend, daß Schmid in der dritten Auflage seines Handbuchs auf diese Linie eingeschwenkt sei[315], gleichzeitig aber weist er auf die ihm jetzt bewußt gewordene Problematik seines Gliederungsschemas hin, die dann entsteht, wenn es allzu eng gehandhabt wird. „Denn der öffentliche Gottesdienst, der unter dem latreutischen eigentlich doch verstanden werden will, ist mehr als Anbetung, während anderer Seits die Mittheilung der göttlichen Gnade nicht ausschließend an die individuelle Ausspendung der Sacramente gebunden ist, indem es gerade eine wesentliche und auszeichnende Eigenschaft des katholischen öffentlichen Gottesdienstes ist, daß auch er ein sacramentales und mystisches Element in sich schließt[316]."

Der kurze Hinweis auf Lüfts Ordnungsprinzipien der Liturgik läßt klar erkennen, weshalb Staudenmaier ihm nicht zu folgen vermag, sondern ein eigenes Schema entwickeln muß, das eher an Schmids erstem Aufriß orientiert ist. Die unterschiedliche Auffassung in der Zweckbestimmung der Liturgie, ob ihr latreutischer oder ihr sakramentaler und soterischer Aspekt an die erste Stelle zu setzen ist, ob die Liturgie von den zu Gott „aufsteigenden" oder zum Menschen „absteigenden" Akten her zu definieren ist, schlägt bis in die formale Gliederung des kirchlichen Gottesdienstes durch. Staudenmaier rückt, wie in der theologischen Grundlegung seines Liturgiebegriffs aufgezeigt werden konnte, das heilshafte Verständnis in den Vordergrund, der Liturge zieht das Göttliche herunter[317], der Kult verwirklicht die Versöhnung und Vereinigung des Menschen mit Gott[318]. Daher empfängt der nach Handlungen, Zeiten und Kunst gegliederte besondere Teil der Liturgik seine spezielle Ausprägung durch den Aspekt der Heiligung des Menschen, dem die Elemente von Lob, Preis und Anbetung Gottes eingefügt sind, ohne sie zu eigenen Ordnungsprinzipien zu erheben.

## 6. Die heiligen Handlungen

Den gesamten Bereich kirchlichen Handelns im Gottesdienst faßt Staudenmaier mit dem Oberbegriff „heilige Handlungen" zusammen; zu ihnen rechnet er sowohl die Spendung der Sakramente wie die der Sakramentalien. Die Unterscheidung in öffentlich-gemeinschaftlichen und privaten Kult begegnet in der Enzyklopädie nicht. Die heiligen Handlungen gelten als „das Wesentliche im Cultus, denn durch sie, die Eins mit der Gesinnung sind, verwirklicht sich die Religion, die Versöhnung und Vereinigung mit Gott. So sind sie Lebensacte des religiösen Geistes[319]".

[314] Vgl. ebd. 17.
[315] Vgl. ebd. 17, Anm. 1.
[316] Ebd. 18.
[317] Vgl. F. A. Staudenmaier, Enzyklopädie 1, § 1144, 592.
[318] Vgl. ebd. § 1146, 592.
[319] Ebd. § 1167, 599.

Notwendige Bestandteile des Kultes sind die Sakramente, die in dieser Reihenfolge aufgeführt werden: Priesterweihe, Ehe, Taufe, Firmung, Buße, Abendmahl, letzte Ölung. Sie werden dadurch bestimmt, daß sich in ihnen „die Versöhnung mit Gott und die Anknüpfung an sein Reich verwirklichet[320]". Ergänzend treten verschiedene Formen der Segnungen als Sakramentalien hinzu. Ihr Sinn liegt nach Staudenmaier darin, „daß von der Erde der Fluch noch nicht genommen sei, und daher das, was zum heiligen Gebrauch oder zum häuslichen verwendet werde, zuvor gesegnet werde, um ihm die Weihe zum Heiligen und für dasselbe zu ertheilen, dadurch aber die ganze Umgebung zu verklären[321]".

Auffällig an dieser Zusammenstellung ist die Einschränkung des gottesdienstlichen Handelns auf Sakramente und Sakramentalien. Die überaus knappe und komprimierte Fassung dieses Abschnitts muß aber um so mehr überraschen, als Staudenmaier sich wenig später nicht scheut, die heilige Kunst bis in nebensächliche Details hinein zu entfalten. Hier nun fehlt z. B. der ganze Bereich des Stundengebets, das durch die Bemühungen der Aufklärungsliturgiker um die Volksvesper neue Bedeutung für die Gemeinden erlangt hat. Auch erscheinen die Sakramentalien eingeengt auf Realbenediktionen, ohne die Personalbenediktionen zu berücksichtigen. Ferner unterbleibt jeder Hinweis auf die Liturgie bischöflichen Rechts (pia exercitia). So erweist sich die in der Zielsetzung sehr umfassend angelegte Einteilung in der näheren Durchführung — vielleicht unbeabsichtigt — eher einschränkend und daher unzureichend.

Von allen heiligen Handlungen bildet „die beständige Feier des Abendmahles, welche zugleich die Darstellung des ewigen Opfers ist[322]", den Mittelpunkt des Gottesdienstes. In der Eucharistie wird nicht nur die objektive Erlösung durch Christus als ewige Gegenwart gefeiert, sondern es vollzieht sich darin gleichzeitig die subjektive Versöhnung des Menschen mit Gott. „Darauf beziehen sich die verschiedenen Richtungen der Einen Handlung, wo denn bald die Bitte, bald der Dank, bald der Preis der Gemeinde zu Gott in Gebeten aufsteigt. Auch sind es gerade die gottgefälligsten Gesinnungen, die sich hier erwecken und stärken, als Glaube, Hoffnung, Liebe, Demuth, Reue, Vorsatz, Gehorsam, Ergebung, Verehrung Gottes, Aufschwung zum Ewigen und Streben nach Vereinigung mit ihm. Sie werden mit aufgenommen in die Anbetung[323]."

Da Staudenmaier sich in der Beschreibung der Meßfeier nicht mit einer bloßen Abfolge ihrer Elemente und Teile begnügt, sondern Hinweise zu ihrem Vollzug durch Priester und Gemeinde einfügt, mag sie hier in vollem Wortlaut folgen:

„Die Messe beginnt an den untern Stufen des Altares mit dem Psalme Judica, worauf das Confiteor folgt, welches für den Priester und die Gemeinde zugleich eine ewige Einladung zum Bekenntnisse der Schuld und das Bekenntniß selbst enthält, so wie die demüthige Anerkenntniß

320 Ebd. § 1168, 600.
321 Ebd.
322 Ebd. § 1169, 600.
323 Ebd.

der eigenen Unmacht und Schwäche. Haben Priester und Volk mit einander und für einander gegenseitig zum Herrn um Verzeihung gefleht, so steigt der Priester zum Altar und betet den Introitus, eine für den Tag und seine Feier ausgewählte prägnante Stelle aus der heil. Schrift, die sich während der Messe manchmal, und nicht selten wiederholt, wie im Graduale, im Offertorium; dadurch wird für den bestimmten Tag in der Reihe der andern Tage die Einheit des bestimmten Gedankens festgehalten, denn auch Epistel und Evangelium stimmen damit, dem Grundgedanken nach, überein. Nach dem Introitus rufen Priester und Volk abwechselnd das Kyrie eleison, das Herr erbarm dich unser! Und erhoben im Innern und froh der in Christus erschienenen Erbarmung des Himmels und der Erlösung stimmt der Priester sodann das Gloria an. Mit diesem Jubel im Innern versenkt sich die Gemeinde in das göttliche Wort, in die Verkündigung des Heils, denn eben hierin vernimmt sie den Trost, die Hilfe, über welche sie sich freut. Deßwegen werden nun Stellen sowohl aus den Sendschreiben der Apostel an die ersten Gemeinden der Christen als aus der heiligen Geschichte vorgelesen. Das erste ist die Lectio, das zweite das Evangelium. An das letztere schließt sich die Predigt an. Der Priester tritt vom Altare auf die Kanzel. Hier spricht er das Göttliche aus, und zieht die Gemeinde, die in heiligem Schweigen seiner Rede folgt, von dem Irdischen zum Himmlischen empor. Ist dieß geschehen, und bewegt nur Ein Gedanke die Gemeinde, hat nur Ein Gefühl sich ihrer bemächtiget, dann verläßt der Priester die Kanzel, und steigt wieder zum Altar empor, um heilige Mysterien zu feiern. Sich anschließend aber an das so eben verkündete Wort, das im Glauben ergriffen werden soll, singt er mit erhobener Stimme das Credo. Und nun erst, mit dem Glauben im Innern, geht er zur Feier der Mysterien über, die mit dem Offertorium, der Opferung von Brod und Wein, beginnt. Nach der Händewaschung, dem Lavabo, und der Praefatio, die sich stets nach dem Kirchenjahre richtet und somit an die Erinnerungen der heiligen Geschichte anschließt, deren Bedeutung in kurzen prägnanten Worten hervorgehoben wird, folgt das Sanctus, das dreimal Heilig. Und nun beginnt der Kanon. Nachdem hier der Priester zuerst den Segen des Herrn angefleht hat, bittet er für die Kirche und ihre Hirten, für die Lebendigen und insbesondere für die gegenwärtige Gemeinde und geht dann zur Wandlung des Brodes und des Weines über, indem er die Worte Christi: dieß ist mein Leib, dieß ist mein Blut etc. ausspricht. Sofort wird Christus Gott als das ewige Opfer vorgehalten, und gefleht, es anzunehmen, mit welchem Einen und ewigen Opfer die Gemeinde im Priester sich selbst auch opfert, weil sie nur in der lebendigen Verbindung mit Christus Gott gefällig sein kann, ohne diese Verbindung aber nichts ist, und nicht wagen darf, vor Gott mit einem wohlgefälligen Opfer zu treten. Darauf folgt das Gebet für die Verstorbenen. In der durch Christus gestifteten Gemeinschaft der Liebe sind die Lebendigen von den Verstorbenen nicht getrennt; deßwegen ist auch das Flehn der Liebe ein allgemeines, und das ganze Gemüth richtet sich auf eine große, alles umfassende Gemeinschaft der Heiligen, was ausgesprochen wird im Nobis quoque peccatoribus[323a]. Auf dieses folgt das Vater Unser und dann nach einigen Gebeten das Agnus Dei. Schon mit diesem geschieht die Vorbereitung auf die Communion, welcher zunächst das Herr, ich bin nicht würdig vorausgeht. Die Communion selbst ist die wirkliche Vereinigung mit Christus, durch welchen wir mit Gott Eins sind. Nach der Communion, der einige erhebende Gebete folgen, entläßt der Priester die Gemeinde mit dem Segen Gottes; den Schluß der heiligen Handlung aber macht die Lesung des Einganges zum Evangelium nach Johannes vom ewigen Worte, das Mensch geworden ist. Die besonderen Gebete während der ganzen heiligen Handlung sind stets begleitet mit der Einen Anbetung Gottes[324]."

In der Beschreibung der heiligen Handlungen überwiegt der statische Charakter einer festen, wiederholbaren Grundstruktur. Doch ist sich Staudenmaier ihrer wechselnden Erscheinung durchaus bewußt, wie sie vom Ablauf des liturgischen Jahres, das auf geschichtlicher Erinnerung und Offenbarung beruht, geprägt wird. Er ordnet sie den „heiligen Zeiten" zu[325].

## 7. Die heiligen Zeiten

Das liturgische Jahr, von Staudenmaier durchgängig als Kirchenjahr[326] bezeichnet, ruht auf der Voraussetzung, daß der Christ zwei Zeiten zu unterscheiden weiß: „Es gibt eine Zeit, die ihren Eintheilungsgrund in den Gesetzen der Natur hat, in der Annäherung und Entfernung der Sonne von unserer Erde; dieß ist das gemeine Jahr. Es gibt aber auch eine Zeit, die ihren Grund nicht hat in dem Laufe der irdischen Sonne und der Gestirne, nicht in der Bewegung unserer Erde; sondern in der ewigen Sonne, in Gott und Christus und dem heiligen Geiste, also in den Offenbarungen der Gottheit, in den Lehren und in dem Leben des Erlösers, in den Wirkungen und in der Kraft des heiligen Geistes[327]." Das in der Offenbarung nicht im Naturablauf gründende Kirchenjahr wird, wie Staudenmaier weiter ausführt, von zwei Faktoren bestimmt: durch sein Verhältnis zur Geschichte[328] und durch seine Bezie-

[323a] Die Beschreibung läßt erkennen, daß Staudenmaier die Einheit und Bedeutung des Canon Missae noch nicht erkannt hat.

[324] F. A. Staudenmaier, Enzyklopädie 1, § 1170, 600ff.

[325] Vgl. ebd. § 1171, 603.

[326] Die Bezeichnung „Kirchenjahr" ist erstmals nachgewiesen in der Postille des Joh. Pomarius (Wittenberg 1589) und wurde aus lutherischem Sprachgebrauch in die katholische Liturgik übernommen.
Vgl. G. Kretschmar, Art. Kirchenjahr, in: RGG III (1959) 1440.

[327] F. A. Staudenmaier, Enzyklopädie 1, § 1172, 603.

[328] Die Begründung des Kirchenjahres aus der Offenbarung stellt eine bedeutsame Weiterentwicklung dar, die nur durch eine neue Sicht der Theologie der Geschichte erklärt werden kann. Noch bei F. X. Schmid findet man die-

hung zu Christus. Staudenmaier ist viel zu tief im Geschichtsverständnis der Tübinger Schule verwurzelt, um das im Kirchenjahr präsente Gedächtnis der Offenbarung Gottes nur als bloße Erinnerung aufzufassen. In den heiligen Zeiten verknüpft sich für ihn Vergangenheit, Gegenwart und Zukunft. Die göttliche Geschichte kehrt wieder, heilige Vergangenheit wird zu heiliger Gegenwart, doch damit nicht genug, das Ziel besteht darin, auch die Zukunft zu heiligen. „Die Thaten Gottes erscheinen immer aufs neue wieder, um den göttlichen Willen lebendig auszusprechen und das Geschlecht und seinen Willen in ihn hineinzuziehen[329]."

Der tiefere Sinn des Kirchenjahres liegt nicht im Blick auf die Vergangenheit, sondern es enthält „eine stets neue und immer wiederkehrende Aufforderung zum Himmlischen, eine ewige Mahnung an das Göttliche, eine freundliche Einladung zu einem unsterblichen Dasein und Leben außerhalb aller Zeit. Die flüchtige Gegenwart sollen wir in ihr (sc. der heiligen Zeit) als Ewigkeit behandeln[330]."

Die lebendige Gegenwart der Taten Gottes bringt der christlichen Gemeinde die Verwirrungen der vorchristlichen Zeit in Heidentum und

sen Gesichtspunkt kaum beachtet, geht er doch davon aus, daß jede Zeit gleichermaßen geeignet sei, Religion zu äußern. Da er unter Liturgie die sichtbare Darstellung innerer Religiosität versteht, ist es nur folgerichtig, jede Stunde in gleicher Weise für passend zu halten, um das religiöse Empfinden des einzelnen nach außen sichtbar zu machen. Die Begründung dafür, daß aber dennoch im Christentum tatsächlich bestimmte Zeiten mit dem Gedächtnis bestimmter Heilsereignisse ausgezeichnet werden, sieht er in einem „Bedürfnis" der Gläubigen nach einer feststehenden Ordnung gegeben, das er durch religionsgeschichtliche Vergleiche zu stützen sucht.
Vgl. F. X. Schmid, Liturgik III (1833) 350—355.
Die Wende, das Kirchenjahr heilsgeschichtlich zu begründen, zeichnet sich dagegen schon bei Lüft ab, der die religiöse Wahrheit des Christentums als geschichtlich gegeben, das christliche Leben als geschichtlich geworden und als stets werdend begreift. „Die Offenbarung ist Geschichte. Darin liegt die ganze Bedeutung des Kirchenjahrs. Die Geschichte der Offenbarung der christlichen Wahrheiten ist die eigentlichste Dogmatik, die Geschichte der Entwicklung des urchristlichen Lebens die eigentlichste Theorie der sittlichen Genetik für alle Zeiten und Individuen. Deswegen stellt die Kirche den Menschen in dem Cyklus der heiligen Zeiten gleichsam in die Periode der wirklichen Offenbarungsgeschichte des Göttlichen, in den heiligen Dom der urchristlichen Vergangenheit mitten hinein, nachdem er an seinem Eingange — dem heiligen Advente — die alten Fesseln abgelegt, sich geläutert und mit den Gerechten der Vorzeit die Sehnsucht nach Erlösung und Heiligung gefühlt hat, und führt die Geschichte des Menschensohns und der Offenbarung in ihren wesentlichsten Momenten und mit ihren mannichfachen und bedeutungsvollen Erinnerungen in lebendiger Anschauung an ihm vorüber, so daß hier die Vergangenheit zur stetigen Gegenwart, und dem Christen gleichsam, was viele Patriarchen und Propheten zu sehen wünschten, und nicht sahen, in stetem Kreislaufe versichtbart wird."
J. B. Lüft, Prinzipien 76.

329 F. A. Staudenmaier, Enzyklopädie 1, § 1174, 604.

330 Ebd. § 1173, 603.

Judentum und die Erlösungssehnsucht der alten Welt zu Bewußtsein. Damit ist die Frage nach der Relevanz des Alten Testamentes für den Gottesdienst gestellt. Darf es einen legitimen Platz in der christlichen Verkündigung beanspruchen? Staudenmaier antwortet mit dem Hinweis, „dieser sündhafte Zustand und diese Sehnsucht sind aus der Menschheit noch nicht verschwunden, und in der Vergangenheit ist so die Gegenwart selbst schon gedeutet“[331]. Die vorchristliche Offenbarung behält ihre Bedeutung als ein stets gültiges Kriterium, an dem die unerlöste Gegenwart gemessen werden kann, doch darf die christliche Gemeinde nicht in den Fehler verfallen, als könne sie von ihrer Erlösung absehen und sich künstlich in die Zeit vor Christus zurückversetzen. Sie würde dann den entscheidenden Unterschied außer acht lassen, der darin besteht, „daß der Erlöser schon erschienen ist, und gegenwärtig in der Kirche, so daß wir das schon angebotene Heil nur ergreifen dürfen“[332].

Das Kirchenjahr ist weiter dadurch bestimmt, daß es die G e s c h i c h t e d e s L e b e n s C h r i s t i repräsentiert. Obwohl Staudenmaier diesen Ausdruck nicht verwendet, könnte man sagen, daß er das liturgische Jahr als „Herrenjahr“ definiert. Im Anschluß an Gedanken, die er zur Lehre von der Erlösung vorgetragen hat[333], nennt er Christus das Urbild und den Typus, dem das Leben des Christen nachgeformt werden soll, damit er in ihm Gestalt gewinnen kann. „Alles heilige Leben und Dasein ist somit nur eine Verwirklichung seines Erlösungslebens; die Acte unseres Lebens sind nur nachbildliche Acte seines Lebens; deßwegen ist auch die Religion selbst nichts anders als Gemeinschaft mit Christo[334].“ In der Einteilung des Kirchenjahres hält sich Staudenmaier an die noch bis in die jüngste Zeit vorherrschende Ordnung, die eine Dreiteilung in Festkreisen um Weihnachten, Ostern und Pfingsten vorsah und endgültig erst durch die vom II. Vatikanischen Konzil eingeleitete Reform des liturgischen Jahres mit der zentralen Stellung des Pascha-Mysteriums überwunden wurde[335].

[331] Ebd. § 1174, 604.

[332] Ebd.

[333] In der Aufnahme der Erlösung soll der Mensch mit Christus gleichsam zu einer moralischen Person werden. „Durch diese Personbildung ist ausgesagt, daß uns Christus aus seinem eigenen Bewußtsein mittheilt, daß sein Geist uns beseelt, und daß die Acte unseres Lebens nachbildliche Acte seines Lebens werden.“
Ebd. § 713, 408.

[334] Ebd. § 1175, 604.
Die Gegenüberstellung von Urbild und Nachbild begegnet auch bei Lüft: „In der Geschichte Jesu und der Entwicklung des urchristlichen Lebens ist der Typus der religiösen und sittlichen Genetik des Menschen überhaupt für alle Zeiten gegeben. Indem uns die Kirche jährlich durch die Urgeschichte des Christenthums hindurchführt, soll sich in uns selbst die Geschichte des urchristlichen Lebens thatsächlich erneuern.“
J. B. Lüft, Prinzipien 77.

[335] B. Fischer weist darauf hin, daß Wetzer-Welte (VII, 594) und die erste Auflage des LThK (V, 1007) diese Dreiteilung noch aufrechterhalten;

Nach herkömmlicher Aufgliederung steht auch bei Staudenmaier der Weihnachtszyklus am Beginn des Kirchenjahres, er „enthält die That der Menschwerdung Gottes, welche die Wiedergeburt der Menschheit zur Folge hat“[336]. Der Advent dient daher der Vorbereitung auf die Aufnahme Christi und auf die Wiedergeburt des Menschen. Als zum Weihnachtsfest gehörig werden die Gedächtnistage des Stephanus und Johannes und die Feste der Unschuldigen Kinder, der Beschneidung Jesu, der Reinigung Mariä und der Darstellung Jesu im Tempel gerechnet[337]. Auffällig ist das Fehlen von Epiphanie.

„Der Ostercyklus stellt dar die That der Welterlösung und die Wohlgefälligkeit derselben vor Gott, die sich in der Auferstehung Christi kund gibt. Für die Menschheit ist darin enthalten die Verwirklichung der Erlösung an ihr selbst durch das vereinte Wirken der Gnade und der Freiheit, auf welche die sittliche Auferstehung, die Auferstehung des Geistes folgt. Dieß ist die wirkliche Wiedergeburt und die Vollendung derselben[338].“

Eingeleitet wird dieser Festkreis durch die vierzigtägige Fastenzeit, in der „der alte Mensch des Fleisches sterben soll (Caro vale!), damit der neue geistige erstehe“[339]. Besonders hervorgehoben wird die mit dem Palmsonntag beginnende Leidenswoche, darin vor allem der „grüne

vgl. Art. Kirchenjahr, in: LThK VI (1961) 226.
Zwei Festkreise (Ostern und Weihnachten) nennt z. B. L. Leisenhofer, Handbuch der katholischen Liturgik I, Freiburg 1932; desgl. A.-G. Martimort, Handbuch der Liturgiewissenschaft II, Freiburg-Basel-Wien 1965.
Zur Neuordnung des liturgischen Jahres vgl. Konstitution über die heilige Liturgie, Sacrosanctum Concilium, Art. 102—111: AAS 56 (1964) 125ff. Die darin enthaltenen Grundsätze haben 1969 ihre konkrete Verwirklichung in der Grundordnung des Kirchenjahres und des Kalenders gefunden. Vgl. Motu proprio „Mysterii paschalis“ vom 14. 2. 1969: AAS 61 (1969) 222—226; Normae universales de anno liturgico et de calendario, 21. 3. 1969, Vatikanstadt 1969.

[336] F. A. Staudenmaier, Enzyklopädie 1, § 1176, 604.
Den gleichen Gedanken äußert Lüft: „Der Weihnachtscyklus umfaßt historisch die Menschwerdung Jesu und den Anfang des christlichen Lebens, und bezweckt praktisch die Erneuerung und geistige Wiedergeburt, den Anfang des religiösen Lebens auch in uns. Der dem Religiösen Entfremdete, von Gott abgefallene Mensch soll hier zum Religiösen, zu Gott und dem Göttlichen zurückgeführt werden.“
J. B. Lüft, Prinzipien 77.

[337] Vgl. F. A. Staudenmaier, Enzyklopädie 1, § 1176, 604f.

[338] Ebd. § 1177, 605.
Zum Vergleich der Text bei Lüft: „Der Ostercyklus umschließt historisch die Geschichte der Genugthuung, und führt mit seiner Vorbereitungsperiode (Fastenzeit) und seinen Nachfesten den gefallenen Menschen durch ernste Betrachtung und das Andenken an das Leiden und den Tod Jesu zur sittlichen Auferstehung, und dann zur stillen aus dieser sittlichen Wiedergeburt ergehenden Freudigkeit der Liebe.“
J. B. Lüft, Prinzipien 77.

[339] F. A. Staudenmaier, Enzyklopädie 1, § 1177, 605.

Donnerstag", der „Charfreitag" und der „heilige Sabbath", der als Ruhetag Jesu den Christen Anlaß gibt, über den Tod des Herrn nachzusinnen. Der Tag der Auferstehung wird als Siegestag des Erlösers gefeiert, der zugleich die Auferstehung der Welt bewirkt hat. Den Abschluß dieses Zyklus bildet der Weiße Sonntag, „an dem zum Zeichen und zum Erweise der Welterneuerung die Neophyten, die jungen Christen in die Gemeinschaft der Kirche aufgenommen werden"[340].

Der Pfingstzyklus, der durch den Tag der Himmelfahrt Christi eingeleitet wird, „enthält die That der Herabkunft des heiligen Geistes zur Vollendung des christlichen Lebens, zur Erhebung und Darstellung der männlichen Reife des christlichen Geistes der Einen Gemeinde und ihrer Glieder"[341]. Der Zusammenhang der Feste Christi Himmelfahrt und Pfingsten mit dem österlichen Gedächtnis der Auferstehung des Herrn wird nicht bedacht. Die Aufmerksamkeit wendet sich ganz der Kirche zu, deren Lebensprinzip der heilige Geist ist und deren Leben mit dem Pfingsttag beginnt. Das Wirken des Geistes besteht darin, immerwährend auf Christus und zur Vereinigung mit ihm hinzuführen. Während das Fest der heiligen Dreifaltigkeit noch einmal an die ganze Heilsökonomie erinnert, wird der Gedanke der Vereinigung mit Christus und mit ihm das Wesen der christlichen Religion erneut im Fronleichnamsfest lebendig[342].

Auch die Heiligenverehrung im Kirchenjahr wird vom Gesichtspunkt der Vereinigung des Menschen mit Christus her gedeutet. Staudenmaier begnügt sich hier mit dem Hinweis, in dieser Beziehung liege ihre einzige Bedeutung, ohne weitere Ausführungen anzuschließen[343].

Eine eigene Würdigung erhält die Verehrung der Gottesmutter Maria, deren Leben ganz im Leben ihres Sohnes aufging. „Die Verehrung, welche die Kirche ihr widmet, gilt daher nur ihrem frommen Leben, und da sie in der heil. Schrift selbst bezeichnet wird als voll der Gnade, mit welcher der Herr ist, und als die Gesegnete in ihrem Geschlechte, die fortan als solche gepriesen werden soll; so wurde auf sie stets mit besonderer Hochachtung hingeschaut als auf die in ihr sich darstellende Verklärung der Menschheit[344]."

Staudenmaier systematisiert das Kirchenjahr über Gebühr, wenn er die Feste Allerheiligen und Allerseelen zu dessen formellen Abschluß

340 Ebd.

341 Ebd. § 1178, 605f.

342 Vgl. ebd. § 1178, 606.
Dieser Zusammenhang wird von Schmid noch gesehen, der die Nachfeier des Osterfestes im weiteren Sinne bis zum Schluß der Oktav des Pfingstfestes rechnet, und die Feier der fünfzig Tage trotz des eigenen Pfingstzyklus als Einheit betrachtet.
Vgl. F. X. Schmid, Liturgik III (1833) 561.

343 Vgl. F. A. Staudenmaier, Enzyklopädie 1, § 1179, 606.

344 Ebd. § 1180, 606.

erklärt[345]. Inhaltlich schließt er sie an die Feste Christi an. „Das Werk der Erlösung stellt sich dar als lebendiges Reich vollendeter Heiligen, das noch im andern Leben sich fortgehend erweitert durch die, welche im Reinigungsacte sich läutern. Wir sind von ihnen nicht getrennt, und darum vermögen wir auch für sie zu bitten. Im Ganzen aber sind diese Feste die Feste der Vollendung der Menschheit im ewigen Leben[346]."

Der von Staudenmaier in der Enzyklopädie dargelegte Aufriß des Kirchenjahres offenbart Vorzüge und Schwächen. Positiv ist die neue Hinwendung zu einem heilsgeschichtlichen Verständnis, zur Betonung des Herrenjahres und der Bindung der Heiligenverehrung an das Mysterium Christi zu werten. Gleichzeitig darf aber nicht übersehen werden, daß mit dieser Sicht eine übersteigerte Systematisierung verbunden ist, die auf einem theologischen Vorverständnis beruht. Denn der Versuch, eine Ordnung zu entwerfen, die mit dem Advent beginnt, sich in drei gleichwertigen Festkreisen entfaltet und mit Allerheiligen — Allerseelen endet, wird nur dann einsichtig, wenn man die darin implizit enthaltene Urbild-Abbildlehre mitbedenkt. Christus stellt danach das Urbild dar[347], das im erlösten Menschen Gestalt gewinnt und stets von neuem zur Erscheinung kommt. Religiös-sittliches und kultisches Handeln erreicht dann seine höchste Vollendung, wenn es sich so an Christus orientiert, „daß die Acte unseres Lebens nachbildliche Acte seines Lebens werden"[348].

Hier erhebt sich die Frage, ob eine solche Aussage, die alle Momente des Lebens Christi als gleichwertig und gleichgewichtig und daher auch in gleicher Weise als nachahmenswert erscheinen läßt, vor der Soteriologie bestehen kann. Gewiß kann man zunächst feststellen, daß Staudenmaier zur Erlösung im engeren Sinne das ganze Leben Jesu und seinen Tod rechnet. Davon hebt er die Erlösung im weiteren Sinne ab, die der Vorbereitung des menschlichen Geschlechtes dient[349]. Doch läßt er keinen Zweifel daran, daß im freiwillig übernommenen Tod Christi das Wesen seines hohenpriesterlichen Amtes zum Ausdruck kommt, denn „die Wahrheit oder Wirklichkeit der Versöhnung aber liegt im Tode Jesu"[350]. Dieser Tod ist ein untadeliges Opfer vor Gott, es entsündigt und heiligt das Volk und kann nur einmal dargebracht werden, „denn

345 Schmid kann z. B. nicht als Stütze für eine solche Auffassung herangezogen werden. Obwohl er drei das Kirchenjahr bildende heilige Zeiten unterscheidet, verwendet er keinen Gedanken an einen formellen Abschluß. Auch die genannten Feste Allerheiligen und Allerseelen bieten ihm dazu keinen Anlaß. Vgl. Liturgik III (1833) 602, 605f.

346 F. A. Staudenmaier, Enzyklopädie 1, § 1181, 607.

347 Zur Bedeutung der Christusähnlichkeit für die Moraltheologie Staudenmaiers vgl. A. Burkhart, Der Mensch — Gottes Ebenbild und Gleichnis. Ein Beitrag zur dogmatischen Anthropologie F. A. Staudenmaiers. (Freiburger Theol. Studien 79), Freiburg-Basel-Wien 1962, 237—245.

348 F. A. Staudenmaier, Enzyklopädie 1, § 713, 408.

349 Vgl. ebd. § 673, 385.

350 Ebd. § 696, 399.

als das absolut vollkommene, ewig allgenügende, allentsündigende, Alle reinigende ist es auch das für alle Zeit geltende. In diesem Opfer, das sein Tod war, hat er aber den Tod selbst gehoben, indem er ihn für Alle kostete, hat er aus ihm Alle errettet. Deßwegen liegt in ihm auch der Grund der Beseligung; in ihm ist der Weg zu Gott eröffnet, bei welchem er uns, in die Herrlichkeit eingegangen, ewig vertritt"[351].

Staudenmaiers Absicht, im Kirchenjahr das liturgische Gedächtnis der Erlösung im weiteren, umfassenderen Sinn zu feiern und darin das gesamte Leben Christi und selbst die vorchristliche Offenbarung zu umgreifen, ist sicherlich legitim. Der Mangel seines Entwurfs besteht jedoch darin, daß der Zusammenhang aller dieser Momente mit ihrer unüberbietbaren Erfüllung in Tod und Auferstehung Christi nicht deutlich genug zum Ausdruck kommt. Ein Indiz dafür ist die Anordnung der drei Festkreise, vor allem die Eigenständigkeit des Pfingstzyklus ohne erkennbaren Rückbezug zur Feier der Auferstehung. Wichtiger aber noch ist die Beobachtung, daß Staudenmaiers Ordnung des Kirchenjahres der Feier des Sonntags, dem wöchentlich wiederkehrenden Gedächtnis von Christi Tod und Auferstehung, und damit der ursprünglichen und zentralen Vergegenwärtigung der Erlösung keinen Raum läßt[352].

## 8. Die heilige Kunst

Staudenmaier zeichnet sich vor vergleichbaren Autoren dadurch aus, daß er nicht nur die heiligen Handlungen und Zeiten, sondern, wie wir bereits gesehen haben, auch die heilige Kunst in seine Definition der Liturgie aufgenommen hat. Er schreibt ihr die Aufgabe zu, am Vollzug der Feier des göttlichen Lebens mitzuwirken. Sie bedeutet für ihn demnach mehr als eine zwar wichtige, aber eben doch nicht unbedingt erforderliche Zugabe zum Gottesdienst, sondern er betrachtet die Kunst in einem umfassenden Sinne als zum Wesen des Kultus gehörig. Ihre Bestimmung besteht darin, dem allem Gottesdienst innewohnenden religiösen Geist zu dienen und der Religion eine wahrnehmbare, äußere und angemessene Gestalt zu verleihen[352a]).

Es ist daher nur konsequent, wenn Staudenmaier der ästhetischen Bildung des Theologiestudenten und Priesteramtskandidaten eine hohe Bedeutung beimißt[353].

351 Ebd.

352 Auch darin entsprechen sich Staudenmaier und Lüft, der ebenfalls die Feier des Sonntags nicht berücksichtigt; vgl. Prinzipien 76ff.
Vgl. dagegen SC 102, 106: AAS 56 (1964) 125f., wo der Sonntag sowohl in theologischer wie in praktischer Beziehung vor allen anderen „Teilen" des liturgischen Jahres die erste Stelle einnimmt.

352a Vgl. F. A. Staudenmaier, Enzyklopädie 1, § 1182, 607.

353 Die ästhetische Bildung zählt für Staudenmaier zu den notwendigen Voraussetzungen beim Studium der Theologie; er widmet ihr eine ausführliche Darstellung in der Einleitung zur Enzyklopädie (§§ 109—117, 64—69). Darin

Fragt man nun genauer nach dem Kunstverständnis Staudenmaiers, so ist zunächst seine grundlegende Unterscheidung von Naturschönheit und geistiger Schönheit zu beachten. Die Kunst stellt zwar beide dar, doch gilt nur die letztere als die höhere und wahre, deren Gestaltung den Griechen zum Beispiel nicht gelingen konnte, da ihnen die Unschuld des Lebens fehlte. In ihren Kunstwerken — so Staudenmaier — herrschte die Sinnlichkeit vor, „und die Kunst selbst seufzte nach ihrer Erlösung"[354].

Was hier nur anklingt, hat Staudenmaier wenig später noch einmal verdeutlicht: „Der Grieche verkehrte bei all seiner Kunst die Kunst; denn Statt das Sinnliche zum Wiederscheine des Uebersinnlichen zu machen, und jenes durch dieses gänzlich beherrscht sein zu lassen, vergötterte er das Sinnliche, und zwar oftmals selbst in der Weise, wie dieses auch das Sündliche ist. Das Schönheitsgefühl, in hohem Grade bei ihm vorhanden, strebte zwar zum Unsinnlichen; aber dieses ging bald über in das Sinnliche, und so wurde das falsche Naturprincip herrschend. Während nun aber die innerste Bewegung der Kunst zur Religion sich eben so sehr geltend zu machen suchte, kam es zu jener Vermischung des Göttlichen mit dem Sinnlichen, in welches jenes herabgezogen wurde. Diese Apotheose der Sinnlichkeit, diese in ihrer verkehrten, sündlichen Art und in ihrem unseligen, weil nur unwahr vollendeten Wesen genommen, war für jene Zeit der Untergang der wahren Kunst, die als solche stets auch und nothwendig eine heilige ist. Darum seufzen auch die Griechischen Göttergestalten, die bei allem äußern Glanz und Schimmer der Kunst dennoch einen dunkeln Hintergrund voll Schmerz und Sehnsucht nicht verbergen können, nach ihrer Erlösung[355]."

Diese Wertung griechischer Kunst ist kein eigenständiger Gedanke Staudenmaiers, sondern zeigt ihn in Abhängigkeit von Friedrich von Schlegel[356], der sein Kunstverständnis entscheidend geprägt hat. Mit

führt er aus, der Priester sei nicht nur Lehrer, sondern auch Liturge. „Als solcher verwirklicht er im Cultus die christlichen Ideen. Der Cultus ist eine Symbolisirung des Göttlichen; der Priester somit in gewissem Sinne auch Künstler. Dieß ist aber unmöglich, ohne im Allgemeinen Begriffe von der Kunst zu haben, und ihr Leben auch lebendig zu fühlen. Ohne die künstlerische Bildung im wahren und guten Sinne genommen, wird der Priester nie in seinem Berufe mit der Würde sich benehmen, die der heiligen Handlung ziemt, welche durch ihn verrichtet wird."
Ebd. § 109, 64f.

354 Ebd. § 1184, 607.

355 F. A. Staudenmaier, Die Theologie in ihrem Zusammenhange mit den andern Wissenschaften: Jahrbücher VI (1836) 20f.

356 Karl Wilhelm Friedrich Schlegel, geb. 10. 3. 1772 in Hannover; nach kaufmännischer Ausbildung 1790—1793 Studium der Jurisprudenz, Philologie, Kunst und Geschichte der alten Literatur in Göttingen und Leipzig; 1796 als Privatgelehrter, seit 1801 als Privatdozent in Jena; 1802—1804

ihm teilt er die Hochachtung vor der Gestaltungskraft der Antike[357], in die sich jedoch das Bedauern über die Apotheose der Sinnlichkeit mischt. Aber das auf diese Weise negativ gezeichnete Bild vermag gerade in seinem Kontrast um so eher das Verständnis für die eigentliche und geistige Schönheit zu erschließen und einen Zugang zu dem zu eröffnen, was Staudenmaier unter dem Einfluß der deutschen Romantik als Erlösung der Kunst versteht.

Staudenmaier definiert die Kunst als „Darstellung des Unendlichen im Endlichen" und folgert daraus, daß die wahre Kunst nicht ohne Religion gedacht werden könne, die in allem „das Ewige sucht und will. Weil Göttliches in uns ist durch den belebenden Hauch der Gottheit, streben wir das Unendliche und Ewige nicht nur anzuschauen und zu empfinden, sondern auch darzustellen in einer äussern, dem geistigen

philosophische Vorlesungen in Paris; 1808 in Köln Übertritt zur katholischen Kirche mit seiner Gattin Dorothea Veit; 1809 Sekretär der Hof- und Staatskanzlei in Wien; 1815—1818 österreichischer Legationsrat am Bundestag in Frankfurt; 1818 Rückkehr nach Wien, schriftstellerische Tätigkeit und philosophische Vorlesungen; gest. 12. 1. 1829 in Dresden.
Biogr. Übersicht nach dem Art. Schlegel, (Karl Wilhelm) Friedrich, von: F. Muncker, in: ADB 33 (1891) 737—752; Kosch KD 4302—4305; E. Behler, in: LThK IX (1964) 411f.

357 In den Gemäldebeschreibungen aus Paris und den Niederlanden (1802—1804) hat sich Friedrich von Schlegel wiederholt zur Kunst der Antike geäußert und sie mit dem Ideal christlichen Kunstschaffens in Beziehung gesetzt. Über die künstlerische Darstellung der griechischen Götterlehre urteilt er, ihr Mittelpunkt und inneres Wesen sei nichts anderes, „als die Fülle des Lebens und der Lust, in der sinnlichsten Anmuth und Trunkenheit, in unverhüllter Kraft und vollem Entwicklungsspiele. Sind ihre bildlichen Darstellungen ernst und mit Tiefe aufgefaßt, so haben sie mehr oder weniger Bezug auf die höchsten Momente und was der Gipfel aller Gebilde und alles Lebens ist; es sei nun in der höchsten Körperentfaltung des furchtbarsten Heldenkampfes oder in der Vollendung und unverhüllten Darstellung der schönsten sinnlichen Form; und mehrentheils, wie in den größten und gelungensten Werken der Antike, in Verbindung von beiden, Leben und Tod, Schrecken und Lust kühn zusammenstellend. Wo sie sich nur auf der Oberfläche halten, kann es freilich nichts geben, als eine leicht verständliche und verständige Darstellung ohne tiefere Bedeutung; die höhere Kunst der Alten aber ging fast allemahl auf jenes Geheimniß der Natur und die unendliche Fülle des Lebens. Die Mythologie, ja selbst die Religion der Alten war nun einmal durchaus sinnlich und materiell; begeisterte, trunkene Anbetung der unendlichen Lebenskraft und Naturfülle; allein beschränkt und gezügelt von dem bloß menschlichen Gesetz einer aus Erfahrung gereiften Mäßigung und Verständigkeit."
Fr. v. Schlegel, Ansichten und Ideen von der christlichen Kunst, in: Sämmtliche Werke, 2. Original-Ausgabe VI, Wien 1846, 122.
Über die ursprüngliche Erscheinungsweise und die Umarbeitung von Schlegels Kunstschriften für die gesammelten Werke berichtet Hans Eichner in der Einleitung zum 4. Band der kritischen Gesamtausgabe, München-Paderborn-Wien 1959, XI—LVI.

Leben verwandten Erscheinung. Nicht als ob im endlichen Werke das unendliche Sein und Leben dargestellt werden könnte, sondern die Endlichkeit soll durch die Kunst nur zum Wiederschein des Ewigen werden. Auch wird nicht die Gottheit dargestellt, sondern nur Göttliches, eine bestimmte Weise des göttlichen Seins und Lebens, wie es sich in der Welt offenbaret, und wie es das sinnige offene und reine Gemüth des Künstlers im Momente der Begeisterung aufzufassen im Stande war"[358].

Wenn der Künstler der wahren und geistigen Schönheit dient, sucht er keine Ideale außerhalb von sich selbst, um sie nachzuahmen, sondern er erblickt intuitiv in seinem Innern die höchsten und geistigen Ideen, die er schöpferisch darzustellen sich bemüht. „Das Ideal wohnt im Künstler als Leben, und erzeugt, gleich dem Leben der Natur, mit Schöpfermacht eine ideale Welt, die selbst wieder ein eigenes Leben hat, und uns anblickt, als wäre ein Geist in ihr. Dieß ist der Blick, der Ausdruck und die Offenbarung des Unendlichen im Endlichen. Denn in der Stunde der Begeisterung und der Weihe schaut der Künstler die ewige Wahrheit von Angesicht zu Angesicht; nachdem er sie aber geschaut, sucht er die Anschauung mitzutheilen, und er ringt mit dem Stoffe, dem Medium seiner Darstellung, daß er jenen Blick und jenen Ausdruck des Göttlichen gewinne, der ihm selbst in der hohen Stunde aus dem reinen ewigen Auge geworden war[359]."

Zwischen dem Geschauten und dem Kunstwerk selbst aber wird es immer einen schmerzlich empfundenen Riß der Unvollkommenheit geben, das Ideal bleibt der menschlichen Gestaltungskraft unerreichbar. „Alles, was sinnlich dargestellt werden soll, verliert durch diese Darstellung an seiner Wahrheit, Reinheit und Erhabenheit. Denn während wir das Geistige verkörpern, umziehen wir es mit der rauhen Rinde der Wirklichkeit, welche die Endlichkeit ist, in der und durch welche das Ewige seinen wahren Ausdruck nicht findet[360]."

Durch das Ideal der geistigen Schönheit, in der das Wahre und das Gute schon mitinbegriffen sind, verknüpft Staudenmaier Kunst und Christentum, denn „der Blick in das Reich des Schönen ist daher unmittelbar immer auch ein Blick in das Reich der Wahrheit und der Güte"[361]. Und wie die Kirche Selbstsucht und Lüge zerstört und ein Reich der aus Gott stammenden Wahrheit errichtet, so entreißt sie die Kunst aus der Knechtschaft der widergöttlichen Mächte und führt sie ihrer wahren Freiheit zu, „die darin besteht, nur Göttliches darzustellen"[362].

[358] F. A. Staudenmaier, Enzyklopädie 1, § 110, 65.
[359] Ebd. § 112, 66.
[360] Ebd. § 111, 65.
[361] Ebd. § 113, 67.
[362] Ebd. § 114, 68.
Staudenmaier faßt die geistige Schönheit, der die christliche Kunst dienen soll, enger als Fr. von Schlegel, aber es ist doch bezeichnend, daß auch er sich angesichts italienischer Meisterwerke, die ihren Stoff aus der griechischen Mythologie entlehnt haben, die grundsätzliche Frage stellt, „inwiefern

Die christliche Kunst lebt aus der Harmonie von Endlichem und Unendlichem, von Sichtbarem und Unsichtbarem, von göttlicher und menschlicher Natur, die durch die geschichtliche Tat der Erlösung Wirklichkeit geworden ist. Seither ist die von falscher Größe ausgehende Faszination und Verblendung grundsätzlich überwunden, und das Endliche kann nun seiner eigentlichen Bestimmung dienen, Symbol des Göttlichen zu werden. Der wahre christliche Künstler, wie Staudenmaier ihn idealisierend zeichnet, „hat seine höhere göttliche Weihe vom heiligen Geiste, der, wie er die Tiefe der Gottheit durchschaut, so auch seinem Geweihten das Göttliche in den höchsten Momenten und in seiner vollendeten Schönheit aufschließt, damit er es im endlichen Werke darstelle, in der tiefsten Bedeutung seines Daseins und in jener Verklärung, in der es den Charakter der Ewigkeit an sich trägt. Stille Ruhe schwebt um dasselbe und himmlischer Friede, das Diadem aller Kunst“[363].

Damit ist deutlich geworden, was Staudenmaier unter der Erlösung der Kunst versteht, nach der die Antike seufzte, ohne sie je zu erreichen. Das Christentum selbst ist es, „das die Kunst ihrer falschen Dienstbarkeit entrissen, und zum Symbol des Göttlichen eingeweiht hat, sowohl im Allgemeinen durch die in ihm herrschenden Ideen, durch die in ihm waltenden höhern Gefühle von der wahren Harmonie des Lebens, weil der Geist jetzt ein versöhnter ist, als im Besondern dadurch, daß es sie in Verbindung gebracht mit dem heiligen Cultus, in welchem wir die Versöhnung mit Gott verwirklichen und feiern. So ist in Absicht auf die Kunst allein im Christenthume das rechte Verhältniß hergestellt; darum schwebt auch nur auf den Gestalten der christlichen Kunst die allein wahre Vollendung, und mit ihr die Ruhe, der Friede, die Klarheit und die Glorie des ewigen Lebens“[364].

Zwar ist sich Staudenmaier, darauf wurde bereits hingewiesen, durchaus bewußt, daß auch die vollkommenste künstlerische Gestaltung sich nur dem Ideal annähern, es jedoch nie ganz erreichen kann, doch scheint dieser Gedanke völlig zurückgedrängt, wenn er das Bild christlicher Kunst mit der von ihr ausstrahlenden Harmonie und Verklärung zeichnet. Daß auch die durch den Sieg Christi erlöste Welt noch Bedrohung und Sünde erfährt, kommt angesichts der durch die Kunst dargestellten und endgültigen Versöhnung nicht mehr in den Blick. Wer der wahren,

es für den neuern Mahler rathsam, für den christlichen Künstler insbesondre erlaubt sei, solche Gegenstände der sinnlichen Schönheit überhaupt zur Nachbildung zu wählen, oder in das Ganze seiner Darstellung einzuflechten“. (S. 123) Schlegel versucht eine Antwort, die einerseits übertrieben ängstliche Strenge vermeiden und der Darstellung des sinnlich Schönen gebührenden Raum verschaffen soll, andererseits das Abbild des Sinnenreizes in die Harmonie eines höheren und größeren Ganzen einfügt.

Vgl. Fr. v. Schlegel, Gemäldebeschreibungen aus Paris und den Niederlanden, a. a. O. 123—127.

363 F. A. Staudenmaier, Enzyklopädie 1, § 115, 68.

364 F. A. Staudenmaier, Die Theologie in ihrem Zusammenhange mit den andern Wissenschaften: Jahrbücher VI (1836) 21.

geistigen Schönheit begegnet, erfährt Harmonie, Ruhe und Frieden. „Dadurch, daß die Kunst nur die ewige Schönheit des Geistes, und zwar wie er Sieger ist über alles Endliche und Nichtige, und wie durch ihn, auch unter Kampf und Leiden, das Höhere aus dem Niedern, der Tod aus dem Leben erblüht, zur Erscheinung bringt, worin eben das Moment des Christlichen besteht, erreicht sie zugleich ihre höchste Würde. Deßwegen schwebt auch ruhige Stille um ein solches Kunstwerk und himmlischer Friede[365]."

Zwischen der wahren Kunst und dem Kult besteht eine innige wechselseitige Verbindung. Wie die Kunst im Kult zur höchsten Vollendung gelangt, so findet der Kult in der Kunst seinen echten Ausdruck[366]. Bilder und Symbole, seelenvolle Töne und hohe erhabene Worte sprechen zu den Sinnen des Menschen und offenbaren und verkörpern im Gottesdienst das innere heilige Leben[367]. Ohne die Kunst ist das amtliche Handeln des Priesters als Liturge nicht denkbar. Als Verkünder des göttlichen Wortes führt er die Gemeinde aus der unteren in die höhere Welt, dann aber „zieht er durch heilige Handlungen, tiefsinnige Symboln und hohe Mysterien die obere Welt zur untern wieder herab zur allverklärenden Versöhnung des Irdischen mit dem Himmlischen und zur ewigen Gegenwart des Göttlichen unter uns[368]".

Getreu seiner Wesensbestimmung der Liturgie verknüpft Staudenmaier die Kunst nicht mit dem latreutischen, sondern vor allem mit dem heilshaften Aspekt gottesdienstlichen Handelns. Die Ausdrucksweisen der Kunst werden in den Dienst genommen, um das, was in der Liturgie Ereignis wird, die Versöhnung und Vereinigung des Menschen mit Gott, darzustellen und zu symbolisieren.

Nach einleitenden grundsätzlichen Überlegungen widmet sich Staudenmaier den einzelnen Richtungen der christlichen Kunst, die er in Künste des Raumes — Architektur, Skulptur, Malerei — und Künste der Zeit — Musik und Poesie — einteilt[369]. Die weitaus größte Aufmerksamkeit wendet er dabei der heiligen Architektur zu, die das geistige Konzept des Kirchbaus bereitstellt. Auffällig ist, daß fast überhaupt nicht die Versammlung der Gemeinde in den Blick kommt, zur Zweckbestimmung des kirchlichen Gebäudes und seiner Funktion wird sie — mit einer Ausnahme — nicht weiter beachtet. Staudenmaier gewinnt die Idee der Kirche, die er durchgängig und bezeichnend „Tempel" nennt, aus anderen Quellen. Die Kirche ist für ihn zuerst und vor allem das Haus Gottes. Zwar wohnt der unendliche und unsichtbare Gott nicht in Tempeln, die von Menschenhänden gemacht sind, dennoch „ist der heilige Tempel sein Haus, die Stätte, da seine Ehre wohnt, der Ort, an welchem er als der Gegenwärtige voll Liebe und Gnade Jedem nahe ist

[365] F. A. Staudenmaier, Enzyklopädie 1, § 1187, 608.
[366] Vgl. ebd. § 1185, 608.
[367] Vgl. ebd. § 1188, 608.
[368] Ebd. § 117, 69.
[369] Vgl. ebd. § 1189, 608f.

und seine Vereinigung mit den Menschen feiert[370]". Daher muß das Gebäude zwei Ideen ausdrücken: die Unermeßlichkeit Gottes, die kein Raum umschließen kann, und die freundliche Nähe Gottes, der den Menschen stets gegenwärtig ist[371].

Die heilige Architektur vermag es, beide Ideen in der räumlichen Gestaltung zum Ausdruck zu bringen. „Die Idee der Unermeßlichkeit wird ausgedrückt in den architektonischen Verhältnissen des Hohen, Erhabenen, Grandiosen, dabei aber Einfachen; erreicht wird diese Idee durch die zum Himmel strebenden Säulen, die kühnen Bogen und Gewölbe, so wie durch die mächtigen Kuppeln und Thürme. So wird der Tempel zum tiefsinnigen Symbol des Weltalls, und der Geist des Betenden durch die im heiligen Baue selbst sich aussprechende Richtung nach Oben zum Unsichtbaren mit sanfter Gewalt erhoben. Alles fromme Streben und alle tiefere Sehnsucht wird an diesem geweihten Ort über das Irdische hinausgezogen in höhere Räume, die allegorisch durch die weiteren Verhältnisse des Tempels angedeutet sind[372]."

Symbolisiert alles Hohe und Erhabene die Idee der Unermeßlichkeit, so wird das Kreuz zum Zeichen der in der Erlösung sichtbar gewordenen und bleibenden Nähe Gottes. „Die Darstellung der Idee der Gegenwart Gottes wird durch alles das erreicht, was am Tempel die rein christliche Seite ausmacht, also durch christliche Ideen gefordert wird, die alle auf der Einen Idee der Menschwerdung Gottes ruhen. Zunächst ist, was das rein christliche Moment betrifft, der ganze Tempel in der Gestalt jenes Zeichens erbaut, welches das Zeichen des Heils ist, in der Gestalt des Kreuzes. Die Grundform des Gebäudes ist somit das Kreuz. Diese Kreuzesform im Großen drückt sich innerhalb der Kirche selbst wieder auf verschiedene Weise ab, in den Verhältnissen der Hauptgänge, in dem Kreuze, das als das Zeichen der Versöhnung aufgepflanzt ist, und in den Kreuzen, mit welchen die Altäre nach Oben enden, so wie in den mannigfaltigen Werken der Sculptur und der Malerei[373]."

Bezeichnend ist, daß weder in dieser allgemeinen Beschreibung, noch dort, wo der Kirchenraum im einzelnen — bis hin zur Glocke und Uhr — in seiner christlichen Aussage erklärt wird, vom Tabernakel die Rede ist. Staudenmaier zieht die eucharistische Gegenwart Christi nicht zur symbolischen Deutung des gottesdienstlichen Raumes heran. Zwar gibt er erst später in „Der Geist des Christentums[374]" die Quellen an, aus denen er seine Architekturauffassung schöpft, doch wird aus dem Text selbst schon hinreichend erkennbar, daß hier keine eigenen Gedanken Staudenmaiers vorliegen, sondern die von der deutschen Romantik neu entdeckte

[370] Ebd. § 1191, 609.
[371] Vgl. ebd.
[372] Ebd. § 1192, 609.
[373] Ebd. § 1193, 610.
[374] Vgl. F. A. Staudenmaier, Der Geist des Christentums, Mainz [5]1855, 834 Anm.

und hochgeschätzte gotische Baukunst[375] in ihm einen begeisterten Verehrer gefunden hat.

[375] Einer der Autoren, die Staudenmaier beeinflußt haben, ist Friedrich von Schlegel, dessen Grundzüge der gotischen Baukunst, enthalten im 6. Band der gesammelten Werke, das Ergebnis einer Kunstreise (1804—1805) durch die Niederlande, Rheingegenden, Schweiz und einen Teil von Frankreich sind. Hier begegnen — besonders deutlich in der Beschreibung des Kölner Domes, aber auch an anderer Stelle — die beiden von Staudenmaier hervorgehobenen Momente des christlichen Kirchbaus: die Unermeßlichkeit des von Säulen getragenen Raumes und das Kreuz als Form des Grundrisses.
Vgl. Fr. v. Schlegel, Grundzüge der gotischen Baukunst, a. a. O. 199—202; 224ff.
Neben Schlegel ist der Kunsthistoriker Christian Ludwig Stieglitz als einer der Beeinflusser Staudenmaiers zu nennen, er wird ebenfalls in „Der Geist des Christentums" erwähnt. Über die gotische Baukunst urteilt er: „Wir glauben nicht zu irren, wenn wir behaupten, daß keine Bauart dem Charakter einer christlichen Kirche so vollkommen angemessen ist, als die altdeutsche, da alle ihre Formen auf Religion sich beziehn, und mit dem Irdischen das Himmlische so trefflich vereint ist... Es ist nicht zu verkennen, daß keine Kirche im neueren Styl (gemeint ist die im Klassizismus übliche Nachahmung griechischer oder römischer Tempel) so schön sie auch ist, so hohe, heilige Empfindungen zu erregen vermag, als ein altdeutscher Dom. Man bewundert ihre Größe und Schönheit und dadurch den Künstler und seine Geschicklichkeit, aber das Gemüth bleibt ungerührt, das sich bey altdeutschen Kirchen mächtig erhoben und durchdrungen fühlt, ohne an dem Aeußern zu hangen, ohne zunächst den Künstler in Betracht zu ziehn, der hier, gleich einer Gottheit, ungesehen wirkt.
C. L. Stieglitz, Von altdeutscher Baukunst, Leipzig 1820, 11f.
Dort findet sich auch die von Staudenmaier aufgenommene Kreuzessymbolik: „Die wichtigste Form der Kirchen von einigem Umfange war die des Kreuzes, die, als ein heiliges Symbol, bereits in alten Zeiten neben der Form der Basilika angenommen wurde... Und so finden sich auch in Deutschland Kirchen aus dem zehnten und elften Jahrhundert in der Kreuzform. In den ersten Zeiten waren bey diesen Kirchen die Vorlagen des Kreuzes gemeiniglich viereckig angelegt, der Vorsprung des Chores aber erhielt bald eine viereckige, bald eine halbrunde Gestalt. Diese letztere wurde Muschel genannt. Selten erschien damahls der Chor fünfseitig, oder nach einem halben Achteck gebildet, was erst späterhin allgemeiner wurde." Ebd. 59.
Die Symbolik des gotischen Domes stellt Stieglitz zusammenfassend so dar: „Nicht willkührlich ist die Lage der Kirche, sie erstreckt sich nach der Linie der Heiligkeit, von Osten nach Westen. Symbolisch ist die Gestalt der Kirche, die des Kreuzes, und deutet auf den göttlichen Stifter der Religion, auf die Leiden, die er zum Wohle der Seinen erduldete. Gemählde, Bildhauerarbeiten, heilige Gegenstände vorstellend, die Ruhestätte frommer Männer, alles deutet auf eine bessere Welt und spricht die Vergänglichkeit der Freuden dieser Welt aus. Treten wir ein, so empfängt uns eine heilige Weihe, das Einfache, das in der Halle uns umgiebt, verbreitet sich im Schiffe, nach mannigfaltigen Verhältnissen, die im hohen Chor das Allerheiligste umfassen, wo das göttliche Wort vom Altar ausströmt, der, aufgestellt im Osten, in Erinnerung bringt, daß von Osten alles Licht ausströmte, von Osten das Evangelium sich in alle Welt verbreitete." Ebd. 124.

Die Beschreibung des christlichen Tempels endet mit einer Deutung seiner hervorstechendsten Merkmale. Der vornehmste Ort im Innern ist der Hochaltar, „auf dem die ewige Versöhnung gefeiert wird und Gott in seiner milden und menschenfreundlichen Gegenwart throhnet, wo er sich auch uns mittheilt im heiligen Mahle zur bleibenden Vereinigung[376]". Die Kanzel drückt die Idee der Verkündigung des göttlichen Wortes aus, die Heiligenbilder bedeuten eine stete Mahnung der triumphierenden an die streitende Kirche, der Ornat des Priesters deutet auf das Hohepriestertum Jesu Christi hin, im Ruf der Glocke tönt die Stimme der Kirche, die Uhr zeigt die Vergänglichkeit der Zeit an[377]. Im Kirchenschiff aber entdeckt Staudenmaier die Idee der christlichen Gemeinde und folgert, aus dem Verhältnis des Schiffes zum Chorraum mit dem geosteten Hochaltar sei das Verhältnis der Gemeinde zu Christus ablesbar. „So ist der Tempel, in welchem wir vorhin ein Symbol des Universums erblickten, zugleich ein Symbol der ganzen Kirche[378]." Die Kunst gelangt zu ihrer höchsten Vollendung, wenn die christliche Gemeinde in der Gegenwart Gottes und seiner Heiligen von Andacht ergriffen wird und das Ewige sie so tief berührt, daß ihr Antlitz sich aus innerer Gemütsbewegung verklärt. Wenn die kämpfende Gemeinde so der siegenden gleicht, dann ist das Ziel aller Kunst — die Verklärung — erreicht. „Während sie das Leben der verherrlichten Gemeinde und des vollendeten Lebens darstellt, führt sie die noch lebende Gemeinde zum Leben, das sich in Christo verherrlichet[379]." So wird die Kirche zum Ort, wo „nicht nur die ewige Versöhnung ihren Sitz aufgeschlagen hat, sondern an welchem uns auch überall nur das versöhnte Dasein entgegentritt[380]".

Die Kunst des Raumes wird ergänzt durch die Kunst der Zeit: Musik und Poesie. Zwischen ihnen besteht eine innige Verwandtschaft, die tiefe Regung des Gemüts drängt darauf, Musik und Gesang zu werden. In der Musik wird die Poesie lebendig[381].

Schönheit und Harmonie im Reich der Töne vermögen der Liturgie einen großen Dienst zu erweisen. „Ist das Reich der Töne ein Reich der unsichtbaren Schönheit im Elemente der Zeit, welche Schönheit nur der Geist zu fassen vermag, wohnt in ihnen ein inneres, mit Worten nicht aussprechbares Leben, graben sie sich tiefer als alles Andere in das Gemüth ein, das sie mit Ahnung erfüllen, beherrschen sie die Gefühle, welche sich wunderbar zur Harmonie hinneigen; so ist von selbst verständlich, was sie einer Religion werden kann, welche die höchste Harmonie selbst darstellt, die Versöhnung der Welt mit Gott, in welcher Versöhnung sich die alte große Dissonanz auflöst. Aber das Christenthum

376 F. A. Staudenmaier, Enzyklopädie 1, § 1194, 610.
377 Vgl. ebd. §§ 1195—1206, 610—613.
378 Ebd. § 1198, 611.
379 Ebd. § 1202, 612.
380 Ebd. § 1203, 612.
381 Vgl. ebd. § 1216f, 615f.

kommt eben darum auch der Musik entgegen; denn durch dasselbe ist als durch eine neue Offenbarung im Aeussern und im Innern ein Reich höherer Gefühle aufgeschlossen worden, die laut werden in reinern, tiefern Tönen[382]."

Hatte es zunächst den Anschein, als wolle Staudenmaier die Musik ganz ihrer Eigengesetzlichkeit überlassen, so bindet er sie mit einem kurzen Hinweis inhaltlich an die verschiedenen und unterschiedlichen Elemente des Gottesdienstes, wenn er fordert: „Es kommt hier Alles darauf an, die Ideen auszudrücken, die im Gottesdienste, und zwar in seinen Haupttheilen hervortreten, so z. B. die Idee des Kyrie eleison, des Gloria, Credo, Sanctus u. s. w.[383]."

Wie alle Kunst wird auch der kirchliche Gesang zum Symbol des ewigen, göttlichen Lebens, das die Wirklichkeit überstrahlt und verklärt. Staudenmaier idealisiert die Wirkung des Choralgesangs auf die Gemeinde, wenn er schwärmerisch schreibt: „Die Wirkung dieses Gesanges ist wunderbar. Er scheint getrennt von der Gemeinde, die ihre heiligsten Gefühle aushaucht, und über ihr in den obern Räumen des Tempels als eine eigene, höhere Stimme, wie ein Gesang aus anderer Welt, der in den sanftesten Accorden die tiefsten Geheimnisse des göttlichen Reiches und des unsterblichen Geistes offenbaret; Alles, was Welt ist, versinkt, und es ist nur noch die ewige, übersinnliche Welt[384]."

Die Schönheit der Liturgie ist für Staudenmaier mehr als nur eine ästhetische Komponente, sie besitzt ihren Ursprung im Wesen der Feier selbst, in der sich die Versöhnung des Menschen mit Gott ereignet, und spiegelt den himmlischen Glanz wider, der auf dem erlösten Menschen ruht und an ihm für alle sichtbar wird. Im Dienst dieser wahren und geistigen Schönheit steht die christliche Kunst, ihr eignet das Moment der Verklärung alles Irdischen. In ihren vollendetsten Werken strahlt sie Ruhe, Harmonie und überirdischen Frieden aus und kündet darin von der Herrlichkeit des göttlichen Reiches.

## E. Der christliche Kult unter den kirchenrechtlichen Aspekten von Gesetzgebung und Verwaltung

Der Grundriß des Kirchenrechts, den Staudenmaier im zweiten Teil der praktischen Theologie vorlegt, enthält nur wenige Hinweise über das Verhältnis von kirchlicher Gesetzgebung und Verwaltung zur Liturgie, die als Ergänzung zum bisher dargestellten Entwurf der Liturgik nachzutragen sind.

Staudenmaier geht davon aus, daß die Grundzüge der kirchlichen Organisation auf göttlichem Ursprung beruhen und daher in ihren

382 Ebd. § 1218, 616.
383 Ebd. § 1220, 617.
384 Ebd. § 1221, 617.

wesentlichen Momenten eine bleibende Struktur besitzen[385]. Zu ihnen zählt er die Unterscheidung von übergeordnetem Kirchenregiment, das als leitende und ordnende Kraft Macht oder Autorität ausübt und die Verfassung der Kirche repräsentiert, und untergeordnetem Kirchendienst[386].

Die Autorität der Kirche äußert sich in der Gesetzgebung. Da sie sich auf alles bezieht, „was zum innern und äussern Leben der Gemeinde gehört", umgreift sie „den Kirchendienst, die Verkündigung, den Cultus und die kirchliche Erziehung[387]".

Träger der kirchlichen Autorität ist der Episkopat, dessen Funktion darin besteht, „über das Lehramt, über die Verwaltung der heiligen Handlungen, und über die Erhaltung der äussern Ordnung zu wachen[388]".

Während der Gemeinde das allgemeine Priestertum aller Gläubigen[389] zugesprochen wird, ohne es näher zu charakterisieren und somit auch keine Folgerungen für Beteiligung und Rechte an der Liturgie abzuleiten, teilt Staudenmaier den Klerus nach folgender Ordnung. Er unterscheidet Kleriker, denen „bloß" die Feier der Liturgie und die Wortverkündigung obliegt, von solchen, die mit der kirchlichen Regierung betraut sind. Die erste Gruppe, die Hierarchie der Weihe (hierarchia ordinis), umfaßt Bischöfe, Priester, Diakone und die niederen Weihestufen. Ihnen steht die Hierarchie der Kirchenregierung (hierarchia jurisdictionis) gegenüber, zu ihr zählen bis zum Papst aufsteigend die verschiedenen Rangstufen der Bischöfe[390]. Mit diesem Einteilungsschema wird noch einmal die Unterordnung des Kirchendienstes unter das Kirchenregiment dokumentiert.

Ohne sich näher in Einzelheiten zu verlieren, nennt Staudenmaier die Verantwortung für den Gottesdienst der Kirche in den Aufgabenkatalogen der einzelnen Amtsträger. Der Beruf des Primates besteht darin, erstens die Einheit des Glaubens zu wahren, zweitens die fromme und heilige Sitte durch Kult und Disziplin zu erhalten und drittens die Kirche mit Hilfe der Bischöfe zu leiten und zu regieren[391].

Das Kardinalskollegium beteiligt sich mit der Mehrzahl seiner Kongregationen an der Regierung der ganzen Kirche, so daß es auf die drei Bestimmungen des Primats, auf Lehre, Kult und Leitung Einfluß nimmt[392].

Die Bischöfe üben in ihren Diözesen dieselbe geistige Gewalt aus, die Christus seinen Aposteln verliehen hat. „Wie dem Papst im Großen, so liegt dem Bischofe in seiner Diöcese ob die Sorge für die Erhaltung der Reinheit des Glaubens, so wie für seine Verbreitung; dann hat das

[385] Vgl. F. A. Staudenmaier, Enzyklopädie 1, § 1259, 627.
[386] Vgl. ebd. § 1260ff, 628.
[387] Ebd. § 1263, 628.
[388] Ebd. § 1268, 629.
[389] Vgl. ebd. § 1273, 630.
[390] Vgl. ebd. § 1274, 630.
[391] Vgl. ebd. § 1282, 632.
[392] Vgl. ebd. § 1285, 633.

bischöfliche Amt die Vollmachten zur Verwaltung der heiligen Handlungen in demselben Kreise; dazu gehört noch die Macht, die Firmung zu ertheilen, die Geistlichen zu weihen, die Bischöfe zu consecriren, Könige zu salben, das Chrisma zu bereiten, Kirchen und Altäre zu weihen u. s. w. Endlich ist im bischöflichen Amte mitbegriffen die äussere Verwaltung der Diöcese, die Gesetzgebung innerhalb derselben, das Recht der Dispensation, die geistliche Gerichtsbarkeit, die Strafgewalt, die geistliche Aufsicht über religiöse Institute, Verwaltung des Kirchenguts, Verleihung von Beneficien u. s. w.[393]."

Die Aufgaben der Priester und Diakone werden nur so kurz gestreift, daß über ihre Verantwortung für die Liturgie nichts zu erfahren ist[394]. Die Kirchenversammlungen vom allgemeinen Konzil bis zur Diözesanversammlung dienen nach Staudenmaiers Darstellung vornehmlich der Einheit der Lehre und der Disziplin, so daß auch hier keine Aussagen zur Liturgie erfolgen[395]. Diese Auffassung kann freilich vor der Konziliengeschichte nicht bestehen, da seit jeher liturgische Fragen Hauptgegenstände auf den Versammlungen der Universalkirche oder der Teilkirchen gewesen sind.

Soweit die Verwaltung der heiligen Handlungen zur Sprache kommt, wird lediglich daran erinnert, daß die Befähigung dazu aus der Ordination stammt, die in verschiedenen höheren und niederen Stufen erteilt wird. „Wie die Ordination nur unter den Bedingungen der Befähigung gegeben werden kann, so verpflichtet sie auch zur angemessenen Wirksamkeit im Berufe[396]."

Abschließend verweist Staudenmaier auf das Recht der Kirche, über die Spendung der Sakramente und die Feier des Gottesdienstes uneingeschränkt von äußeren Einflüssen selbst zu verfügen[397].

Der auf wenigen Seiten zusammengedrängte Aufriß des Kirchenrechts läßt von vornherein keine detaillierten Auskünfte zum Verhältnis von Liturgie und kirchlichem Recht erwarten. Dennoch zeichnet sich das Bild einer eher statischen, festgefügten als dynamischen und lebendigen Kirche ab, deren Ordnung es zu bewahren gilt und die von einem nach Weihestufen gegliederten Klerus geleitet wird. Charakteristisch dafür erscheint die Unterordnung des Kirchendienstes unter das Kirchenregiment, eine Folge der bevorzugten Stellung der Jurisdiktionsgewalt gegenüber der Ordinationsgewalt. Die Liturgie selbst wird als feste Größe vorausgesetzt, die zum Aufgabenbereich des Klerus gehört und innerhalb einer bestehenden und zu bewahrenden Ordnung gefeiert wird. Darüber hinaus interessieren hier noch die Vollmachten, die aus der Ordination abgeleitet werden und die Abgrenzung der abgestuften Rechte der einzelnen Amtsträger. Daß die Liturgie, so wie sie von Staudenmaier selbst

[393] Ebd. § 1287, 633f.
[394] Vgl. ebd. § 1289f, 634.
[395] Vgl. ebd. §§ 1294—1299, 635f.
[396] Ebd. 1301, 637.
[397] Vgl. ebd. § 1307, 638.

aufgefaßt wird, Lebensäußerung der ganzen Kirche, Verwirklichung des wahren, christlichen Lebens und Religion als Akt ist, wird hier durch eine auf kirchliche Gesetzgebung und Verwaltung fixierte und daher auf Rechte und Pflichten des Klerus bezogene Betrachtungsweise überlagert und infolgedessen nicht mehr genügend erkennbar. Es bleibt aber anzumerken, daß Staudenmaiers Grundriß des Kirchenrechts, der sich in herkömmlichen Bahnen bewegt, gemäß seinem Stellenwert innerhalb der Enzyklopädie beurteilt werden muß, wo er zur Vollständigkeit des ganzen Systems unerläßlich ist. Berücksichtigt man den Liturgiebegriff, insofern er auf der Lehre von den drei Ämtern Christi aufruht, wird die eigentliche Auffassung des Autors sichtbar, so daß hier auftretende Ungereimtheiten nicht zu hoch bewertet werden dürfen.

## F. Der christliche Kult auf dem Hintergrund seiner Geschichte

Schon vor der Veröffentlichung seiner Enzyklopädie der theologischen Wissenschaften hat sich Staudenmaier definitiv dazu geäußert, wie die Archäologie, die Geschichte des christlichen Kultes, zu behandeln sei. In der Rezension zu Karl Rosenkranz' gleichnamigem Werk geht er mit dem Autor darin einig, die Archäologie nur auf die heiligen Handlungen, die heiligen Zeiten und die heilige Kunst zu beschränken und das hierarchische Moment dem Kirchenrecht vorzubehalten, bemängelt aber, daß dieser die Historie ohne die ihr zugrundeliegende Idee behandelt habe[398]. Zur Stellung der historischen Disziplinen — und das betrifft in Staudenmaiers Werk die Dogmen-, Liturgie- und Kirchengeschichte — legt er hier bereits fest:

„Alles, was ein historisch-fliessendes Moment hat, soll angereiht werden an die Wissenschaft, die seine Idee enthält und kann die Idee nicht ermittelt werden ohne das Historische, wie es bei der Idee der christlichen Religion der Fall ist, so verbinde man das mit einander, was zu ein ander gehört. Die Archäologie ist nur die Geschichte der Liturgie, und kommt natürlich hinter diese zu stehen[399]."

Daher verwundert es nicht, die Archäologie abweichend von der üblichen Darstellung „natürlich" am Ende von Staudenmaiers Enzyklopädie zu finden, eine Anordnung, die zu zeitgenössischer Kritik herausgefordert hat[400].

Staudenmaier geht davon aus, daß innerhalb der praktischen Theologie nur die Liturgie ein fließendes, also historisches Moment besitzt; deren Geschichte ist die Archäologie[401]. Aber ruft nicht diese Bezeich-

[398] Vgl. F. A. Staudenmaier, Rez. zu K. Rosenkranz, Encyklopädie: Religiöse Zeitschrift für das katholische Deutschland (Hrsg. Sengler), I/2 (1833) 190f.

[399] Ebd. 191.

[400] Die Kritik J. S. Dreys an Staudenmaiers Einteilungsschema wurde S. 35—38 dargestellt.

[401] Vgl. F. A. Staudenmaier, Enzyklopädie 1, § 129, 80.

nung der Liturgiegeschichte sogleich die Frage hervor, wie ernst die Behauptung zu nehmen ist, die Liturgie besitze ein fließendes Moment? Entweder gehört es zum Wesen des christlichen Gottesdienstes, historisch entstanden zu sein und sich in stetiger Entwicklung zu befinden. Dann müßte erkennbar bleiben, daß die Liturgie auch in Gegenwart und Zukunft „fließend" ist und zu jeder Zeit legitime Möglichkeiten zu Veränderung und Reform bestehen. Aber ist dann Archäologie der angemessene Ausdruck für Liturgiegeschichte? Oder aber der Autor ist davon überzeugt, daß die entscheidende Ausprägung des Gottesdienstes bereits im christlichen Altertum erfolgt ist und jede nachfolgende Epoche nur noch in Ausnahmefällen zur weiteren Ausgestaltung beigetragen hat. Wenn, wie zu vermuten ist, diese zweite Möglichkeit der Ansicht Staudenmaiers am nächsten kommt, wird sich dies an seinem geschichtlichen Abriß ablesen lassen; dann ist auch Archäologie die angemessene Bezeichnung für Liturgiegeschichte.

Archäologie wird definiert als „Geschichte der Entstehung und Bildung des kirchlichen Cultus[402]". Sie umgreift heilige Handlungen, heilige Zeiten und heilige Kunst[403]; die Lehre von den kirchlichen Personen zählt zum Kirchenrecht[404] und bleibt daher ausgeschlossen. Staudenmaier weist der Archäologie als Aufgabe zu, die Frage zu lösen, „wie der Geist des Christenthums sein religiöses Leben, welches Vereinigung mit Gott ist, durch den Cult zu verwirklichen gesucht habe, so weit dieser jene Vereinigung selbst in heiligen Acten darstellt, und zwar in den heiligen Zeiten und unter Mitwirkung der heiligen Kunst[405]". Da aber der Kult nur christlichem Geist entstammen darf, ist die Liturgiegeschichte immer zugleich auch „eine Archäologie des christlichen Geistes[406]". Wer also zu einem Urteil über die Formen des Kultes gelangen will, ist gehalten, sie „stets auf den ursprünglichen Geist des Christenthums und auf das Wesen dieses Geistes zu beziehen und nach dieser Beziehung zu würdigen[407]". Nicht die anfänglichen gottesdienstlichen Formen schlechthin, sondern der Geist des Ursprungs wird so zum Kriterium erhoben, an dem sich die weitere Entwicklung messen lassen muß.

In der Einteilung der Archäologie orientiert sich Staudenmaier in etwa an seinem ebenfalls in der Enzyklopädie mitgeteilten Aufriß der Dogmengeschichte; hier wie dort unterscheidet er drei große Zeiträume[408]: Der erste Zeitraum erstreckt sich über drei Perioden, die wie folgt abgegrenzt werden:

402 Ebd. § 1646, 786.
403 Vgl. ebd. § 1651, 787.
404 Vgl. ebd. § 1647, 786.
405 Ebd. § 1648, 787.
406 Ebd. § 1649, 787.
407 Ebd. § 1650, 787.
408 Der Dogmatiker Staudenmaier räumt der Dogmengeschichte einen erheblich größeren Raum ein als der Archäologie und Kirchengeschichte. Die Untergliederung erfolgt nach diesem Schema:
„I. Zeitraum.

1. Von Christus bis Konstantin d. Gr.,
2. von Konstantin d. Gr. bis Papst Leo d. Gr.,
3. von Leo d. Gr. bis Papst Gregor d. Gr.[409].

Während zum zweiten Zeitraum das ganze Mittelalter gerechnet wird[410], hält die neuere Zeit als dritter Zeitraum nach Meinung Staudenmaiers keinen Vergleich mit den vorangegangenen Epochen aus, so daß ihm jede Beschäftigung damit als nutzlos erscheint[411].

Um zu dokumentieren, welch unterschiedliche Bedeutung Staudenmaier den einzelnen Zeiträumen beimißt und welche Hervorhebung Altertum und Mittelalter erfahren, wie er die Akzente setzt und — vor allem — was an für die Liturgiegeschichte wichtigen Fakten unerwähnt bleibt, soll nun der Autor weitgehend selbst zu Wort kommen.

## I. Zeitraum

### 1. Periode:

„So lange die christliche Kirche eine verfolgte war, konnten sich im Cultus jene Formen nicht entwickeln, die durch äußere Freiheit bedingt

Die Entwicklung der christlichen Lehre in der Bewegung von dem unmittelbaren Glauben zur Analysis desselben; von Christus bis zum siebenten Jahrhundert.
II. Zeitraum.
Die Entwicklung der christlichen Lehre in der Bewegung von der Analysis zur Synthesis; vom siebenten Jahrhundert bis zur Wiederauflebung der Wissenschaften in der Mitte des fünfzehnten Jahrhunderts (1453).
III. Zeitraum.
Die Entwicklung der christlichen Lehre in der reinen Bewegung der Synthesis: von der Wiederauflebung der Wissenschaften bis auf die gegenwärtige, in ihren Strebungen noch nicht vollendeten Zeit."
Ebd. § 1381, 666f; vgl. auch die Periodisierung der Dogmengeschichte, in: Dogmatik I (1844) 201—330.
Gegen diese Einteilung hat schon Drey in seiner Rezension Bedenken erhoben. Lauchert, der ihn zitiert, urteilt: „Der wirkliche historische Gang läßt sich freilich nicht ohne Gewaltsamkeit unter ein solches logisches Schema bringen, und die vorgeführten Thatsachen durchbrechen vielfach die vom Schema vorgezeichneten Gesichtspunkte." F. LAUCHERT, Staudenmaier 247.

409 Vgl. F. A. STAUDENMAIER, Enzyklopädie 1, § 1653, 787.

410 Vgl. ebd. § 1667, 791.

411 Vgl. ebd. § 1676, 793.
Wenn auch bestimmte Daten der (westlichen) Liturgiegeschichte immer wieder als Anhaltspunkte für eine Einteilung dienen konnten (z. B. Gregor d. Gr., Karl d. Gr., Gregor VII., Konzil von Trient), hat sich doch bis heute keine einheitliche Periodisierung durchsetzen können. Vgl. die entsprechenden Kapitel in: L. EISENHOFER, Handbuch der katholischen Liturgik I, Freiburg 1932; T. KLAUSER, Kleine abendländische Liturgiegeschichte, Bonn 1965; HLit I (1963).

sind. Als die Christen sich in Katakomben versammeln mußten, konnten sie dem Herrn keine herrlichen Tempel errichten. Dieser Zustand dauerte mit mehr oder weniger Ausnahme fort bis durch Constantin d. Gr. die christliche Religion die Religion des Staates wurde."

„Die heiligen Zeiten zuerst betreffend, so gehört der gegenwärtigen Periode an die Feier des Sonntags, in welchen der jüdische Sabbath verwandelt wurde, aber mit der eigenthümlich christlichen Bestimmung; ferner die Feier der Erscheinung Christi; so wie die Feier des Oster- und Pfingstfestes; ungewiß ist, ob auch das Fest der Geburt Christi noch dem Ende dieser Periode angehört, oder dem Anfang der folgenden. Auch die Todestage der Märtyrer wurden gefeiert, und zwar meistens auf den Gräbern derselben. Der Todestag wurde aber mit tiefer Bedeutung der Tag der Geburt, Natalitien, genannt, weil der Zeuge für Christus an diesem Tage in das wahre Leben eingegangen ist."

„Die Versammlungsorte der ersten Christen waren Privathäuser, und zur Zeit der Verfolgungen bald das offene Feld, bald Höhlen, besonders die Begräbnißplätze (Katakomben). Doch werden schon im zweiten Jahrhundert Kirchen erwähnt und gegen das Ende des dritten gab es zum Theil schon prächtige Gebäude, wie die Kirche zu Nicomedia. Gewöhnlich wurden sie auf den Gräbern der Martyrer errichtet."

„Die wesentlichen Bestandtheile des Gottesdienstes sind die Verkündigung des göttlichen Wortes, die meistens in der Form der Homilie geschah, und die Feier des heiligen Abendmahles, verbunden mit der ganzen Opferhandlung. Mit der Feier des Abendmahles waren, wenn schon nicht immer, die Agapen verbunden, welche im fünften Jahrhunderte verschwanden. Bei der wirklichen Feier des Gottesdienstes bediente man sich als Symbole des Heiligen der Lichter, des Weihrauchs, des geweihten Wassers; auch Bilder der Heiligen schmückten den Tempel."

„Zur Feier des Gottesdienstes kommt die Spendung der Sakramente, der Taufe, wobei der Täufling untergetaucht wurde, der Firmung u. s. w. Auch die Todtenopfer gehören dieser Periode an. Das feierliche Begräbnis hatte schon im Judenthume Statt gefunden."

„Die Buße war eine öffentliche und eine strenge. Die Büsser mußten vier Stufen durchgehen, bis sie der Gemeinde wieder angehörten. Zuerst lagen sie, in Trauergewand gehüllt, vor der Kirchenthüre, wo sie die Eingehenden um Fürbitte anflehten (Fletus). Erst einige Zeit darauf wurde ihnen die Erlaubniß ertheilt, die Vorlesungen und Vorträge in der Kirche mit anzuhören (Auditio). Aber wenn der Gottesdienst seinen Anfang nehmen sollte, mußten sie sich entfernen. Auf der dritten Stufe wurde ihnen erlaubt, noch bei den Gebeten, aber knieend, anwesend zu sein, (Substratio). Auf der vierten ward ihnen endlich gestattet, auch der Feier des Abendmahles anzuwohnen, aber ohne selbst Theil zu nehmen (Consistentia). Erst wenn diese vier Stufen durchgemacht waren, legten sie ihr öffentliches Bekenntniß ab und erhielten die Lossprechung[412]."

[412] F. A. Staudenmaier, Enzyklopädie 1, §§ 1654—1659, 787ff.

2. Periode:

„In der zweiten Periode war es der Kirche vergönnt, all jene Formen aus sich zu entwickeln, welche dem Cultus dienen und ihn verherrlichen konnten. Der griechische Cultus, der in dieser Periode der vorherrschende war, charakterisirt sich aber bei all dem Reichthum, der durch Constantinus möglich geworden war, in Beziehung auf die Kunst doch durch eine gewisse Strenge und Nüchternheit; die Musik ist sparsam und mäßig, die Mahlerei steif und monoton, die Poesie schließt sich an den Psalm an, und ist meistens Hymnus. Was aber die Tempel angeht, so wurden zuerst die alten Tempel, die Basiliken, in christliche verwandelt. Erst als neue christliche Tempel erbauet wurden, entstand die byzantinische Architektur. Die einfachen und heiteren Formen der alten Baukunst wurden beibehalten, aber es wurde Alles emporstrebender, höher und weiter. Man bediente sich des Kreisbogens, der dorischen Säulen, der Kuppeln, und drang im Ganzen auf ein reines Maaßverhältniß."

„Die Festtage vermehrten sich in dieser und auch in der andern Periode, die wir beide nicht überall streng zu trennen vermögen. Mit Bestimmtheit finden wir in diesen Zeiten die Feste der Geburt Christi, seine Himmelfahrt und der Beschneidung. Den hohen Festen gingen Vigilien voraus."

„Die Taufe, wozu in der Nähe der Kirche oder im Vorhofe derselben ein eigenes Baptisterium gebaut wurde, war noch mit einem dreimaligen Untertauchen verbunden. Die dazu bestimmten Tage waren insbesondere die Vorabende von Ostern und Pfingsten, und das Fest der Erscheinung. Mit der Taufe wurde in der Regel die Firmung verbunden. Das Abendmahl wurde unter beiden Gestalten gereicht. Bei den Griechen herrscht dieser Gebrauch noch, in der lateinischen Kirche dauerte er bis ins zwölfte Jahrhundert[413]."

3. Periode

„Mit der dritten Periode tritt der römische Geist in den Cult der Abendländer ein. Durch ihn erhielt die Gottesverehrung ihre Würde und Hoheit, und die ganze heilige Symbolik ihren bestimmten, festen Charakter. Was Leo selbst Alles dafür gethan habe, kann mit voller Bestimmtheit nicht ausgemittelt werden; das aber ist gewiß, daß der Cult ihm in jeder Beziehung viel verdanke. Daß er die vierzigtägigen Fasten, und das Fasten an Quatembern eingeführt, die Ertheilung der Priesterweihe auf gewisse Tage festgesetzt, ist wohl sein wenigstes."

„Die Strenge der Bußdisciplin nahm nicht ab. Die öffentlichen Bekenntnisse aber, mit welchen Mißbrauch getrieben worden war, verminderten sich, da Leo d. Gr. die Privatbeicht nachdrücklich empfohlen hatte."

[413] Ebd. § 1660ff, 789f.

„Die heilige Poesie und der Kirchengesang wurde sehr verbessert durch Ambrosius und Gregor d. Gr. Der letztere bestimmte auch die Ceremonien der Messe, wie wir sie jetzt noch haben. Zuerst hielt sich an diesen Ritus nur die römische Kirche; später aber wurde er der allgemeine. Zu den bisherigen Festen kamen hinzu Mariä Lichtmeß, Mariä Geburt, Mariä Verkündigung und der Geburtstag des Johannes Baptista."

„Im festgestellten Ritus hat jeder Theil, so wie auch jedes besondere Sakrament, seinen eigenen Kreis, bewegt sich also als eine Totalität in mehreren Momenten, und zwar nur deßwegen, weil in der Einen Idee immer selbst wieder andere sind, die hervorgehoben und in Formen und Ceremonien symbolisirt werden. Es scheint beinahe, der christliche Geist könne sich nicht genugthun, weil er überall auf etwas Unerschöpfliches kommt, und im Hervorheben der unendlichen Fülle der Bedeutung kein Ende findet[414]."

## II. Zeitraum

„Der zweite Zeitraum umfaßt das ganze Mittelalter. Da aber der Ritus von Rom aus so bestimmt war, daß nicht leicht etwas gefordert werden könnte, um den Cult zu einem erhabneren und würdevollern zu machen, als er schon war; so blieb es größtentheils bei jenen Bestimmungen."

„Von Karl d. Gr. ist es bekannt, daß er für den heiligen Gesang vielfach sich bemüht habe. Religiöse Dichter gab es beinahe zu jeder Zeit. Ausgezeichnet aber ist vor Allen Prudentius, der noch der vorhergehenden Periode angehört. Auch Alcuin ist als solcher in seiner Zeit nicht unwichtig."

„Die öffentliche Buße wurde nur noch für öffentliche Verbrechen verordnet. In Absicht auf die Spendung der Sakramente blieb es wie es vorher war. Die Zahl der Heiligen vermehrte sich; für jeden Tag wurde das Beispiel eines andern vorgestellt; beinahe für alle individuellen Verhältnisse gab es Vorbilder, in welchen sich die Gnade des Herrn auf die mannigfachste Weise geoffenbart hatte. In den Festcyklus wurde noch durch Odilo von Clugny das Fest Aller Seelen aufgenommen und dieß, was nothwendig war, von der Kirche bestätigt."

„Die Sakramentalien müssen gleichfalls hier genannt werden, als die Weihen heiliger Orte und Geräthschaften, die Einsegnung der Kirchen, des Taufbeckens, des Kelches, der Glocke, des Friedhofes, des Gestorbenen."

„Von vieler Bedeutung war die Einführung der Orgel durch Papst Vitalion gegen Ende des siebenten Jahrhunderts."

„Der Ritus, wie er von Gregor d. Gr. bestimmt war, wurde von Gregor VII. allgemein eingeführt. Zu den Festen kamen im dreizehnten Jahrhundert das des heiligen Frohnleichnahms."

„Besonders aber ist die heilige Architektur in Erinnerung zu bringen. Es ist die gothische oder teutsche Baukunst, die hier zur Sprache kommt.

[414] Ebd. §§ 1663—1666, 790f.

In ihr stellte sich der religiöse Geist der Germanen selbst dar. Die Grundform war das Kreuz. Die Kreisbogen der byzantinischen Architektur erheben sich zu Spitzbogen, die Säulen werden zu Säulenbündeln, die Kuppeln zu Thürmen. Das ganze Gebäude war eine tiefsinnige Vorstellung des ganzen Weltalls; die Säulen, die Bilder himmelanstrebender Gedanken, in den mannigfaltigen Darstellungen und Vermischungen der Pflanzen- und Thierwelt sehen wir nur das Universum in seinen verschiedensten Formen, und auch das Geheimnißvollste ist angedeutet in den wunderbaren Verschlingungen der Gestalten. Bei all dem Colossalen und Grandiosen aber ist doch zugleich auch auf das Individuellste Rücksicht genommen, d. h. das Eine ist durchgebildet bis auf seine geringsten Theile hinab, und zwar so, daß auch der sonst unbedeutendste Theil in seiner ganzen Vollkommenheit erscheint, so daß das Eine vollkommen in seinen Theilen, und die Theile vollkommen in ihrem Ganzen erscheinen, und der Allgemeinheit wie der Besonderheit Genüge geschehen ist. Das Licht der Sonne bricht sich durch die gemahlten Fenster, und dadurch verbreitet sich in den unendlichen Räumen ein heiliges Dunkel."

„Die christliche Mahlerei behielt längere Zeit die steife Feierlichkeit der Griechen bei, bis sie sich endlich in Italien davon gänzlich befreite und durch Leonardo da Vinci, Michel Angelo Buonarroti und Raphael ihre höchste Höhe erstieg, die seitdem nicht wieder erreicht worden ist."

„Die heilige Musik, besonders der Gesang wurde gleichfalls in Italien zu ihrer beinahe möglichen Vollendung gebracht. Unsterbliches Verdienst hat sich dießfalls Palustrina erworben, der an Allegri, Lotti, Marcello, Caldara, Scarlatti, Durante, Leo, Jomelli, Pergolese u. A. Nachfolger hatte[415]."

III. Zeitraum.

„Der Protestantismus verhielt sich zur Kunst meistens feindselig. Sein Cult ist der dürftigste, den es geben kann. Die neuere Zeit steht aber überhaupt der frühern nach an wirklich genialen Erzeugnissen, weßwegen auch das ganze dritte Zeitalter in archäologischer Beziehung nichts mehr darbietet, was uns besonders zu beschäftigen im Stande wäre[416]."

Auch ohne die mitgeteilten Daten der Liturgiegeschichte im einzelnen zu untersuchen, kann Staudenmaiers Grundriß der Archäologie mit der eigenwilligen Hervorhebung bestimmter Akzente nur einseitig und unzureichend genannt werden. Das Ziel, die Geschichte der Entstehung und Bildung des gegenwärtigen kirchlichen Kultes wenigstens in Grundzügen darzustellen, wird nicht erreicht. Bezeichnend ist der totale Ausfall der Neuzeit, der für die Liturgie keine schöpferische Kraft mehr zugetraut wird, während andererseits positive neuzeitliche Entwicklungen

[415] Ebd. §§ 1667—1675, 791ff.
[416] Ebd. § 1676, 793.

der spekulativen Theologie durchaus Anerkennung finden[417]. Staudenmaiers Blickrichtung ist auf das christliche Altertum und Mittelalter fixiert. In der überhöhten und idealisierten Vergangenheit verwirklicht sich der christliche Gottesdienst zu seiner höchsten Vollendung. Ohne den Einfluß romantischen Gedankengutes ist diese Blickrichtung nicht zu erklären. Zwar fehlt hier jeder Hinweis auf Autoren, die Staudenmaiers Geschichts- und Kunstverständnis geprägt haben — in „Der Geist des Christentums" finden sich wenig später die entsprechenden Nachweise —, doch spricht gerade die Behandlung des Mittelalters für ein aus dem Geist der Romantik stammendes Verständnis. Deutlichstes Indiz dafür ist die bevorzugte Hinwendung zur Kunst. Da der Kult nach Staudenmaier im wesentlichen eine feste Form gefunden hat, gilt die ganze Aufmerksamkeit seiner künstlerischen Ausgestaltung. Mit der deutschen Romantik verherrlicht der Autor die gotische Baukunst als unübertrefflich und vollkommen, preist in Raffael den Höhepunkt christlicher Malerei und in Palestrina das Ideal heiliger Musik. Die Folgerung Staudenmaiers für die Gegenwart, die freilich hier nicht ausgesprochen wird, kann daher nur lauten, durch Rückbesinnung, also durch Restauration, diesen Idealzustand wieder herbeizuführen.

## G. Kult und Liturgie in der zweiten Auflage der „Encyklopädie der theologischen Wissenschaften" (1840)

Schon wenige Jahre nach dem Erscheinen der Enzyklopädie konnte Staudenmaier die zweite, stark erweiterte Auflage veröffentlichen. Ihr auf zwei Bände geplanter Umfang zeugt von dem Fleiß, den der Autor weiterhin in dies Werk investiert hat. Tatsächlich ist es dann aber nie zur vollständigen Herausgabe gekommen. 1840 erschien lediglich der erste Band, der mit mehr als 900 Seiten ganz der spekulativen Theologie gewidmet ist. Er enthält z. T. wörtliche Übernahmen aus der ersten Auflage, darüber hinaus jedoch auch beträchtliche Erweiterungen und Zusätze. Vor allem der Abschnitt über die Dogmatik wurde ganz neu gefaßt und nimmt nun das Dreifache seines früheren Umfangs ein. Die Darstellung der Moral blieb dagegen fast unverändert. Neu in der zweiten Auflage sind die den größeren Abteilungen angefügten Literaturverzeichnisse[418].

Der zweite Band, der die hier besonders interessierende praktische Theologie enthalten sollte, wurde zwar noch 1843 in einem Verlagsverzeichnis angekündigt[419], ist jedoch nicht mehr erschienen, so daß ledig-

[417] Vgl. ebd. §§ 1635—1645, 782—786.

[418] Einen Nachweis über die genannten Umarbeitungen führt F. LAUCHERT, Staudenmaier 232—239, 249.

[419] Vgl. ebd. 249.

lich aus dem ersten Band auf etwaige Änderungen und Ergänzungen im Liturgieverständnis Staudenmaiers geschlossen werden kann. Das Fehlen des umgearbeiteten zweiten Teils der Enzyklopädie mag man um so mehr bedauern, als der Autor angekündigt hatte, er werde innerhalb der praktischen Theologie sein Hauptaugenmerk auf die Liturgik und das Kirchenrecht richten[420].

Zunächst gilt es festzuhalten, daß Staudenmaier das bereits ausführlich dargestellte Ordnungsprinzip auch in der zweiten Auflage beibehält. Die (geplante) Abfolge lautet auch hier: spekulative, praktische und historische Theologie. Der in der Einleitung vorangestellte Aufriß der praktischen Theologie, auf den allein wir uns hier beziehen können, zeigt weitgehende Übereinstimmung mit dem der ersten Auflage, weist aber einige Nuancen auf, die auf eine Weiterentwicklung schließen lassen. Ein Vergleich beider Texte mag dies verdeutlichen:

„Wenn die Moral zwar lehrt, wie die christliche Wahrheit ins christliche Leben umgesetzt werden soll, so ist innerhalb der Kirche damit noch nicht genug geschehen, sondern es sind in ihr Institute eröffnet, die unmittelbar den Zweck haben, die göttliche Lehre zu verwirklichen und das Leben Christi in den Gläubigen zu gestalten. Dieß geschieht durch jene Functionen, durch deren ununterbrochene Uebung Christus als Prophet, Hohepriester und König lebendig durch die Kirche hindurch geht, also durch die lehrende, priesterliche und regierende Thätigkeit. Daher die praktische Theologie zunächst in zwei Hälften zerfällt, in die Lehre vom Kirchendienst und in die Lehre vom Kirchenregiment. Während die letztere insgemein als Lehre von der Hierarchie im Kirchenrechte abgehandelt wird, theilt sich der Kirchendienst in die Verkündigung und in die Vollziehung des göttlichen Worts. Die Verkündigung geschieht entweder an die Unmündigen, und dann ist die Lehre derselben Katechetik, oder an die Erwachsenen, und dann ist sie Homiletik. Die Vollziehung des Wortes aber geschieht theils durch Zucht, die eigentliche Erziehung, Disciplin, und dieß ist kirchliche Pädagogik; theils aber und vorzugsweise durch die wirkliche Feier der höchsten Momente des göttlichen in Christo ruhenden Lebens, in heiligen Handlungen zu verschiedenen heiligen Zeiten unter Mitwirkung der heiligen Kunst. Dieß ist der Cult der Religion, durch welchen die Versöhnung des Menschen mit Gott und die lebensvolle Einigung mit ihm sich vollzieht, und die Lehre von ihm die Liturgik. Das christliche Leben in seiner inneren Einheit stellt sich auch nach Aussen als eine Einheit dar und ist als ein Organisches das Leben der Kirche, welche der Leib Christi ist, die Erfüllung dessen, der Alles in Erfüllung vollendet. Wie sie aber aus einer innern Einheit hervorgegangen ist, so stellt sich die Kirche auch nach Aussen als äussere Einheit hin, und hat in dieser eine organische Gliederung, die Gliederung des lebendigen Leibes Christi. Diese äussere Einheit, die so eine organische Gliederung hat, ist die Kirche in ihrem äusserlichen Verhältnisse. Durch ihre innere und

420 Vgl. F. A. Staudenmaier, Enzyklopädie 2, VI.

äussere Stellung zu anderen Vereinen hat die Kirche gewisse unveränderliche und unveräusserliche Rechte, zu welchen auch noch veränderliche und zufällige kommen. Dieses Rechtsverhältniß im Innern und Aeussern stellt das Kirchenrecht dar, das als fliessendes Moment auch seine Geschichte hat. Und damit schließt sich die praktische Theologie[421]."

Ergänzend sei vermerkt, daß die Aussage über die Geschichte der Liturgie, die Archäologie, wörtlich mit dem Text der ersten Auflage übereinstimmt[422].

Der Textvergleich zum Aufriß der praktischen Theologie zeigt, daß sie in der zweiten Auflage noch deutlicher als bisher von ihrem ekklesiologischen Ansatz her dargestellt wird. Die Kirche ist so verfaßt, daß sie dem Ziel dient, „die göttliche Lehre zu verwirklichen" und, so ergänzt die zweite Auflage, „das Leben Christi in den Gläubigen zu gestalten". War bisher das kirchliche Handeln als „Lehren und Regieren" umschrieben worden, so wird nun mit dem Rückgriff auf die drei Ämter Christi die praktische Theologie auf ein neues Fundament gestellt. Die Kirche erreicht das ihr gesetzte Ziel durch die Ausübung

[421] F. A. Staudenmaier, Enzyklopädie 2, § 189, 91 f.
In der ersten Auflage lautete der Aufriß:
„Wie die Moral zwar lehrt, wie die christliche Wahrheit ins christliche Leben umgesetzt werden soll, so ist innerhalb der Kirche damit noch nicht genug geschehen, sondern es sind in ihr Institute eröffnet, die unmittelbar den Zweck haben, die göttliche Lehre zu verwirklichen. Dieß geschieht durch Lehren und Regieren. Daher die praktische Theologie in zwei Hälfte zerfällt, in die Lehre vom Kirchendienst und in die Lehre vom Kirchenregiment. Während die letztere insgemein als Lehre von der Hierarchie im Kirchenrechte abgehandelt wird, theilt sich der Kirchendienst in die Verkündigung und in die Vollziehung des göttlichen Worts. Die Verkündigung geschieht entweder an die Unmündigen, und dann ist die Lehre derselben Katechetik, oder an die Erwachsenen, und dann ist sie Homiletik. Die Vollziehung des Wortes aber geschieht theils durch Zucht, die eigentliche Erziehung, Disciplin, und dieß ist kirchliche Pädagogik; theils durch die wirkliche Feier der höchsten Momente des göttlichen in Christus ruhenden Lebens, in heiligen Handlungen zu verschiedenen heiligen Zeiten unter Mitwirkung der heiligen Kunst. Dieß ist der Cult der Religion, und die Lehre von ihm die Liturgik. Das christliche Leben als innere Einheit stellt sich auch nach Aussen als eine äussere Einheit dar. Diese äussere Einheit, die eine organische Gliederung hat, ist die Kirche in ihrem äusserlichen Verhältnisse. Durch ihre innere und zugleich durch ihre äussere Stellung zu andern Vereinen hat die Kirche gewisse unveränderliche und unveräusserliche Rechte, zu welchen auch noch veränderliche und zufällige kommen. Dieses Rechtsverhältniß im Innern und Aeussern stellt das Kirchenrecht dar, das als fliessendes Moment auch seine Geschichte hat. Und damit schließt sich die praktische Theologie."
F. A. Staudenmaier, Enzyklopädie 1, § 129, 79f.

[422] „In der praktischen Theologie hat für die Encyklopädie nichts ein fließendes Moment als die Liturgie. Die Geschichte derselben ist die Archäologie."
F. A. Staudenmaier, Enzyklopädie 1, § 129, 80. Ders., Enzyklopädie 2, § 190, 92.

ihrer lehrenden, priesterlichen und regierenden Tätigkeit. In dieser dreifach aufgegliederten Funktion lebt das prophetische, hohepriesterliche und königliche Amt Christi fort.

Die Lehre vom dreifachen Amt Christ, die nach Vorarbeiten in der reformierten und lutherischen Theologie an der Wende vom 18. zum 19. Jahrhundert zunehmend von katholischen Autoren übernommen wurde[423], findet sich zwar auch schon in der ersten Auflage der Enzyklopädie, wo sie den Abschnitt „Von dem Werke Christi"[424] bildet, neu ist jedoch ihre ausdrückliche Anwendung auf das Gebiet der praktischen Theologie. Erwartet man nun eine entsprechende Dreiteilung dieser Disziplin, so stellt man zunächst fest, daß Staudenmaier durchaus die herkömmliche Zweiteilung in Kirchendienst und Kirchenregiment beibehält. Dann aber zeigt die weitere Untergliederung des Kirchendienstes: dem prophetischen Amt entspricht die Verkündigung, dem hohenpriesterlichen die Vollziehung des göttlichen Wortes, während das Kirchenrecht dem königlichen Amt Christi korrespondiert. Deutlicher als in der ersten Auflage läßt Staudenmaier erkennen, daß er die Liturgik (zusammen mit der kirchlichen Erziehung) vom sazerdotalen Handeln Christi her versteht. Durch den Kult der Religion, der wiederum als „die wirkliche Feier der höchsten Momente des göttlichen in Christo ruhenden Lebens, in heiligen Handlungen zu verschiedenen heiligen Zeiten unter Mitwirkung der heiligen Kunst" definiert wird, vollzieht sich, so setzt Staudenmeier jetzt erklärend hinzu, „die Versöhnung des Menschen mit Gott und die lebensvolle Einigung mit ihm". Er wiederholt und bekräftigt damit, was er bereits in der ersten Auflage als Inhalt des priesterlichen Amtes dargestellt hatte: die Versöhnung und Vereinigung des Menschen mit Gott[425].

Da der zweite Band der Enzyklopädie mit der geplanten Darstellung der praktischen Theologie nicht veröffentlicht worden ist, steht also nur der Abschnitt über die drei Ämter Christi zur Verfügung, um weiteren Aufschluß über Staudenmaiers Liturgieverständnis zu geben. Wie die gesamte Dogmatik ist auch dieser Teil gegenüber der ersten Auflage wesentlich erweitert, umgearbeitet und durch Schriftstellen ergänzt. Weil Staudenmaier den christlichen Kult mit dem sazerdotalen Handeln Christi in Verbindung setzt und von dorther begründet, soll nun seiner Darlegung vom hohenpriesterlichen Amt Christi besondere Aufmerksamkeit gewidmet werden. In der ersten Auflage umfaßte sie nur wenige Seiten und stellte als die drei wesentlichen Momente heraus: Die vollkommene Gesetzeserfüllung oder den tätigen Gehorsam Christi, den versöhnenden Tod und die Vertretung der Gemeinde beim Vater[426]. Dieser Grundaussage werden wir auch in der zweiten Auflage wieder begegnen.

[423] Belege bei M. Schmaus, Art. Ämter Christi, in: LThK I (1957) 457ff.

[424] F. A. Staudenmaier, Enzyklopädie 1, §§ 683—703, 391—403.

[425] Vgl. ebd. § 1146, 592.

[426] Vgl. ebd. §§ 689—698, 394—401.

Das Erlösungswerk Christi besteht nach Staudenmaier darin, die Menschheit in eine bewußte, freie und lebendige Gemeinschaft mit Gott zu bringen. Christus verwirklicht und erfüllt dieses Ziel, indem er das Menschliche mit Göttlichem versöhnt und zu jener Einheit führt, aus der endlichem Wesen göttliches Leben mitgeteilt wird. In der Schriftstelle „Christus ist uns von Gott gemacht zur Weisheit, zur Gerechtigkeit, zur Heiligung und Erlösung“ (1 Kor 1,30), sieht der Autor die Hauptmomente der erlösenden Tätigkeit Christi zusammengefaßt und sagt über ihre gegenseitige Zuordnung: „Die Weisheit ist begriffen in der Lehre Christi; Gerechtigkeit aber, Heiligung und Erlösung ist That des Erlösers. Zwischen Gerechtigkeit, Heiligung und Erlösung ist aber selbst wieder das Verhältniß, daß die Erlösung, als die That Christi, Gerechtigkeit und Heiligung schon in sich schließt[427].“

Lehre und Tat Christi finden in der Dreigliedrigkeit seines Amtes ihren Ausdruck: „Soferne Christus göttliche Wahrheit lehrt, und darin ein Theil seines Berufes aufgeht, erkennen wir in ihm den Propheten; oder: Christus, sofern er göttliche Wahrheit lehrt, ist Prophet. Sofern er aber die erlösende Thätigkeit übt, und durch sie Gerechtigkeit und Heiligkeit bereitet, ist er Hohepriester. Zur That Christi gehört aber nicht nur, daß er die Welt erlöse, sondern daß er diese Erlösung auch fortsetze in einer Stiftung, in welcher er als Prophet und Hohepriester durch das Geschlecht hindurchgeht, und das Leben des Geschlechts lenkt und leitet. Diese Thätigkeit übt Christus als König. Und so zerfällt das Eine Amt des Welterlösers in drei Aemter, in das prophetische, hohepriesterliche und königliche[428].“

Staudenmaier betont, die Lehre von den Ämtern Christi sei nicht der Willkür entsprungen, sondern bereits in der Offenbarung des Alten Bundes vorgebildet. „Durch den Propheten wurde das höhere Gottesbewußtsein mitgetheilt; der Hohepriester brachte für das Volk das Opfer der Versöhnung; der König war das Haupt der Nation, er regierte sie nach dem Willen Gottes und er hielt sie in ihrer Kraft, Stärke und Einheit[429].“ Diese Funktionen geben Zeugnis von der Gottesherrschaft bei den Juden und werden nicht nur dem Namen nach, sondern in ihrem wesentlichen Gehalt auf Christus übertragen. Alle drei bisher getrennten Ämter sind in ihm vereinigt, „um anzuzeigen, daß sie im Erlöser wesentlich zusammengehören, und daß das neue göttliche Reich nur dann kommen könne, wenn jene Einheit der Functionen eine Einheit in Einer Person ist, so daß, wer ein neues, göttliches Bewußtsein bringt, und zwar das höchste, das es geben kann, und durch diese höhere und höchste Offenbarung auf eine neue heilige Gemeinschaft mit Gott hinweist, zu gleicher Zeit auch diese Gemeinschaft selbst stiftet, und die gestiftete sofort erhält und leitet. Christus verkündet daher sein

[427] F. A. Staudenmaier, Enzyklopädie 2, § 988, 644.
[428] Ebd. § 989, 644.
[429] Ebd. § 990, 645.

Reich als Prophet, er stiftet es als Hohepriester, und leitet es als König[430]."

In der Darstellung des hohenpriesterlichen Amtes Christi entfaltet Staudenmaier die Lehre von der Erlösung, wobei er sich nicht mit der Darlegung der objektiven, von Gott ausgehenden Tat begnügt und irrige Anschauungen zu widerlegen sucht, sondern die Notwendigkeit subjektiver Erlösung, d. h. der Aufnahme durch den Menschen in Freiheit gleichermaßen betont. Zwar vollbringt Gott die Befreiung des Menschen durch den objektiven Akt der Erlösung, „da aber die Erlösung keine magische Wirkung auf den Menschen äußern darf, weil sonst die Freiheit zurücktreten müßte, die zum religiösen Leben schlechthin erfordert wird; so wird Gott eine Anstalt gründen, in welcher die objektive Erlösung, die That Gottes, mit der subjektiven, der That des Menschen, zusammentreten kann, damit die wirkliche Erlösung mit ihrer Folge, welche die Einheit des Menschen mit Gott ist, nicht nur die That Gottes, sondern auch die That des Menschen, das heißt eben so eine That der Gnade wie der Freiheit sei[431]."

Dieser Gedankengang wird noch einmal ausdrücklich dort wiederholt, wo von der Erlösung durch das Leiden und Sterben Christi die Rede ist. Wer die Notwendigkeit der Lebenshingabe Christi leugnet, läuft nach Staudenmaier Gefahr, die Erlösung zu etwas Magischem und Zauberischem zu machen, „weil die objektive Erlösung nicht ohne die subjektive, das heißt weil durch die objektive Erlösung Niemand erlöst wird, ausser sie werde in ihm zugleich subjektiv vollzogen, weßhalb denn auch Christus eine Anstalt in der Kirche eröffnet hat, in der beide neben einander einhergehen, so daß Gnade und Freiheit gleichmäßig ihr Bestehen haben[432]."

Das priesterliche Amt Christi entwickelt Staudenmaier aus der Gegenüberstellung zum Hohenpriestertum des Alten Bundes, wobei in der Bewertung des alttestamentlichen Kultes im Vergleich von erster und zweiter Auflage eine Nuancierung und Milderung auffällt. Hatte es ursprünglich apodiktisch geheißen, dieser Kult sei ein totes Werk, nur zu seiner eigenen Abschaffung bestimmt[433], so wird diese Aussage später nicht mehr wiederholt, wohl aber auf die Unvollkommenheit und

[430] Ebd.

[431] Ebd. § 1003, 656.

[432] Ebd. § 1004, 660.

[433] „Das Gesetz, an welches der Hohepriester geknüpft war, war selbst nur in eine Schatten- und Scheinwelt eingeschlossen, es konnte somit die Sünde nicht tilgen; war daher kein wahrhaft entsündigendes Mittel; es erneuerte nur das Andenken an die Sünde; der Cultus sprach nur die Folgen und Wehen, so wie die Strafgerichte aus; er war todtes Werk, konnte kein Wohlgefallen vor Gott bewirken; das Blut der Thiere konnte nimmer ein Mittel der wahren Entsündigung werden. Der Cultus verlangte seine eigene Abschaffung, deutete hin auf das nothwendige Opfer durch einen ewigen Hohenpriester."
F. A. Staudenmaier, Enzyklopädie 1, § 691, 396.

menschliche Schwäche des Hohenpriestertums hingewiesen, um seinen weissagenden Vorbildcharakter deutlicher hervorzuheben. „Dieser Hohepriester war ... ein blos menschlicher, schwacher, mangelhafter, sündlicher, und daher in die Nothwendigkeit versetzt, für eigene Sünden Sühnopfer darzubringen; seine hohepriesterliche Verrichtung war daher unvollkommen, sie tilgte die Sünde nicht, war nicht versöhnend und ließ den Weg zum Himmel verschlossen; ihre wesentliche Bedeutung lag daher in etwas Anderem, und das ganze Hohepriesterthum war nur Vorbild und Verheißung eines ewigen wahren Hohepriesters. Dieser aber ist Christus[434]."

Aus den Aussagen des Hebräerbriefes zum Hohenpriestertum Christi, aus dem Zusammenwirken von göttlicher Liebe und Gerechtigkeit im Werk der Erlösung und aus dem Zusammenhang von objektiver und subjektiver Erlösung entwickelt Staudenmaier die wesentlichen Momente im hohenpriesterlichen Amt Christi. Es sind, und damit erfolgt der Rückbezug zur ersten Auflage: „1) seine vollkommene Gesetzeserfüllung oder sein thätiger Gehorsam, 2) sein versöhnender Tod und 3) die Vertretung der Menschheit beim Vater[435]." In der Darstellung dieser Momente steht das dogmatische Interesse im Vordergrund, Beziehungen zur christlichen Liturgie werden von Staudenmaier nicht ausdrücklich aufgezeigt. Da er jedoch den Kult als Feier der Versöhnung und Vereinigung des Menschen mit Gott versteht, ergeben sich auch unausgesprochen Berührungspunkte zwischen der Lehre von der Erlösung und vom Gottesdienst der Kirche. Diese gilt es nun hervorzuheben.

Der Gehorsam Christi, der sein ganzes Leben prägte und als stellvertretender Gehorsam Grund der Erlösung ist, gipfelt in seinem versöhnenden Tod. Auf das Leiden des Messias deuten die Weissagungen der Propheten hin[436], der Sinn seines Sterbens erschließt sich aus dem Vorbildcharakter des alttestamentlichen Opfers, das die unbedingte Hingabe an Gott und die absolute Selbstaufgabe des Opfernden symbolisiert[437]. Diese Idee des Opfers erlischt nicht mit der Ablösung des Alten Bundes. Sie bleibt erhalten und findet ihre höchste Erfüllung im Tod Christi. Er ist das stellvertretende Sühnopfer, durch das Christus Sünde, Schuld und Strafe der Menschen auf sich genommen und sie dadurch vor Gott gerecht gemacht hat[438]. Nach dem Zeugnis des Hebräerbriefes geht dieses eine, ewige Opfer durch alle Zeit fort, „und es kann nur dieß Eine ewig wiederholt werden; und dieß ist der Begriff des Einen und ewigen Hohepriesters[439]".

Der Gedanke, daß Christus, der Hohepriester, als Mittler des Neuen Bundes diesen nicht nur ein für allemal gestiftet hat, sondern ihn auch

434 Ders., Enzyklopädie 2, § 1007, 664.
435 Ebd. § 1019, 679.
436 Vgl. ebd. § 1024, 684.
437 Vgl. ebd. § 1024, 684f.
438 Vgl. ebd. § 1025, 686f.
439 Ebd. § 1027, 691.

fortwährend vermittelt[440], wird von Staudenmaier an dieser Stelle nicht weiter entfaltet. Mehr darüber sagt er im Abschnitt von den Sakramenten, der gegenüber der ersten Auflage mit häufigem Verweis auf die Lehre des Konzils von Trient neu geordnet und erweitert wurde. Auf den Zusammenhang zwischen dem einen, unwiederholbaren Opfer Christi und seiner Vergegenwärtigung in der kirchlichen Feier geht Staudenmaier in der Darstellung des „heiligen Abendmahles“ ein, das er unter dem doppelten Aspekt von Sakrament und Opfer behandelt. Ausgangspunkt ist der Gedanke von der ewigen Gegenwart Christi in seiner Kirche, dessen erlösende und versöhnende Kraft sich in ihrem Priestertum ununterbrochen fortsetzt[441]. Die Kirche hält das bleibende Dasein Christi in sich fest, sie fixiert es in wirklichen, lebensvollen Momenten, „und so geht der historische Christus als der Eine, wahre Hohepriester durch die Kirche hindurch, aber nicht als Etwas, was sein Dasein aufgegeben hat, und folglich im blosen Andenken besteht, sondern als Etwas, was sein Dasein ewig auf's Neue verkündet und bewährt in der Bildung und Heiligung des Lebens der Glieder der Kirche, die sein Leib ist. Während nun die Kirche diese ewige Gegenwart Christi in ihr als etwas Lebendiges feiert, und so Gott in seinem Sohne immerwährend ein Opfer darbringt, wird kein neues Opfer dargebracht, sondern nur das Eine ewig erneuert[442].“

Wenn Christus in seiner Kirche fortlebt und sich in ihr dem Vater als ewiges Opfer darbietet, so bedeutet das nicht nur eine Aussage über das Handeln des erhöhten Herrn, sondern erlaubt gleichzeitig Rückschlüsse auf das Selbstverständnis der christlichen Gemeinde. Wie schon in der ersten Auflage[443] ergänzt Staudenmaier daher seine Ausführungen zum Opfergedanken mit einem Hinweis auf die von Christus geformte und aus ihm lebende Gemeinde, die im Opfer Christi die Hingabe des eigenen Lebens vollzieht. Die subjektive Erlösung, ihre freie Annahme durch den Menschen, findet ihren höchsten Ausdruck in der Feier der Eucharistie, die so zum Mittelpunkt der christlichen Liturgie wird.

„Wie die Gemeinde bekennt, nur Einer sei, durch den sie gefallen könne vor Gott, nämlich Christus, so bekennt sie auch, mit dem Einen habe sie Alles geopfert, sie verzichtet auf jedes andere Opfer, und jedes Andere, was dem Irdischen angehört, habe an sich keinen Werth, wenn man auf das Ewige hinblicke. In Christo, der für uns Alles ist, opfern wir aber uns selbst, wir geben uns ganz ihm hin, und in ihm Gott, und wir sprechen diese Hingabe aus in den Worten, nach welchen wir bekennen, daß wir in Christo leben und sterben, daß wir ihm sind im Leben und im Tod. Somit kommt hier Alles in Vollziehung, was früher über die Aufnahme der Erlösung in's Innere des Menschen gesagt worden

[440] Vgl. ebd. § 1028, 691.
[441] Vgl. ebd. § 1141, 789f.
[442] Ebd. § 1141, 790.
[443] F. A. Staudenmaier, Enzyklopädie 1, § 760, 440f.

ist, bei welcher das Hauptmoment darin besteht, daß Christus der Grundtypus unseres Lebens ist, und daß folglich die Acte unseres Lebens die nachbildlichen Acte des Lebens Christi werden. In dieser großen Bedeutung ist denn auch die Messe der Mittelpunkt alles christlichen Cultus. Christus gibt sich in ihr ewig hin für die Welt; ebenso gibt sich aber auch die Gemeinde an ihn hin, und wird so durch die vereinte Thätigkeit, die göttliche und menschliche, in die Gemeinschaft mit Gott und Christo ewig hineingezogen, in welcher das Leben ein heiliges und wahrhaft unsterbliches ist[444]."

Hatte Staudenmaier den christlichen Kult als Feier des göttlichen in Christus ruhenden Lebens definiert, so wird nun deutlich, welcher Anspruch an die Liturgie feiernde Gemeinde sich hinter einer solchen Formulierung verbirgt. Die Betrachtung des hohenpriesterlichen Amtes Christi hat aufgezeigt, daß sein ganzes Leben „als ein ewiger Gehorsam, ein unausgesetztes Erfüllen des Willens seines Vaters[445]" verstanden werden muß, der im versöhnenden Tod am Kreuz seinen Höhepunkt findet. Die Erlösungstat Christi lebt als beständige Gegenwart in der Kirche fort, das Opfer Christi hat alle übrigen Opfer abgelöst und aufgehoben. Die Kirche bekennt daher, daß sie nur in Christus Gott gefallen kann, weil sie ihr Leben mit dem seinen verbunden hat. So wird die Brücke geschlagen zwischen der Aufnahme der Erlösung in das Innere des einzelnen Menschen und dem Anspruch, der sich daraus für die Kirche als Gemeinschaft der Glaubenden ergibt. Für beide Bereiche gilt, daß die Erlösung als Lebensgemeinschaft mit Christus verstanden werden muß. Weil aber Christus der Mittler der Erlösung ist, weist die Gemeinschaft mit ihm über sich selbst hinaus; sie ist die notwendige Voraussetzung zum Einswerden des Menschen mit Gott.

„Die Einheit des Menschen mit Gott wird vermittelt durch die Einheit des Menschen mit Christus. Um also mit Gott in eine bewußte und freie Lebensgemeinschaft treten zu können, und durch diese Eins mit ihm zu sein, ist es nothwendig, zuerst mit Christus bewußt und frei in lebendige Gemeinschaft zu kommen. Durch die Einheit mit Christus also werden wir Eins mit Gott[446]."

Die Lebensgemeinschaft mit Christus, in der die Einheit des Menschen mit Gott vermittelt wird, darf jedoch nicht statisch aufgefaßt werden. Sie ist ein stetiger Prozeß, der von den beiden Faktoren göttliche Gnade und menschliche Freiheit abhängt[447]. In diesem Vermittlungsprozeß bildet Christus nicht nur den objektiven Grund der Erlösung, sondern durch die Tätigkeit seines Geistes und der Gnade die stets wirkende Kraft, die den Menschen in seine Gemeinschaft zieht und dadurch heiligt. Die allgemeine Erlösung wird dadurch zur individuellen, daß sich der Mensch in die Lebensgemeinschaft mit Christus hin-

[444] F. A. Staudenmaier, Enzyklopädie 2, § 1141, 791.
[445] Ebd. § 1021, 681.
[446] Ebd. § 1050, 706.
[447] Vgl. ebd. § 1048, 705.

einbegibt und in dieser Einheit jeder Gegensatz zwischen ihnen aufgehoben wird. Christus wird so zur Seele des christlichen Lebens und zum Prinzip, aus dem sich dessen Tätigkeiten entwickeln. Das wahre, geheiligte Leben kommt erst dadurch zustande, daß der Mensch mit Christus zu einer moralischen Person wird und diese Einheit bedeutet, „daß die Acte unseres Lebens nur die nachbildlichen Acte seines Lebens seien[448]".

In der Lehre von der Rechtfertigung und Heiligung hat Staudenmaier diesem Satz als Erklärung hinzugefügt: „Christo dem Erlöser, in welchem als in dem wahren Adam die Idee des wahren Lebens offenbar geworden ist, muß das ganze Geschlecht geistig eingepflanzt werden, er muß sich in der Menschheit geistig wiederholen, die Idee seines und des wahren Lebens muß sich in jener durch und an ihm dadurch realisieren, daß sie ihren Geist, ihren Willen mit dem göttlichen einiget, durch ihn der Sünde stirbt und zu einem neuen verklärten Leben aufersteht[449]."

Wenn für den einzelnen erlösten Menschen gilt, daß Christus zum Grundtypus seines Lebens geworden ist und er durch ihn der Sünde stirbt, mit ihm aufersteht und unsterbliches Leben empfängt, wenn also die Akte seines christlichen Lebens zu nachbildlichen Akten des Lebens Christi werden, dann ist darin gleichzeitig eine Aussage über die Gemeinschaft der Erlösten enthalten. Sie darf nicht als die mehr oder weniger zufällige Zusammenkunft von Christen mißverstanden werden, stellt sie doch als lebendiger Organismus den Leib Christi dar, dessen Lebensprinzip der Heilige Geist ist[450]. Die Kirche lebt aus dem königlichen Amt Christi, dessen Inhalt in der ewigen Vermittlung seines prophetischen und hohenpriesterlichen Amtes besteht[451]. Den Mittelpunkt kirchlichen Kultes bildet die Feier der Eucharistie, in der sich Christus für die Welt hingibt, gleichzeitig aber auch die Gemeinde an ihn. In dieser Wechselbeziehung, die göttliches und menschliches Handeln vereint, vollzieht sich das Einheit stiftende und heiligende priesterliche Amt Christi, auf das die Gemeinde antwortet. Christus bleibt in ihr der ewige Mittler des Neuen Bundes, der sie in die Gemeinschaft mit sich und damit zu Gott hineinzieht und ihr heiliges und unsterbliches Leben schenkt[452].

Das dritte Moment im hohenpriesterlichen Handeln Christi, die Vertretung der Gemeinde beim Vater, erhält nach Staudenmaier deswegen keine eigene Darstellung, weil es in den beiden vorangegangenen Momenten bereits genügend berücksichtigt worden ist. Es genügt daher, hier deren gegenseitige Trennung kurz zu nennen und für unsere Vorstellung festzuhalten, „weil die Vertretung der Menschheit beim Vater ein für sich bestehendes Moment erfüllt, ohne welches weder der Gehorsam noch der Tod Jesu für das Geschlecht von Bedeutung

448 Ebd. § 1051, 707.
449 Ebd. § 1070, 721.
450 Vgl. ebd. § 1100, 751.
451 Vgl. ebd. § 1098, 748f.
452 Vgl. ebd. § 1141, 791.

und von Folgen sein würden[453]". Da aber Vertretung und Vermittlung schlechthin zusammengehören, ergibt sich daraus die für die Feier der Liturgie grundlegende Folgerung, „warum von nun an alle Angelegenheiten, Gebete, Bitten und Wünsche der Gemeinde zu Gott nur durch den Sohn gebracht werden können, und warum im Namen Jesu überhaupt Alles geschehen müsse, was das Verhältniß des Menschen zu Gott betrifft[454]".

Nach diesen Hinweisen, die sich aus der Lehre vom priesterlichen Amt Christi für das Liturgieverständnis Staudenmaiers ergeben, ist der folgende Abschnitt über das königliche Amt Christi[455] insofern erwähnenswert, weil aus ihm die gegenseitige Zuordnung der drei Ämter hervorgeht. Damit die objektive Erlösung Aufnahme durch den Menschen findet, also zur subjektiven Erlösung wird, bedarf es des königlichen Amtes Christi. Er ist König in seinem ewigen Reich, der Gemeinde, die er zu dem Zweck lenkt, leitet und regiert, um in und an allen Menschen die Erlösung zu verwirklichen. „Christus ist also König, damit er im Geschlechte ewig Prophet und Hoherpriester sei. Zu diesem Zwecke stiftet er eine Kirche, in welcher er als ihr Haupt, als ihr Herr und Regent gegenwärtig ist bis zum Ende der Tage[456]."

Die Kirche, in der Christus unmittelbar gegenwärtig ist und deren Mitte und Einheit er selber bildet, entspringt seiner ewigen Königsherrschaft. In ihr setzt er sein erlösendes Wirken in dieser Zeit, sein Propheten- und Hohepriesteramt fort. „Das königliche Amt Christi hat demnach zu seinem Inhalte die ewige Vermittlung jener beiden ersten Aemter Christi, des prophetischen und des hohenpriesterlichen; so ist er als König der Vermittler seiner selbst für das Geschlecht, um durch dieses für alle Zeiten als Prophet hindurchzugehen, damit in Folge dieses Hindurchgehens eine ewige Verkündigung der göttlichen Wahrheit und eine ewige Erlösung, durch diese aber eine ewige Versöhnung der Menschheit mit der Gottheit sei[457]."

Dem königlichen Amt Christi entsprechen seiner Bestimmung gemäß die beiden Abschnitte von der Aufnahme und der Fortsetzung der Erlösung im Grundriß der Dogmatik, die wie folgt untergliedert sind:

Von der Aufnahme der Erlösung[458].
1. Von Gnade und Freiheit.
2. Von der Rechtfertigung und Heiligung.
3. Vom Glauben und vom Werke.

Von der Fortsetzung der Erlösung[459].

[453] Ebd. § 1032, 695.
[454] Ebd. § 1032, 695.
[455] Vgl. ebd. §§ 1034—1037, 696—699.
[456] Ebd. § 1035, 697.
[457] Ebd. § 1098, 749.
[458] Vgl. ebd. §§ 1048—1093, 705—716.
[459] Vgl. ebd. §§ 1094—1210, 746—845.

Lehre von der Kirche.

I. Die Lehre von der Kirche an sich und vom Leben der Kirche.

1. Von der Stiftung der Kirche.
2. Von dem Wesen und dem Charakter der Kirche.
3. Von den Sakramenten[460].
4. Von dem innern Leben der Kirche oder von dem Geiste der Gemeinschaft.
5. Vom Gebet im Namen Jesu.

II. Von der Vollendung der Kirche.

[460] Die Lehre von den Sakramenten kann als ein weiteres Beispiel dafür gelten, wie Staudenmaier im Vergleich von erster und zweiter Auflage seine Auffassung überprüft und dementsprechend Veränderungen und Umstellungen in der Enzyklopädie vorgenommen hat.
In der ersten Auflage setzt Staudenmaier die Priesterweihe „der wissenschaftlichen Stellung nach" an den Beginn der Aufzählung und Abhandlung der Sakramente:
„Im Priesterthum, das Christus selbst eingesetzt hat und das somit göttlich geordnet ist, spiegeln sich die drei Aemter Christi ab, oder sie treten lebendig in die Gemeinde ein, das prophetische, hohepriesterliche und königliche: das erste durch die ununterbrochene Verkündigung der ewigen Wahrheit, das zweite durch die Spendung der Sakramente und die Ausübung der Gewalt der Schlüssel, die Gewalt somit zu lösen und zu binden, das dritte durch die hierarchische Ordnung, die in der Kirche besteht und auf welcher die Kirche in ihrer äussern Gestaltung selbst beruht. Das Priesterthum hat, wie schon bemerkt, seinen historischen Anfang in Christus, der, um es fortzusetzen, die Apostel und Jünger erwählte, und ihnen den Auftrag gab, seine Lehre weiter zu verbreiten, die Sakramente zu spenden und die Gemeinde zu regieren. Die Bischöfe, als die Nachfolger der Apostel, legen die Priestergewalt in den Presbytern nieder, indem sie dieselben, unter Handauflegung und Gebet zu Dienern der Kirche weihen, wie sie selbst dazu geweiht und gesalbt sind. In seinen Functionen erscheint der Priester in seiner ewigen Idee, wodurch die individuelle Persönlichkeit nach der endlichen gebrechlichen Seite aufgehoben ist."
F. A. Staudenmaier, Enzyklopädie 1, § 753, 434.
In der zweiten Auflage zeichnet sich insofern eine Weiterentwicklung ab, als der Abhandlung der sieben Sakramente grundlegende Gedanken zum Zusammenhang zwischen Kirche und Sakramenten und zur Einheit der Sakramente („an sich gibt es nur Ein großes Sakrament", § 1124, 769) vorausgeschickt werden.
Die Reihenfolge der Sakramente ist neu geordnet. Sie weicht dadurch von der tridentinischen Abfolge ab, als Staudenmaier das Leben des Individuums zum Ordnungsprinzip erhebt. Die Priesterweihe wird dabei von ihrer bevorzugten Stellung verdrängt, am Beginn steht jetzt die Taufe. Es folgen: Firmung, Buße, heiliges Abendmahl, Ehe, Priesterweihe und letzte Ölung.
Ein Vergleich zeigt, daß die Darstellung des Sakramentes der Priesterweihe (ohne Erwähnung der Diakonen- und Bischofsweihe) weitgehend dem Wortlaut der ersten Auflage entspricht, jedoch mit zahlreichen Schriftverweisen erweitert wurde.
Vgl. F. A. Staudenmaier, Enzyklopädie 2, § 1143, 798—801.

## H. Franz Anton Staudenmaiers Einfluß auf die Liturgiewissenschaft seiner Zeit

### 1. Johann Baptist Lüft

Als Staudenmaier im Jahre 1830 nach Gießen berufen wurde, trat gleichzeitig mit ihm Johann Baptist Lüft[461] seine dortige Lehrtätigkeit in den Disziplinen Moral und Praktische Theologie an. Zwischen den beiden jungen Kollegen herrschte nicht nur gutes Einvernehmen, auch in der Auffassung vom Gottesdienst der Kirche und seiner wissenschaftlichen Darstellung bestand zwischen dem Dogmatiker und dem Pastoraltheologen weitgehende Übereinstimmung[462]. Ihre Zusammenarbeit dokumentiert sich in der Herausgabe der Jahrbücher[463], in denen sie Aufsätze und Rezensionen veröffentlichten.

Das volle Ausmaß der gegenseitigen Einflußnahme läßt sich heute kaum noch rekonstruieren. Franz Xaver Arnold geht davon aus, daß die heilsgeschichtliche Begründung der Liturgie durch Staudenmaier, der bereits Drey vorgearbeitet hat, für Lüft und später für Fluck bestimmend gewesen ist[464] und die Abkehr von der ethisch-anthropologischen Grundlegung bewirkt hat, wie sie von Schmid[465] vertreten wurde. Andererseits wird man die bisher zu wenig beachtete Einwirkung nicht übersehen dürfen, die vermutlich von Lüft auf Staudenmaier ausgegangen ist. Kennzeichnend dafür ist der prinzipielle Aufsatz[466], den Lüft 1834 zu den Jahrbüchern beigesteuert hat und der vor der im gleichen Jahr datierten Enzyklopädie Staudenmaiers vorgelegen haben muß, denn das Werk fehlt in der angegebenen Literaturliste[467]. Die oft frappierende Übereinstim-

[461] Johann Baptist Lüft, geb. 29. 3. 1801 in Hechtsheim bei Mainz; theol. Studium in Mainz; 1824 Priesterweihe; zunächst Gymnasiallehrer, seit 1829 Professor der Exegese am Priesterseminar in Mainz; 1830 Pfarrer in Gießen, gleichzeitig Professor für Moral und Pastoral an der neuerrichteten kath. Fakultät; 1835 Stadtpfarrer, Dekan und Oberschulrat in Darmstadt; 1857 Oberstudienrat; gest. 24. 4. 1870 in Darmstadt.
Biogr. Übersicht nach dem Art. Lüft, Johann Baptist, von Reusch, in: ADB 19 (1884) 622;
Kosch KD 2702;
E. Jerg, in: LThK VI (1961) 1197.

[462] Vgl. A. Scholz, Materialien zur Biographie Franz Anton Staudenmaiers (1800—1856): ThQ 147 (1967) 216f.

[463] Jahrbücher für Theologie und christliche Philosophie, hrsg. von Kuhn-Locherer-Lüft-Staudenmaier, 7 Bde., Frankfurt 1834—1835, Mainz 1836.

[464] Vgl. F. X. Arnold, Grundsätzliches und Geschichtliches 142.

[465] F. X. Schmid, Liturgik der christkatholischen Religion, 3 Bde., Passau 1832—1833.

[466] J. B. Lüft, Principien über Cultus und Liturgie: Jahrbücher I (1834) 55—96.

[467] Vgl. ebd. 56. Lüft erfaßt die Literatur bis 1832 und nennt die kath. Autoren Winter, Sailer, Hirscher, Jauffret, Schmid, Reichenberger und die prot. Autoren Hüffell, Rosenkranz.

mung zwischen beiden Autoren, auf die bei der ausführlichen Darstellung der Enzyklopädie bereits mehrfach hingewiesen wurde, läßt es nicht ausgeschlossen erscheinen, daß in diesem Fall Staudenmaier von der Arbeit seines Kollegen profitiert hat, wenn er auch einige Akzente anders setzt.

Die beiden genannten Arbeiten zeigen an, daß mit dem Jahr 1834 ein bedeutender Einschnitt für die Liturgiewissenschaft anzusetzen ist. Dieser Eindruck verstärkt sich noch, nimmt man die im gleichen Jahr veröffentlichte Rezension Lüfts zu Schmidts Liturgik[468] hinzu, in der das Fehlen einer wissenschaftlichen Grundlegung bedauert, die Überbetonung des moralischen Nutzens kritisiert und zum ersten Mal gefordert wird, die Gesamtdarstellung müsse in einen allgemeinen Teil der liturgischen Prinzipien und in einen besonderen der liturgischen Formen[469] zerfallen. Die zuletzt genannte Forderung hat Lüft in seinem eigenen, unvollendeten Handbuch[470] durchzuführen versucht, sie ist bis heute für alle Kompendien der Liturgiewissenschaft bestimmend geblieben. In Staudenmaiers Enzyklopädie deutet sie sich durch die vorangestellte, allgemeine Bestimmung von Wesen und Eigenschaften des Kultes an, der die Ausführungen zu heiligen Handlungen, heiligen Zeiten und heiliger Kunst nachgeordnet sind.

Zwar ist Lüfts Hauptwerk, die Liturgik, erst zehn Jahre nach Staudenmaiers Enzyklopädie erschienen, doch bemerkt er in der 1843 verfaßten Vorrede, daß sein Lehrbuch auf den neun Jahre zurückliegenden Vorlesungen in Gießen[471] beruhe. Es rückt damit inhaltlich unmittelbar an den hier besprochenen Zeitpunkt heran. Berücksichtigt man ferner den Erscheinungstermin der ersten Auflage von Staudenmaiers „Der Geist des Christentums", das Jahr 1835, so bestätigt sich die erstmals von F. X. Arnold vorgetragene Periodisierung der Liturgik des 19./20. Jahrhunderts[472]. Er unterscheidet hinsichtlich der Begründung und Sinngebung der Liturgie drei Stadien der Entwicklung. Deren erstes wird geprägt durch eine noch der Aufklärung verpflichtete ehtisch-anthropologische Kultbegründung; ihr bedeutendster Vertreter ist F. X. Schmid. Im zweiten Stadium herrscht die heilsgeschichtliche Konzeption vor, die durch Namen wie Staudenmaier, Lüft und Fluck geprägt wird. Sie kann sich jedoch in der Folgezeit nicht behaupten und rückt hinter einer anthropologisch-psychologischen Grundlegung an die zweite Stelle. Für dieses Stadium stehen die Namen von V. Thalhofer, L. Eisenhofer und R. Stapper.

Gewiß vollzogen sich die Übergänge zwischen den einzelnen Perioden nicht abrupt, sondern fließend, darauf deutet schon hin, daß Schmids

468 J. B. Lüft, Rez. zu F. X. Schmid, Liturgik der christkatholischen Religion: Jahrbücher III (1834) 229—237.

469 Vgl. ebd. 234.

470 J. B. Lüft, Liturgik, oder wissenschaftliche Darstellung des katholischen Cultus, 2 Bde., Mainz 1844—1847.

471 Vgl. J. B. Lüft, Liturgik I (1844) III.

472 Vgl. F. X. Arnold, Grundsätzliches und Geschichtliches 135—149.

Liturgik noch 1840—1842 in einer dritten, überarbeiteten Auflage erscheinen konnte, doch läßt sich der Beginn des zweiten Stadiums ziemlich exakt bestimmen. Er wirkt markiert durch die ersten Veröffentlichungen der Gießener Theologen Lüft und Staudenmaier.

Staudenmaiers Beiträge zur Liturgie werden von Lüft stets anerkennend erwähnt und zur Begründung der eigenen Darlegungen gern zitiert; das Werk „Der Geist des Christentums" nennt er „eine durch geistvolle Auffassung und Darstellung ausgezeichnete Schrift[473]". Wesentlich höher aber ist der Einfluß zu bewerten, der durch die Enzyklopädie auf ihn eingewirkt hat und der bisher zu wenig beachtet wurde, weil Staudenmaier in der Erforschung der Liturgiegeschichte fast ausschließlich als Verfasser des erbaulichen, für einen weiteren Leserkreis bestimmten „Der Geist des Christentums" gilt, während die wissenschaftlich anspruchsvollere Enzyklopädie oft übergangen wird. Lüft dagegen schätzt das Verdienst ihres Autors für die Grundlegung allgemeiner Prinzipien des Kultes sehr hoch ein und attestiert ihm, Vorzügliches geleistet zu haben[474].

Einig sind sich Lüft und Staudenmaier in der heilsgeschichtlichen Begründung des Kultes. „Der Grundgedanke des christlichen Glaubens und Lebens ist die Erlösung durch Christus[475]." Christus ist der von Gott gesandte Retter der Welt, das Urbild des Menschen, der das menschliche Geschlecht durch das Vorbild seines Lebens und die Wahrheit seiner Lehre wieder zu seiner eigentlichen Mitte zurückführt. Er stellt sich an die Spitze aller, um für alle vollkommenen Gehorsam zu leisten und darin Erlösung zu bewirken. Zwar steht sein gesamtes Wirken unter dem Auftrag des Vaters, doch ist die Erlösung besonders „an den großen Schlußact des irdischen Lebens des Erlösers, seinen weltversöhnenden Tod geknüpft". Sein Sterben offenbart „das höchste Moment des Gehorsams und der freien Selbstaufopferung", es ist Loskauf mit Blut zur Vergebung der Sünden. „Durch seinen Gehorsam und seinen versöhnenden und erlösenden Opfertod ist Christus unser Mittler beim Vater geworden, und seine Erlösung ist ein ewiger, nie versiegender Quell des Lichtes und der Gnade für Alle, die sich ihm gläubig nahen. In ihm und durch ihn nahen wir uns Gott, feiern unsere Gemeinschaft und Vereinigung mit ihm, erhalten wir Gnade, haben wir das wahrhaftige Leben, erhalten wir das ewige Leben[476]."

An der Erlösung erhält der Mensch Anteil, wenn er in innige Lebensgemeinschaft mit Christus eintritt. „Nur in dieser Gemeinschaft mit Christus wird seine That die unsere, seine Erlösung die unsere, wird sein Opfer und sein Verdienst das unvollkommene Opfer unsers Willens ergänzen, und nur in ihr kommen wir in die Gemeinschaft mit dem Vater." Durch Glauben, christliches Leben und

[473] J. B. Lüft, Liturgik I (1844) 30f Anm.
[474] Vgl. ebd. 32.
[475] Ebd. 42.
[476] Ebd. 44.

Gebet wird der Zugang zu dieser Gemeinschaft eröffnet, „auf eigenthümliche und reale Weise aber durch die christlichen Heilsgüter, die Sacramente, und vorzugsweise durch das große Sacrament der Communion, die Feier der Eucharistie[477]“. Der erlöste Mensch erfährt die Vereinigung mit Gott in einer sakramentalen oder mystischen Beziehung zur Person Christi.

Die Kirche setzt die erlösende Tätigkeit Christi fort. „Sie ist sonach eigentlich der durch alle Zeiten erscheinende, fort und fort erlösende Christus selbst[478].“ Sie ist das eine, ursprüngliche Sakrament, „in welchem Alle die Mittheilung des in Christus ruhenden göttlichen Lebens empfangen, und jenes göttlich menschliche Institut, in welchem sich das rechte Bewußtseyn des christlichen Glaubens erhält und fortpflanzt, der göttliche Geist und die Fülle der göttlichen Segnungen sich dem Leben der Menschen mittheilt[479]“.

Für Lüft erwächst das rechte Verständnis für die Liturgie aus der Soteriologie und Ekklesiologie. Daher muß die Liturgik bei der Erarbeitung ihrer Prinzipien auf positive, geschichtliche Grundlagen, letztlich auf Christus selbst und den Aposteln aufbauen. Aber es wäre eine Verkürzung, wollte man nur die historische Entwicklung des Gottesdienstes als sein geschichtliches Element betrachten, er besitzt es auch insofern, „als er die Geschichte selbst, das Leben Jesu und der Kirche in seinen wichtigern Momenten in seinen Umkreis aufnimmt. Vorzugsweise dadurch entsteht das Kirchenjahr mit seinen Festen und heiligen Zeiten[480].“

In der Zweckbestimmung des öffentlichen, gemeinsamen Gottesdienstes weichen Staudenmaier und Lüft voneinander ab. Staudenmaier definiert den Kult als Feier des göttlichen, in Christus ruhenden Lebens und bestimmt den Zweck vor allem sakramental-heilshaft: Verwirklichung der Versöhnung und Vereinigung mit Gott. Anders dagegen Lüft. Gegenüber Einseitigkeiten der Vergangenheit dringt er darauf, einen möglichst umfassenden Liturgiebegriff zu erhalten. Nach seinem Verständnis ist der Kult „das Institut zur unmittelbaren äussern Darstellung nicht bloß der subjectiven, sondern auch der objectiven Religion, und nicht bloß zur Darstellung der Religion, sondern auch zur Vermittelung der religiösen Erleuchtung und Erbauung einer religiösen Gemeinschaft und ihrer einzelnen Glieder[481]“. Zur vollen, dialogischen Struktur muß aber noch ein wesentliches Element hinzutreten, das mystische oder sakramentale, erst dann ist eine vollständige Wesensbeschreibung möglich:

„In der Religion gibt es nämlich nicht bloß ein Verhältnis des Menschen zur Gottheit, sondern auch der Gottheit zum Menschen. Wir fühlen

[477] Ebd. 46.
[478] Ebd.
[479] Ebd. 47.
[480] Ebd. 15.
[481] Ebd. 40.

nicht bloß den Drang, in Demuth vor dem Geiste der Geister zu beten und anzubeten und seinen Namen zu preisen, sondern wir bedürfen auch Gottes, seiner Gemeinschaft, seines Geistes und seiner Gnade. Das höchste Streben aller Culte war daher von jeher, in demselben und durch ihn das Daseyn und die Nähe der Gottheit symbolisch zu repräsentieren, und die Gemeinschaft mit ihr, ihre Versöhnung und Hülfe zu vermitteln[482]."

Aus diesen Vorüberlegungen resultiert als Ergebnis: „Hiernach wird der Cultus im Allgemeinen als die Gesammtheit der heiligen Handlungen und Formen einer religiösen Gemeinschaft zur unmittelbaren äussern Darstellung der innern Religion, zur Erhaltung und Fortführung des religiösen Bewußtseyns und Lebens, und zur Vermittelung der göttlichen Gemeinschaft und Gnade bezeichnet werden müssen, oder auch als die Gesammtheit der heiligen Handlungen und Formen, durch welche das religiöse Verhältniß einer Gemeinschaft oder ihrer einzelnen Glieder zur Gottheit und der Gottheit zur Gemeinde unmittelbar dargestellt und vermittelt wird[483]."

Der Zweckbestimmung des öffentlichen Gottesdienstes widmet Lüft eine ausführliche Darstellung. Er unterscheidet drei Hauptzwecke, wobei er den latreutischen an die erste Stelle rückt, dem der ethische und sakramentale nachgeordnet werden. Diese Bewertung fügt sich in den Gesamtzusammenhang des Werkes ein, wenn man bedenkt, daß es auch in der Absicht verfaßt wurde, das von der Aufklärungsphilosophie in die Liturgie eingeführte moralische Utilitätsprinzip zu überwinden und dem Satz Kants zu widersprechen: „Es gibt keine besonderen Pflichten gegen Gott[484]."

Lüft handelt deshalb zunächst vom „Ausdruck des religiösen Lebens der Kirche, der Gemeinde und ihrer einzelnen Glieder[485]" und schließt mit dem sakramentalen Zweck, der die „Vereinigung mit Gott und reale Zuwendung der göttlichen Gnade[486]" zum Inhalt hat. „Ohne ihn", urteilt Lüft, „wäre dieser (sc. gemeinschaftliche Cultus) kein christlicher Cult und würde aller mystischen Weihe, aller Göttlichkeit und höhern Kraft entbehren. Im Gegentheil bildet erst das sacramentale oder mystische Element den eigentlichen Culminationspunkt und den alle übrigen Theile zusammenschließenden und complirenden Akt des Gottesdienstes. Denn auch das Gebet der Gemeinde und die Anbetung, ihr Flehen um Gottes Geist und Gnade, erhält erst in der realen Gemeinschaft Christi seine volle Bedeutung und Erfüllung.

Zwei Factoren bilden sonach die Grundlage des öffentlich-gemeinschaftlichen Cultus, eine göttliche und eine menschliche Thätigkeit, die Erhebung des Menschen zu Gott und die Herablassung Gottes zum

[482] Ebd. 40f.
[483] Ebd. 41.
[484] Vgl. ebd. 225.
[485] Vgl. ebd. 211.
[486] Ebd. 340.

Menschen. Er ist die Offenbarung des göttlichen und des menschlichen Geistes. Hier begegnen sich die objectiven und subjectiven Momente der Religion; Anbetung und Gnade, die höchste Verklärung der menschlichen Andacht und der höchste Act der göttlichen Liebe und Barmherzigkeit schließen sich in eine große Einheit zusammen[487]."

## 2. Jakob Fluck

Jakob Fluck[488] erhielt 1842 die Berufung an die katholisch-theologische Fakultät in Gießen, als Lüft und Staudenmaier sie schon seit mehreren Jahren verlassen hatten. Ein mündlicher Austausch, wie wir ihn für die beiden letztgenannten Kollegen annehmen dürfen, konnte also nicht mehr stattfinden. Aber er greift gern auf ihre Vorarbeiten zurück, „Der Geist des Christentums" wird von ihm als Quelle zitiert[489].

Als Autor einer Liturgik[490] fußt Fluck auf dem Werk von Lüft. Wie sein Vorgänger sucht er das Handbuch F. X. Schmids zu übertreffen, in dem zwar zum ersten Mal das ungeheuer angewachsene Material in eine Ordnung gebracht wird, das jedoch, wie auch er meint, wissenschaftlichen Ansprüchen nicht genügen kann. „Was wir an diesem Werke vermissen — und hierin erblicken wir auch den tiefsten Grund des Mißlingens — ist die richtige Erfassung der Idee, die dem ganzen Kultus zu Grunde liegt, seines innigen und nothwendigen Zusammenhanges mit der Erlösung selber. Eine nothwendige Folge hievon ist die unnatürliche Zersplitterung des Stoffes. Wenn aber auch die Form dieses Werkes Manches zu wünschen übrig läßt, so darf ihm doch ein hoher Werth nicht abgesprochen werden. Denn es kann als ein vortreffliches liturgisches Archiv gelten. Und wir gestehen gern, daß wir ihm in materieller Beziehung Vieles zu verdanken haben[491]."

Ungleich positiver fällt Flucks Urteil über Lüfts unvollendete Liturgik aus, denn deren Verfasser hat sich „ein unsterbliches Verdienst" um die Liturgiewissenschaft erworben, „weil er wenigstens die Grundlinien für ihren Aufbau geliefert hat[492]". Das zusammenfassende Urteil über die gesamte Fachliteratur des 19. Jahrhunderts lautet: „Um die wissen-

[487] Ebd. 343.

[488] Jakob Fluck, geb. 29. 11. 1810 in Niederbrechen/Nassau; theol. Studium in Limburg; 1839 Pfarrer in Weilburg; 1842—1859 Professor an der kath.-theol. Fakultät in Gießen, die mit seiner Pensionierung auch staatlich aufgehoben wurde, nachdem 1851 die kirchliche Auflösung erfolgt war; seit 1848 gleichzeitig Pfarrverweser in Gießen; gest. 2. 6. 1864.
Biogr. Übersicht nach dem Art. Fluck, Jakob, von: Lutterbeck in: ADB 7 (1878) 135;
Kosch KD 790.

[489] J. Fluck, Liturgik II (1855) 251, 701.

[490] J. Fluck, Katholische Liturgik, 2 Bde., Regensburg 1853—1855.

[491] Ebd. I (1853) IV.

[492] Ebd. IV.

schaftliche Behandlung des Kultus haben sich unter den zuletztgenannten Schriftstellern Franz Xav. Schmid, besonders aber Staudenmaier und Lüft große Verdienste erworben. Mit dem Erscheinen ihrer Werke tritt die Liturgik in ein neues Stadium[493]."

Fluck liegt auf einer Linie mit seinen Vorbildern, wenn er die geschichtliche Tat der Erlösung als Fundament des kirchlich gegebenen Kultes ansieht. Nicht von außen herangetragene Theorien vermögen ihn wissenschaftlich zu erfassen, sondern es gilt, die ihm zugrundeliegende Idee aufzuspüren und ihn als Einheit und Organismus zu begreifen. Diese Grundidee spricht Fluck in der Wesensbestimmung aus: „Der Kultus der katholischen Kirche ist die Vermittlung der Erlösung an das Geschlecht und die Manifestirung der subjektiv gewordenen Erlösung nach Außen[494]."

Die Definition läßt erkennen, daß Fluck den Kult heilsgeschichtlich begreift und seine dialogische Struktur zu wahren gewillt ist. Als göttliche Institition geht die Liturgie der Kirche letztlich auf Jesus Christus, die Apostel und ihre Nachfolger zurück[495]. Durch einen doppelten Zweck wird sie inhaltlich bestimmt. Einerseits ist sie sakramental, das heißt, der Kult ist „einem Strome zu vergleichen, der, in den himmlischen Regionen quellend, sich in das irdische Leben herab ergießt, hier erstorbenes Leben wieder zurückruft, dort das krankhaft gewordene wieder heilt, hier das entstehende mit kräftiger Nahrung, damit es blühe und Früchte trage, versieht, dort das blühende und fruchttragende kräftigt, auf daß es noch mehr Frucht tragen möge[496]".

Andererseits birgt der Kult eine wesentliche Ausdrucksmöglichkeit des Menschen; er darf nicht als „Kanal" mißverstanden werden, „durch welchen die göttliche Gnade dem Menschen zufließt, er ist, von seiner subjektiven Seite aus betrachtet, auch das Medium, durch welches er seine religiösen Bedürfnisse befriedigt. Denn es geschieht ja in dem Kultus, daß die heilige Flamme, welche die göttliche Gnade in dem Menschen angezündet, nach Außen schlägt, indem er dadurch seinen Glauben, seine Hoffnung und Liebe im Bekenntnisse, im Gebete, im Liede usw. nach Außen manifestirt. Ohne den Kultus fehlte dem Christen ein wesentliches Moment zu seinem wahren Glücke. Denn es sind die seligsten Augenblicke und Stunden, in denen er sein inneres religiöses Leben ausspricht, und auszusprechen verpflichtet ist[497]."

Der Kult ist aber nicht nur dadurch christologisch begründet, daß Christus am Beginn steht und alle Hauptmomente gottesdienstlichen Handelns auf seine Einsetzung zurückgeführt werden können, sondern im Gottesdienst erfährt jeder gläubige Christ seine eigene Verbundenheit mit Christus selbst. Auch hier lassen sich zwei Rich-

[493] Ebd. 44.
[494] Ebd. V.
[495] Vgl. ebd. 12.
[496] Ebd. 13.
[497] Ebd.

tungen unterscheiden. Zum einen steht dem Christen „kein anderes Mittel zu Gebote, seine Verbindung mit Christus zu beurkunden, als grade der „Kultus"; zum anderen verschafft ihm die Teilnahme am Gottesdienst die Gewißheit, „daß er ein lebendiges Glied an dem Leibe Christi sei[498]."

Die weitere Entfaltung von Flucks Liturgik läßt aber bald erkennen, daß der Autor nicht imstande ist, sein theologisches Konzept der dialogischen Struktur zu wahren und das schlüssige System seines Vorbildes Lüft beizubehalten. Aus der Wesensbestimmung der Liturgie leitet er den sakramentalen und den latreutischen Zweck ab, ihnen entsprechen die beiden Hauptteile der speziellen Liturgik. Während jedoch Lüft bestrebt ist, das die Liturgie prägende gott-menschliche Zusammenwirken stets im Zusammenhang zu sehen, versucht Fluck insofern eine scharfe Trennung durchzuführen, als er einseitig dem sakramentalen Kult nur die Vermittlung der Gnade, dem latreutischen Kult nur als deren Frucht die menschlich-subjektive Darstellung zuschreibt. Eine solche Differenzierung muß zur Verzeichnung des vollen katholischen Liturgiebegriffs führen und bringt in konsequenter Durchführung eine Fülle von Schwierigkeiten und Wiederholungen mit sich. Nicht umsonst hatte bereits Lüft in Hinblick auf die dritte Auflage von Schmids Liturgik vor einer allzu schematischen Einteilung gewarnt[499]. Die zeitgenössische Kritik hat gerade diesen Punkt aufgegriffen und Fluck die Folgen einer unnatürlichen Trennung der gott-menschlichen Wechselbeziehungen vorgehalten:

„Ref. kann nicht umhin darauf aufmerksam zu machen, daß die zu starke Auseinanderhaltung der göttlichen und menschlichen Seite im Kultus mannigfach störend auf die Ausführung im Einzelnen eingewirkt hat. Es läßt sich nicht läugnen, daß im kath. Kultus göttliche und menschliche Thätigkeiten sich unterscheiden, aber sie greifen so sehr in einander über und stehen in einer solchen Wechselbeziehung zu einander nicht blos im Großen und Ganzen, sondern auch in den einzelnen Acten, daß

[498] Ebd. 14.

[499] Lüft spricht sich dagegen aus, die von ihm in den Jahrbüchern selbst vorgeschlagene Dreiteilung allgemeiner Teil — latreutischer Teil — Kult der Sakramente, die auf dem jeweils vorherrschenden, nicht aber alleinigen Moment beruht, nun auch als Kapitelüberschrift zu wählen. Sein Argument lautet: „Ich würde aber jene Bezeichnungsweisen als Aufschriften der einzelnen Theile der Liturgik darum nicht gewählt haben, weil sie den Umfang der einzelnen Theile nicht genau aussprechen und begrenzen, namentlich in dieser Beziehung theils zu viel theils zu wenig besagen. Denn der öffentliche Gottesdienst, der unter dem latreutischen eigentlich doch verstanden werden will, ist mehr als Anbetung, während anderer Seits die Mittheilung der göttlichen Gnade nicht ausschließend an die individuelle Auspendung der Sacramente gebunden ist, indem es gerade eine wesentliche und auszeichnende Eigenschaft des katholischen öffentlichen Gottesdienstes ist, daß auch er ein sacramentales und mystisches Element in sich schließt."
J. B. Lüft, Liturgik I (1844) 18 Anm.

eine strenge Scheidung der Kultacte mit göttlicher oder menschlicher Thätigkeit nicht vorgenommen werden kann. Entweder muß in diesem Fall ein und dieselbe liturgische Handlung doppelt dargestellt werden, oder sie kann nicht eine allseitige Behandlung finden ... Es wäre sicherlich besser gethan gewesen, wenn statt das Göttliche und Menschliche an den Kultacten streng zu scheiden und sie darnach zu charakterisiren, mehr der Zweck derselben hervorgehoben und dieser zum Eintheilungsgrunde gemacht worden wäre. Man bekommt darnach auch sacramentale und latreutische Kulttheile, und wenn man will auch ethische, insofern einzelne Acte im Kulte vorzugsweise auf Erbauung und sittliche Erweckung abzielen. Hiebei würde aber bei dem sacramentalen Kulte nicht die göttliche Thätigkeit, sondern die Gnadenvermittlung betont, bei welcher nach dem kath. Lehrbegriffe Gott und Mensch thätig sind; bei dem latreutischen nicht die menschliche Thätigkeit, sondern die religiöse Verehrung, die wohl vorzugsweise von der menschlichen Seele ausgeht, aber durch die Kirche und ihre Organe geregelt und geleitet ist und die Wechselwirkung Gottes beziehungsweise der Heiligen nicht nur nicht ausschließt, sondern herbeiführt oder herbeiführen will. Es will übrigens damit die von Fl. befolgte Eintheilung nicht als eine unbrauchbare bezeichnet werden, sondern nur als eine solche, die noch nicht genug vermittelt ist und in der Behandlung einzelner liturgischer Stoffe erhebliche Schwierigkeiten darbietet[500]."

Auch F. X. Arnold sieht hier den entscheidenden Ansatzpunkt zur Kritik; er gibt zu erkennen, daß er Fluck nicht den gleich hohen Rang zuerkennen will, wie er Lüft aufgrund seiner heilsgeschichtlichen Konzeption der Liturgie zukommt. Zwar sei auch bei Fluck dies Prinzip noch gewahrt, „doch wird der göttliche und der menschliche Anteil insofern verzeichnet, als das göttliche oder objektive Moment auf die ‚Vermittlung und Subjektivierung der Erlösung', also auf die ‚sakramentalen Gnadenkulte' beschränkt wird, während die latreutische Funktion lediglich als die ‚menschliche oder subjektive Seite' gewürdigt wird. In Wahrheit enthalten beide ‚Seiten' ein göttliches und ein menschliches Moment[501]".

Mit Fluck geht eine Periode der Belebung und des Aufbruchs in der Liturgiewissenschaft des 19. Jahrhunderts zu Ende, er selbst steht schon am Übergang zur Restauration. Nichts dokumentiert dies deutlicher, als daß Fluck der Übersetzer Guérangers[502], der prägenden Gestalt dieser Epoche, geworden ist.

500 Bendel, Rez. zu J. Fluck, Liturgik: ThQ 38 (1856) 142f.

501 F. X. Arnold, Grundsätzliches und Geschichtliches 145, Anm. 146.

502 Fluck übersetzte den 1. Band von Guérangers Institutions liturgiques, Paris 1840; deutsch unter dem Titel Liturgische Unterweisungen, 1. Bd.: Geschichte der Liturgie, Regensburg 1854.

## I. Zusammenfassung

Als Theologe der katholischen Tübinger Schule erweist sich Franz Anton Staudenmaier offen für die vielfältigen wissenschaftlichen und geistesgeschichtlichen Anregungen seiner Zeit. Er ist bereit und in der Lage, sich den epochemachenden philosophischen Strömungen zu stellen; seine Auseinandersetzung mit dem deutschen Idealismus hat bis heute ihre Bedeutung nicht verloren. Von seinen theologischen Lehrern ist ihm das geschichtliche Verständnis des Christentums vertraut, das er weiterzuentwickeln trachtet. Wie sie sucht er die Fülle des Christlichen in einer von der Romantik geprägten organischen Einheit zusammenzufassen.

In Staudenmaiers Enzyklopädie finden wir diese Linien zu einem System zusammengezogen. Der Autor legt einen Grundriß der Theologie vor, in dem die spekulative Erfassung der Idee dieser Wissenschaft in allen ihren Verzweigungen dargestellt wird, ohne den positiven, geschichtlichen Charakter des Christlichen zu vernachlässigen. Die praktische Theologie wird in den Gesamtzusammenhang des Systems sinnvoll eingefügt und nicht weiter als Anleitung zur Standesmoral des Klerus, sondern als Selbstverwirklichung der Kirche verstanden.

Innerhalb der Pastoral erhält die Liturgik als Theorie des Kultes ihren seit dem Konzept Rautenstrauchs angestammten Platz. Entspricht so die äußere Einteilung noch dem der Aufklärung verpflichteten Aufriß, so vollzieht sich die inhaltliche Durchdringung des Stoffes auf eine eigenständige, über das Vorbild Dreys hinausführende Weise. Das theologische Fundament dazu liefert die von den katholischen Tübingern dem deistischen Gottesbild der Aufklärung entgegengehaltene Wahrheit von der Selbstmitteilung Gottes. Staudenmaiers Theologie der Liturgie ist der wissenschaftliche Ausdruck des aller Zeit und aller Geschichte unmittelbar gegenwärtigen, göttlichen Lebens. Vorbereitet im Alten Bund, findet die Zuwendung Gottes zum Menschen in Jesus Christus ihren unüberbietbaren Höhepunkt. Sein ganzes Leben, in besonderer Weise aber sein Kreuzestod müssen als Handlungen des vollständigen Gehorsams verstanden werden, in denen die objektive Tat der Welterlösung bewirkt wird.

Die subjektive Erlösung läßt im einzelnen Menschen das objektive Geschehen so zur Wirklichkeit werden, daß er Anteil an den von Christus vermittelten Heilsgütern erhält. Er tritt in die Bewegung ein, die in der Inkarnation von Gott ausgehend die geschichtliche Wirklichkeit ergreift und diese in einem stetigen Prozeß mit seinem göttlichen Ursprung verbindet. Alle Akte Christi stellen das Urbild dar, dem sich die Akte des erlösten Lebens nachgestalten sollen, damit sich so die Handlungen Christi im Leben des Christen wiederholen. Erst in dieser Einheit mit dem Sterben und Auferstehen Christi wird dem Gläubigen wahres Sterben möglich und wirkliche Auferstehung geschenkt.

Das Institut, durch das Christus fortwährend durch die Zeit hindurchgeht, Erlösung und Heiligung der Menschen bewirkt und sie zu einem lebendigen Organismus in Einheit zusammenführt, ist die Kirche. In ihrem Kult vollzieht sie das hohepriesterliche Amt Christi, das die geschichtliche Tat der Welterlösung fortsetzt. Liturgie bedeutet mehr als bloße Erinnerung, ihr Wesen besteht in der vergegenwärtigenden Feier göttlicher Taten. In der Schönheit des Gottesdienstes, der menschliche Gestaltungskraft und Kunst in den Dienst nimmt und heiligt, leuchtet in der irdischen Welt der verklärte Glanz der wiederhergestellten Unschuld und das Bild des endgültigen Heils auf.

## II. Kapitel

# DIE EINHEIT VON GÖTTLICHER WAHRHEIT, CHRISTLICHEM LEBEN UND KIRCHLICHER LITURGIE IN FRANZ ANTON STAUDENMAIERS „DER GEIST DES CHRISTENTUMS"

## A. Form, Inhalt und Zweck des Werkes „Der Geist des Christentums"

Aus dem Rahmen der vorwiegend wissenschaftlichen Publikationen Staudenmaiers fällt das Buch „Der Geist des Christentums"[503] heraus, wendet es sich doch an einen viel breiteren Leserkreis, als er durch theologische Fachliteratur je erreicht werden könnte. Der Autor faßt als Zielgruppe den gebildeten Laien ins Auge, von dem er über die Verbundenheit mit der Kirche und eine gewisse Vertrautheit mit christlicher Literatur hinaus Sinn für Poesie, Geschichte, Naturbetrachtung und bildende Kunst erwartet. Wenn er ihn im Laufe der Darstellung immer wieder als „Jüngling" anspricht, mögen dem Professor Staudenmaier Erinnerungen an die eigene Schul- und Studentenzeit vor Augen gestanden haben, in der er sich nach Ausweis seines Biographen durch eine außergewöhnliche Belesenheit[504] und Aufnahmebereitschaft auszeichnete. Auf die einst gesammelten Schätze seines Wissens kann er nun zurückgreifen, um sie dem Leser mitzuteilen und ihm die Wahrheit des Glaubens und den Reichtum der Liturgie im Gesamtzusammenhang einer Natur- und Kunstbetrachtung zu vermitteln. Die Form der Schrift lebt davon, daß der Autor an Glaubensgesprächen[505] anknüpft, die er mit dem „Jüngling" geführt hat. Diese selbst mitzuteilen, wird ihm von

[503] F. A. Staudenmaier, Der Geist des Christenthums, dargestellt in den heiligen Zeiten, in den heiligen Handlungen und in der heiligen Kunst. 2 Theile (durchlaufend paginiert), Mainz 1835, ²1838, ³1843, ⁴1847, ⁵1855, ⁶1859, ⁷1866, ⁸1880.
Im folgenden zitiert: Der Geist. Durch eine beigefügte Ziffer, z. B. 3, wird die Auflage angezeigt. Fehlt diese, so ist immer die fünfte, die letzte von Staudenmaier selbst verantwortete Auflage gemeint.

[504] Vgl. F. Lauchert, Staudenmaier 50f.

[505] Die Anrede an den Jüngling beginnt: „Du hast, Geliebter! mich ersucht, Dir schriftlich zu wiederholen, was ich dir in vier Gesprächen, die wir früher mit einander hielten, über den Geist des Christenthums und seine Darstellung in den kirchlichen Festen, in den heiligen Handlungen und in der heiligen Kunst, mündlich mitgetheilt habe. Je lieber und angenehmer, erhebender und stärkender die Erinnerung ist, die mir selbst von diesen Gesprächen bisher geblieben, um desto bereitwilliger und freudiger erfülle ich Deinen frommen Wunsch. Recht gerne hätte ich die Gespräche selbst so, wie sie einst gehalten worden sind, und noch in meinem Gedächtnisse liegen, aufgenommen; allein Du protestirst in Deinem Briefe dagegen aus Gründen,

seinem Gesprächspartner — sei er nun fiktiv oder nicht, darüber läßt sich heute keine Klarheit mehr gewinnen —, verwehrt. So wählt er die schriftlich niedergelegte Anrede, die sich stets über das vertraute „Du" an seinen Leserkreis richtet.

In der Vorrede zur ersten Auflage, die auch in allen folgenden wieder abgedruckt wird, gibt Staudenmaier Auskunft von dem Motiv, das ihn bei der Abfassung geleitet hat: Es besteht in der Unmöglichkeit, die akademische Lehrtätigkeit des Professors von der mit dem Priesteramt übernommenen Verpflichtung zur Verkündigung des Evangeliums zu trennen.

„Es ist, lieber Leser! demjenigen, der einmal als Verkünder des göttlichen Wortes auf der Kanzel und als Priester am Altare vor einer christlichen Gemeinde gestanden, geradezu unmöglich, sich dieses Berufes je zu entschlagen, auch wenn ihm ein Amt zu Theil geworden ist, das ihm die Seelsorge nicht zur nächsten Pflicht macht, oder wenigstens nicht in dem engern Sinne, wie es gewöhnlich genommen wird. Seitdem mir daher durch göttliche Fügung das Lehramt der Theologie übertragen worden ist, worin ich auch den mir von Gott zu Theil gewordenen Beruf erkenne, habe ich, obschon mein Inneres ganz mit diesem Berufe übereinstimmt, doch nie aufhören können, mich stets noch als Verkünder des göttlichen Wortes und als Priester zu betrachten, und ich habe gerade die Sonn- und Festtage gewählt, dieses Amt fortdauernd zu üben. In diesen, der heiligen Betrachtung und dem höhern Leben des Geistes besonders geweihten Tagen ist denn auch das Buch entstanden, das ich Dir, mein Leser, gegenwärtig vorlege, denn ich muß Dich so schon zu der Gemeinde rechnen, zu der ich gesprochen habe, und die mir mein Jüngling vertrat. Du selbst also bist der Jüngling, an welchen ich meine Rede gerichtet habe; wenigstens komme ich Dir mit derselben Liebe entgegen, die ich gegen Jenen fühlte und die ich, wie ich glauben darf, auch an den Tag gelegt habe[506]."

Um dem Werk nach Form und Inhalt gerecht werden zu können, muß man bedenken, daß es nicht von vornherein als festes Projekt konzipiert war, sondern aus verschiedenen Elementen zusammengewachsen ist. Die Grundlagen bilden, wie Staudenmaier in der Selbstanzeige[507] mitteilt, Sonn- und Festtagsbetrachtungen für eine Kirchenzeitung[508]. In der Buchausgabe werden sie durch „Lesefrüchte" ange-

die ich ehren muß. Doch das mußt Du mir erlauben, daß meine Rede überall an Dich gerichtet sei, so sehr sie auch, wie ich hoffen darf, für Jeden ist, der sie ausser Dir vernimmt."
F. A. Staudenmaier, Der Geist 1.

506 Ebd. Vf.

507 F. A. Staudenmaier, Selbstanzeige zu: Der Geist des Christentums: Jahrbücher VI (1836) 227.

508 Der Biograph Staudenmaiers, F. Lauchert, hat es unternommen, mit größter Akribie den Erstveröffentlichungen der Sonn- und Festtagsbetrachtungen in der „Kirchenzeitung für das katholische Deutschland" nachzugehen und sie mit dem vorliegenden Text der Buchausgabe (1. Auflage) zu vergleichen.

reichert, was dem Ganzen besonders in den ersten Auflagen den Eindruck des Zufälligen verleiht. Es entsteht der Eindruck, als habe Staudenmaier alles, was ihm nur irgend verwendbar schien, aus seiner eigenen Lektüre dem Manuskript einverleibt. Jedoch mildert sich diese Unausgewogenheit, je häufiger das Werk aufgelegt wird; bis zur fünften Auflage, die ein Jahr vor seinem Tode entstand, hat der Autor immer neue Ergänzungen angebracht, über die er in den Vorreden Rechenschaft gibt.

Es wäre jedoch ungerecht, wollte man die Fülle der mitgeteilten Stücke aus christlicher Literatur und Poesie, aus Natur- und Kunstbeschreibungen einzig dem Zufall der jeweiligen Lektüre Staudenmaiers zuschreiben. Seine ordnende Hand in der Auswahl der Quellenschriften ist durchaus zu spüren, wie einige kleinere Beobachtungen belegen können. Wenn Staudenmaier Sailers Übersetzung der Nachfolge Christi[509] kennt, wie die Übernahme längerer Passagen aus der sechsten Auflage beweist[510], so darf man folgern, daß ihm auch dessen Gebetbuch[511] nicht unbekannt ist. Daraus wird jedoch nicht zitiert, auch der seit der dritten Auflage angefügte Gebetsteil kommt ohne Übernahmen aus diesem weitverbreiteten religiösen Volksbuch aus, ohne daß Näheres über die Motive für diesen Verzicht bekannt wäre. Für die Psalmenübertragungen müssen Staudenmaier mehrere verschiedene Ausgaben vorgelegen haben, die er je nach Bedarf verwendet. So läßt sich die Kenntnis der Übertragungen von Umbreit[512] und Jäck[513] nachweisen[514], daneben finden sich aber auch andere Textfassungen[515], deren Herkunft nicht ausgemacht werden konnte.

In der Selbstanzeige vermittelt Staudenmaier durch die erstaunliche Anzahl der dort aufgeführten Autoren einen Einblick in seine Belesenheit. Da es sich aber bei „Der Geist des Christentums" nicht um ein wissenschaftliches Werk handelt, begnügt er sich mit der Nennung von

Darüber hinaus gibt er im Werkverzeichnis genau an, aus welchen eigenen Veröffentlichungen der Autor später noch Stücke übernommen hat, um so die Schrift mit jeder weiteren Ausgabe anzureichern. Die überaus schwierige Aufgabe, den Fundort aller fremden Quellen aufzuspüren, geht Lauchert jedoch nicht an.
Vgl. F. LAUCHERT, Staudenmaier 79 Anm. 1, 139f Anm. 1, 271—276 mit Anmerkungen, 525—537 mit Anmerkungen.

509 J. M. SAILER [Hrsg.], Das Buch von der Nachfolgung Christi, neu übersetzt und mit einer Einleitung und kurzen Anmerkungen für nachdenkende Christen herausgegeben, Sulzbach [6]1845.

510 Vgl. F. A. STAUDENMAIER, Der Geist 9ff, 383ff; vgl. auch die Kommuniongebete im Anhang LIV—LXXI.

511 J. M. SAILER, Vollständiges Lese- und Gebetbuch für katholische Christen, Ingolstadt 1783; mit wechselnden Erscheinungsorten [2]1785, [3]1789, [4]1840.

512 F. W. C. UMBREIT, Christliche Erbauung aus dem Psalter oder Übersetzung und Erklärung auserlesener Psalmen, Hamburg 1835.

513 M. F. JÄCK, Psalmen und Gesänge der heiligen Schrift nebst den Hymnen der ältesten christlichen Kirche, 2 Bde., Freiburg 1817.

514 Vgl. F. A. STAUDENMAIER, Der Geist 2, 49 Anm., 403 Anm.

515 Vgl. ebd. 43, 70.

Namen; auch in der Buchausgabe selbst scheint die nur gelegentlich angeführte vollständige Angabe von Titeln und Erscheinungsorten eher willkürlich zu sein. Versucht man nun, eine Ordnung der benutzten Literatur aufzuzeigen, so stellen sich einige Schwerpunkte heraus. Neben den schon genannten Psalmenübertragungen ist vor allem die christliche Hymnendichtung zu nennen, wie sie von Silbert, Zingerle und Schlosser[516] seiner Zeit vermittelt wurde. Aus dem Kreis um Sailer empfängt Staudenmaier die Kenntnis spanischer religiöser Lyrik in der Übertragung durch Melchior Diepenbrock[517], die ihn tief beeindruckt haben muß. Calderons „Das Leben ein Traum" wird insgesamt am häufigsten zitiert. Von den deutschen Romantikern kommen besonders oft Friedrich Schlegel[518] und Novalis[519] zu Wort; das „Klagelied der Mutter Gottes" und die „Geistliche(n) Lieder" bilden einen wesentlichen Bestandteil seines Buches. Die Kenntnis der religiösen Kunst schließlich wird Staudenmaier durch die einst sehr verbreitete Literaturgattung der Reiseberichte, Architektur- und Gemäldebeschreibungen[520] vermittelt; aus ihnen schöpft er reichlich, um dem Leser das mitzuteilen, was er selbst nie in Augenschein nehmen konnte.

516 Der Vergleich zeigt, daß Staudenmaier von J. P. Silbert nur die Übertragung Aurelius Prudentius Clemens Feyergesänge, heilige Kämpfe und Siegeskronen, Wien 1820 benutzt hat, nicht dagegen dessen Werk Dom heiliger Sänger, oder fromme Gesänge der Vorzeit. Mit Vorrede von Friedrich von Schlegel, Wien-Prag 1820. Weitere Anleihen macht Staudenmaier bei: P. Zingerle, Harfenklänge vom Libanon. Aus dem Syrischen, Innsbruck 1840. J. F. Schlosser, Die Kirche in ihren Liedern durch alle Jahrhunderte, 2 Bde., Mainz 1851—1852.

517 Als Sekretär Sailers schuf Melchior Diepenbrock Übertragungen aus dem Spanischen; „Das Leben ein Traum" von Calderon bildet den Hauptteil seines Werkes Geistlicher Blumenstrauß aus spanischen und deutschen Dichter-Gärten, Sulzbach 1829. Zur Förderung, die Diepenbrock von Sailer erhalten hat, vgl. F. Vigener, Drei Gestalten aus dem neueren Katholizismus. Möhler-Diepenbrock-Döllinger (Beiheft 7 der Historischen Zeitschrift), München-Berlin 1926. K. H. Breuer [Hrsg.], Melchior von Diepenbrock — Peter Dörfler, Erinnerung an Johann Michael Sailer (Veröffentlichungen des Johann-Michael-Sailer-Instituts. Reihe: Erziehung als Entscheidung 4), Köln 1966.

518 F. Schlegel, Gedichte, in: Sämmtliche Werke, 2. Original-Ausgabe IX und X, Wien 1846.

519 Novalis Schriften. Die Werke Friedrich von Hardenbergs, hrsg. von P. Kluckhohn (†) und R. Samuel, 4 Bde., Stuttgart [2]1960—1968.

520 F. Sickler und C. Reinhart [Hrsg.], Almanach aus Rom für Künstler und Freunde der bildenden Kunst, Leipzig 1 (1810), 2 (1811). B. Speth, Die Kunst in Italien, 2 Bde., München 1819—1821. C. L. Stieglitz, Von altdeutscher Baukunst, Leipzig 1820. J. Schopenhauer, Johann van Eyck und seine Nachfolger, in: Sämmtliche Schriften IV und V, Leipzig-Frankfurt 1830. F. Schlegel, Ansichten und Ideen von der christlichen Kunst, in: Sämmtliche Werke, 2. Original-Ausgabe VI, Wien 1846. I. H. von Wessenberg, Die christlichen Bilder. Ein Beförderungsmittel des christlichen Sinnes, 2 Bde., Constanz 1827.

Schließlich darf auf ein bezeichnendes Detail aufmerksam gemacht werden, an dem sich ablesen läßt, wie seit den dreißiger Jahren des neunzehnten Jahrhunderts die kirchliche Aufklärung allmählich in den Hintergrund tritt, während ihr Einfluß vor allem in den Gesang- und Gebetbüchern noch lange nachwirkt. Staudenmaier ist trotz scharfer Ablehnung des Rationalismus weit entfernt davon, das Verdienst Wessenbergs[521] zu unterschätzen. „Der Geist des Christentums" enthält in allen Auflagen eine gleichbleibend große Zahl seiner religiösen Lieder und Gedichte[522], von seinen Gemäldebeschreibungen war bereits die Rede. Aber während deren Verfasser in der zweiten Auflage noch namentlich[523] erscheint, sucht man diesen Hinweis in den späteren Ausgaben vergeblich, obwohl die übernommenen Texte sich völlig gleich geblieben sind. Wessenberg ist übrigens der einzige Autor, den Staudenmaier so konsequent verschweigt. Daß es sich dabei eher um eine Maßnahme der Opportunität und weniger um eine prinzipielle Entscheidung handelt, geht aus der grundsätzlichen Bereitschaft Staudenmaiers her-

L. von Klenze, Anweisung zur Architectur des christlichen Cultus, München 1833, kann als ein Beispiel dafür gelten, daß Staudenmaier auch Autoren aufzunehmen versteht, deren Kunstauffassung er sonst nicht teilt. Klenze lehnt als Vertreter des Klassizismus — im Gegensatz zu Staudenmaier — die Verherrlichung der Gotik ab, er hält die Baukunst des klassischen Altertums einem „reinen" Christentum für angemessen. „Wenn wir demnach zugeben, ja innigst überzeugt sind, dass die Dome des Mittelalters sehr dazu geeignet waren, die religiösen Gefühle und Begriffe, so wie sie das Mittelalter durch seine Hierarchie und Scholastik gebildet hatte, zu erwecken und zu beleben, so können wir ihnen doch da, wo es auf reines und selbst rein katholisches Christenthum ankommt, durchaus nicht den Vorzug der Erweckung wahrer Frömmigkeit zugestehen, und glauben diesen im Gegentheile den römischen Basiliken einräumen zu müssen."
Klenze, ebd. 26; vgl. F. A. Staudenmaier, Der Geist 2, 859 Anm.

521 Ignaz Heinrich Karl Freiherr von Wessenberg, geb. 4. 11. 1774 in Dresden; Schulbildung in Augsburg; theol. Studium in Dillingen und Würzburg; 1796 in Wien Volontär am Reichshofrat; seit 1797 Kanonikus in Konstanz (und Augsburg); 1802 als Subdiakon Generalvikar des Fürstbischofs Dalberg; 1812 Priesterweihe in Fulda; 1815 Gesandter Dalbergs auf dem Wiener Kongreß; 1817 nach Dalbergs Tod Kapitularvikar; Romreise, um den gegen seine Wahl zum Nachfolger erhobenen Einspruch zu entkräften; 1821 formelle Aufhebung des Bistums Konstanz; bis zur endgültigen Aufhebung 1827 weiterhin Generalvikar; Rücktritt ins Privatleben und freie schriftstellerische Tätigkeit; gest. 9. 8. 1860 in Konstanz.
Biogr. Übersicht nach dem Art. Wessenberg, Ignaz Heinrich (Karl) Freiherr v., von:
v. Arneth, in: ADB 42 (1897) 147—173;
C. Nörber, in: Wetzer-Welte XII (1901) 1343—1381;
W. Müller, in: LThK X (1965) 1064ff.

522 I. H. von Wessenberg, Sämmtliche Dichtungen, 5 Bde., Stuttgart-Tübingen 1834—1837.

523 Vgl. F. A. Staudenmaier, Der Geist 2, 292 Anm., 318 Anm., 326 Anm., 624 Anm., 648 Anm., 769 Anm.

vor, alles, was nur irgend verwendbar erscheint, in sein Werk aufzunehmen. Davon sind auch die gemäßigten Aufklärungsliturgiker nicht ausgenommen. Aus dem Kreis der Mitarbeiter Wessenbergs ist hier vor allem der Pfarrer und spätere Mainzer Domkapitular Fidel Jäck[524] zu nennen, der maßgeblichen Einfluß auf die Konstanzer Liturgiereform genommen hat und von Staudenmaier wegen seiner menschlichen Qualitäten[525] geschätzt wird. Seinen Psalmen- und Hymnenübertragungen begegnen wir deshalb mehrfach.

Die Frage, ob sich Staudenmaier für sein populäres Buch an Vorbildern orientiert hat, führt zu Hirscher, „seinem frühern theuren Lehrer und nunmehrigen hochverehrten Collegen", dem die Widmung der ersten beiden Auflagen zugeeignet wird. Gleichzeitig erhalten wir damit einen ersten Hinweis auf die Ordnungsprinzipien, die Staudenmaier seinem Werk zugrundelegt. Denn Hirscher, dessen Betrachtungsbücher[526] der zeitgenössischen Erbauungsliteratur und Zeremonienerklärung[527] weit überlegen sind, hält sich streng an folgendes Schema: Zunächst wird die jeweilige Perikope im Wortlaut abgedruckt, daran schließt sich eine zusammenhängende Betrachtung an, so daß nicht nur ein weiter Leserkreis, sondern auch der Klerus für die Predigtvorbereitung daraus Nutzen ziehen kann. Einig sind sich Hirscher und Staudenmaier in dem Bestreben, beim Gang durch das Kirchenjahr gleichzeitig die Hauptwahrheiten des katholischen Glaubens in engem Zusammenhang mit den Sonntagen und Festzeiten darzustellen. Es zeigt sich aber, daß bei Hirschers starrem Schema manche Unausgeglichenheit und willkürliche Zuordnung in Kauf genommen werden muß. So behandelt er z. B. am zweiten Sonntag nach Erscheinung im Anschluß an die Perikope Joh 2, 1—12 (Hochzeit zu Kana) „Begriff, Würde und Zweck der Ehe", nicht ohne den Hinweis, „wie der Hochzeitstag zugebracht werden soll"[528].

524 Zu Markus Fidelis Jäck vgl. E. Keller, Die Konstanzer Liturgiereform unter Ignaz Heinrich von Wessenberg (FDA 85), Freiburg 1965, 146 Anm. 653. Eine chronologische Übersicht über den Verlauf der Konstanzer Liturgiereform (1802—1813) mit Nennung von Mitarbeitern und Autoren findet sich ebd. 106—112.

525 Darauf deutet die kurze Notiz hin: „Wir wollen mit einander diesen würdigen Mann recht ernstlich auffordern, uns die anerkannt schönsten Hymnen der Kirche ins Teutsche zu übersetzen."
F. A. Staudenmaier, Der Geist 2, 403 Anm.

526 J. B. Hirscher, Betrachtungen über sämmtliche Evangelien der Fasten, Tübingen 1829; ders., Betrachtungen über die sonntäglichen Evangelien des Kirchenjahres, 2 Bde., Tübingen 1837—1843; ders., Betrachtungen über sämmtliche sonntägliche Episteln des Kirchenjahres, 2 Bde., Freiburg 1860—1862.

527 Einen Überblick über die genannte Literatur vermitteln J. B. Lüft, Liturgik I (1844) 29—32 und J. Fluck, Liturgik I (1853) 42ff.
Vgl. auch S. Bäumer, Blick auf die Geschichte der Liturgie und deren Literatur im 19. Jahrhundert: HJ 11 (1890) 44—76.

528 Vgl. J. B. Hirscher, Betrachtungen über die sonntäglichen Evangelien des Kirchenjahrs I, Tübingen 1837, 348—377.

Staudenmaier sucht eine neue, bessere Ordnung des Stoffes, die zwar ebenfalls dem Verlauf des liturgischen Jahres folgen und die Betrachtung der Glaubenslehre ermöglichen soll, gleichzeitig aber die Mängel, die Hirschers System anhaften, zu vermeiden imstande ist und überdies auch die christliche Kunst einbezieht. Der Rückgriff auf die bereits in der Enzyklopädie niedergelegte Definition der Liturgie bietet den Schlüssel dazu, so daß schon der Buchtitel das Programm erkennen läßt: „Der Geist des Christentums, dargestellt in den heiligen Zeiten, in den heiligen Handlungen und in der heiligen Kunst." Das Problem der Zuordnung der einzelnen Elemente löst der Autor, indem er die heiligen Zeiten zum Grundraster erklärt, nicht ohne die in der Enzyklopädie vernachlässigte Feier des Sonntags nun stärker zu berücksichtigen. Bedenkt man die Überzeugung Staudenmaiers, daß die drei großen Feste Weihnachten, Ostern und Pfingsten — jedes mit einer Vor- und Nachfeier ausgestattet — und die Hinzufügung von Allerheiligen/Allerseelen eine Vierteilung des Kirchenjahres mit sich bringen, so ergibt sich als Grundordnung seines Buches folgende Einteilung:

| | |
|---|---|
| Der Sonntag | |
| Der Weihnachtskreis | Die Adventszeit<br>Das Weihnachtsfest<br>Die Zeit nach Weihnachten<br>(Stephanus — Evangelist Johannes — Neujahr — Unschuldige Kinder — Erscheinung Christi — Lichtmeß) |
| Der Osterkreis | Die Fastenzeit<br>Das Osterfest<br>Die Osterzeit<br>(Bis Christi Himmelfahrt) |
| Der Pfingstkreis | (Keine Vorbereitungszeit)<br>Das Pfingstfest<br>Die Zeit nach Pfingsten<br>(Peter und Paul — Bonifatius — Mariä Himmelfahrt und Geburt — H. Engel — Kirchweihfest) |
| Allerheiligen und Allerseelen | |

Setzt man das schon in der Enzyklopädie niedergelegte Liturgieverständnis voraus, so erübrigt es sich, darauf hinzuweisen, daß Staudenmaier mit dieser Einteilung nicht einem willkürlichen und starren Schema folgen will. In den heiligen Zeiten verkündet vielmehr der Geist des Christentums sich selbst, er offenbart sich durch das lebendige Wort Gottes und durch die göttlichen Taten, „die, ewig alt und ewig jung, ein unsterbliches Leben unter uns gewonnen haben". Sie werden in Beziehung gesetzt zu den heiligen Handlungen, „in welchen die Gnade und die Kraft Gottes immerwährend sich kund gibt, der Mensch mit

Gott versöhnt und geheiligt wird, und mit ihm in lebendige Einheit kommt"[529]. Da Staudenmaier sich nicht wie Hirscher an die feste Abfolge der Sonn- und Festtagsperikopen gebunden hat, gelingt es ihm, eine organischere Einordnung der Heilswahrheiten in den Ablauf des liturgischen Jahres zu erreichen und so „eine zwar einfache, aber doch ziemlich vollständige Glaubenslehre"[530] vorzutragen. In tabellarischer Aufstellung ergibt sich folgende Zuordnung von kirchlicher Feier und theologischer Aussage:

Der Sonntag
Bedeutung: Tag der Feier der Religion
Die Stiftung des Sabbat als Stiftung der Religion
Die Schöpfung — Offenbarung Gottes durch die Natur
Feier der Auferstehung Christi

Der Weihnachtskreis
Bedeutung: Die Menschwerdung Gottes

Die Adventszeit
Das Weltgericht
Der Abfall des Menschen von Gott
Sehnsucht nach Erlösung und ihre Verheißung
Maria — Johannes der Täufer

Das Weihnachtsfest
Geburt des Herrn

Die Zeit nach Weihnachten
Christus — der Weltheiland
Die Kindheit Christi
Christus — der Weg, die Wahrheit, das Leben

Der Osterkreis
Bedeutung: Die göttliche Tat der Welterlösung

Die Fastenzeit
Christliche Buße
Die Verklärung Christi
Das Leiden Christi

Das Osterfest
Auferstehung Christi

Die Osterzeit
Die Handlungen des auferstandenen Erlösers
Christus als König
Himmelfahrt Christi

529 F. A. Staudenmaier, Der Geist VI.
530 Ebd. VII.

Der Pfingstkreis
Bedeutung: Ausgießung des Heiligen Geistes
Das Wirken des göttlichen Geistes
Die Kirche
Sakramente — Sakramentalien
Gemeinschaft der Heiligen
Der Mensch im Pilgerstand

Allerheiligen und Allerseelen
Das Gemeinschaftliche im Leben der Heiligen und ihrer Feste
Neuer Himmel und neue Erde — Der Schluß der Weltgeschichte

Die organische Zusammenschau von liturgischer Feier und der in ihr gegenwärtigen, sich mitteilenden Offenbarung Gottes bedeutet schon für sich allein ein anspruchsvolles Programm für ein Betrachtungsbuch. Doch Staudenmaier geht noch einen Schritt darüber hinaus, indem er nicht nur die christliche Kunst einbezieht, sondern auch die Verknüpfung des liturgischen Jahres mit dem Ablauf des Naturlebens aufzeigt, christliches Brauchtum darstellt und die Schilderung familiärer Festgestaltung[531] einfügt. Der außergewöhnliche Erfolg seines Werkes beruht sicherlich zum großen Teil darauf, daß es mehr ist als Zeremonienerklärung und Glaubensbuch. Es spiegelt den Bildungsstand eines vielbelesenen Autors wider, der seine Leser zu fesseln versteht, weil er nicht nur trockene Belehrung vermittelt, sondern durch reichlich eingefügte Zeugnisse christlicher Poesie und Kunstbeschreibung und den vertrauten Umgangston das Gemüt zu bewegen weiß. Freilich lassen einige Beobachtungen die Frage zu, ob nicht sehr oft das Bild einer allzu heilen Welt entworfen wird, die in dieser Form auch zur Zeit Staudenmaiers nicht bestanden hat. Auffällig ist, daß er seine Beispiele christlichen Lebens stets aus dem ländlichen Milieu gewinnt[532]. Der Christ als Stadtbewohner, als Arbeiter, losgelöst vom Rhythmus des Naturlebens, auf sich gestellt ohne den bergenden Raum einer Großfamilie und Nachbarschaft, abgeschnitten von Brauchtum und Tradition, konfrontiert mit sozialen Problemen, begegnet bei ihm nicht. Staudenmaiers Leser wurzeln in einer festen, noch ungebrochenen Ordnung, und es läßt sich nur vermuten, ob nicht mancher, der den Verlust der Tradition schon spürte, nicht um so lieber nach dem Werk griff, das als ein Bildungsbuch noch einmal Glaube und Leben, Geschichte und Gegenwart, Gottesdienst und Brauch-

[531] Daß Staudenmaier sich auch hierin an Vorbildern orientiert, zeigt der Vergleich zwischen seiner Schilderung der Weihnachtsfeier im Familienkreis, ebd. 176—201, und Schleiermachers Schrift Die Weihnachtsfeier, Berlin ²1826.

[532] Besonders eindrucksvolle und zugleich idealisierende Darstellungen ländlichen Lebens und Brauchtums bieten der Abschnitt Der Sonntag auf dem Lande, ebd. 78—85, und die Schilderung der Flurprozession in der Bittwoche, ebd. 557—584, in die Staudenmaiers Erinnerung an seine Heimatgemeinde Donzdorf eingeflossen ist.

tum, Natur und Kultur in einer harmonischen Einheit zusammenfaßt. In diesem Sinne ist „Der Geist des Christentums“ ein großer Wurf, wie er seitdem nicht mehr gelungen ist.

### B. Die heilsgeschichtliche Begründung des Kirchenjahres in „Der Geist des Christentums“

Um die Berechtigung eines eigenen kirchlichen Jahres zu begründen, das sich von der bürgerlichen Zeitrechnung unterscheidet, greift Staudenmaier auf den Gegensatz von Zeit und Ewigkeit zurück. Das Leben Gottes kann mit zeitlichen Kategorien nicht erfaßt werden, es ist ewig. Von Zeit darf man erst sprechen, seit es die geschaffene Welt gibt. Aber während der ursprüngliche Plan Gottes vorsah, dem Menschen unmittelbaren Anteil an der Ewigkeit zu gewähren, hat die Sünde zerstörend gewirkt. Seitdem muß eine zweifache Zeit unterschieden werden:

„Es gibt eine falsche Zeit und eine wahre Zeit. Die falsche Zeit ist, seitdem das Geschöpf abgefallen von seinem Schöpfer, und sich und die Welt mehr liebet als Gott. Wer aber aufhört sich und die Welt zu lieben, wer anfängt, in Gott und für ihn zu leben, um dadurch das allein wahre Leben und den unendlichen Frieden desselben zu gewinnen, der sucht in der Zeit das, was über der Zeit ist, der kehrt aus der Zeit fortwährend zurück in die Ewigkeit. Und die Zeit, in welcher dieses geschieht, ist die wahre Zeit. Der Weg zu dieser Rückkehr ist uns aber in Christo, in seiner Lehre, in seinem Leben und in seinem Erlösungswerke gezeigt worden, und die Kirche, die er stiftete, zeigt ihn uns immerwährend in heiligen Worten, die sie unaufhörlich an uns spricht, und in heiligen Handlungen, die sie uns in fortwährender Wiederkehr darstellt, jene Zeit hindurch, die wir das Kirchenjahr nennen. Das Kirchenjahr hat die Zurückführung aus der Zeit in die Ewigkeit zu seinem Zwecke, der auch der Hauptzweck des ganzen geistigen Lebens der Menscheit ist[533].“

Wenn daher die Kirche ein eigenes Jahr kennt, liegt darin eine tiefe Bedeutung, die über eine nur äußerliche Chronologie hinausgeht. Es spricht eine stete Einladung an die Christen aus, ihr gegenwärtiges Leben mit Sinn zu erfüllen, die vergangenen Taten der Erlösung als lebendige Gegenwart zu begreifen und sich nach dem ewigen, unsterblichen Leben Gottes auszustrecken. „Die flüchtige Gegenwart sollen wir als Ewigkeit behandeln, und Stunden, Tage und Zeiten dieses Lebens sollen uns Stunden, Tage und Zeiten des ewigen Lebens werden.“ Die erlösten Menschen sollen aus dem Bewußtsein heraus leben, „schon jetzt sind wir Kinder Gottes“ (1 Joh 3,2), im Anschluß an Gal 4,19 besteht ihr Lebensentwurf darin, daß Christus in ihnen Gestalt gewinnt[534].

[533] F. A. Staudenmaier, Der Geist 4. [534] Ebd. 5.

Staudenmaier erfaßt das Christusereignis, an dem sich das christliche Leben orientieren soll, unter einem doppelten Aspekt, indem er einerseits die Geschichte insgesamt, in besonderem Maße aber die in der Geschichte Jesu Christi sich vollziehende Kundgabe Gottes als Offenbarung versteht, andererseits in Christus das Urbild erblickt, das abzubilden höchste Erfüllung der menschlichen Existenz bedeutet.

Wenn schon die Geschichte insgesamt als Offenbarung der Vorsehung Gottes heilig genannt werden darf, wieviel mehr erst die Geschichte Christi. „In Christus haben wir den Ewigen erkannt, und den, der die Zeit in die Ewigkeit umwandelt. Er ist daher nicht nur der Mittelpunkt der Zeiten, weil die Vergangenheit ihn erwartete und Gegenwart und Zukunft auf ihm ruhen, sondern er ist das Ewige in aller Zeit. Die Erlösung durch Christus ist eine Thatsache, die für die ganze Menschheit das wichtigste, mit keinem andern zu vergleichende Ereigniß und die höchste Wohlthat ist, und billig feiern die Christen diese Eine Thatsache nach den verschiedenen Momenten ihrer Entwicklung und Steigerung im Leben des Erlösers, und so, wie nach dem ganzen Zusammenhange, der zwischen Christus und der Welt Statt findet, auf jener großen That das wahre geistige Leben und seine Verklärung ruhet. In dieser göttlichen Geschichte ist Alles für uns Geist und Leben; darum sollen wir uns in der heiligen Geschichte selbst wieder finden, sie soll in uns zu Geist und Leben sich entzünden, in uns sich treu und wahr wiederholen, auf daß Christus wirklich in uns Leben und Gestalt gewinne, und wir in sein herrliches Bild verklärt werden[535]."

Die Grundüberzeugung Staudenmaiers vom liturgischen Jahr basiert auf dem Satz, „alle Feste haben eine geschichtliche Grundlage"[536]. So oft die Kirche die Feste ihrer Erlösung begeht, stehen sie niemals in einem leeren Raum, gleichsam losgelöst von den Menschen, sondern sie greifen über sich hinaus, offenbaren Wahrheit und wecken in denen, die sich ihnen öffnen, das höhere göttliche Leben. So bilden sie die stets neue Anregung zu einem andauernden Prozeß, damit aus dem Leben des Menschen mehr und mehr ein zweites Leben Christi wird.

Im Verständnis Staudenmaiers zeichnen sich die Feste des Kirchenjahres durch eine ihnen innewohnende Dynamik aus, sie drängen zum Handeln und zum praktischen Lebensvollzug. „Wir müssen unser Leben regiert sein lassen durch den Geist des Kirchenjahres; dann ist der Zweck erreicht, der im Christenthume erreicht sein will. Denn der Geist des Kirchenjahres ist nur der Geist Christi selbst. Die Bedeutung, die sich im Geiste des Festes ausdrückt, muß sich, und dieß ist die Hauptsache der Feier, auch ausdrücken im Leben und Wandel des Feiernden[537]."

Das christliche Leben nährt sich aus der Wahrheit. Wahrheit aber ist nicht nur zurückliegendes, historisches Faktum, sondern lebendige

[535] Ebd. 8.
[536] Ebd. 6.
[537] Ebd. 9.

Gegenwart göttlichen Handelns, das zu aller Zeit im Gottesdienst der Kirche unmittelbar erfahren wird. Die Geschichte Gottes mit den Menschen offenbart sich als die stets gegenwärtige Heilsgeschichte, an der jeder Anteil erhält, der die Liturgie mitfeiert. Staudenmaier spricht seine innerste Überzeugung vom Kult der Kirche aus, wenn er sagt: „Denn das wäre weit gefehlt, wenn wir das kirchliche Jahr mit seinen heiligen Festen, Lehren und Handlungen als bloße Erinnerungsanstalt an Vergangenes ansehen und behandeln wollten. Das Heilige hat eine ewige Gegenwart unter uns, und diese Gegenwart ist lebendig. Die kirchlichen Handlungen, die sich nach den heiligen Zeiten richten, müssen wir ansehen wie Handlungen Gottes in der Zeit, durch welche der Mensch ins Göttliche immer mehr erhoben, von der Endlichkeit befreit und dem Verklärungszustande zugeführt wird. Darum wiederholen sich auch stets in der Kirche die göttlichen Geheimnisse, und der Mensch wird durch die ewige Feier derselben in jeder Zeit eingeladen, Besitz vom Ewigen zu ergreifen[538]."

Das Werk „Der Geist des Christentums" lebt davon, die in den kirchlichen Handlungen lebendige Gegenwart göttlicher Taten aufzudecken und dem Leser bewußt zu machen, ihn einzuladen, sich der Führung des Geistes Christi zu überlassen, sein Leben als Nachfolge des Herrn zu verstehen und die Vergänglichkeit der Zeit mit dem Blick auf die schon hereingebrochene und erfahrbare Ewigkeit zu überwinden. Der Autor will nichts anderes, als das innere Leben der Kirche in seiner Wahrheit, Fülle und Schönheit darzustellen und den Glanz widerzuspiegeln, der von der Verklärung Christi her in seiner Kirche aufleuchtet. Daher wird man Staudenmaier nicht gerecht, wenn man ihm, wie bei Duffrer[539] zu lesen ist, eine vorwiegend apologetische Tendenz nachsagt. Dies Urteil fußt weniger auf dem Werk selbst, sondern vielmehr auf der Rezension eines ungenannten Verfassers in „Der Katholik", einer Zeitschrift zur „Belehrung und Warnung", die in Staudenmaiers Buch einen antiprotestantischen Akzent hineinliest. Der Rezensent fragt sich, wie die von der einen Kirche Getrennten ihres Irrtums überführt werden könnten und stellt als Verfahren Staudenmaiers dar: „Was bleibt übrig, um jene verirrten Schaafe zur Heerde zurückzuführen, als ihnen die lebendigen Züge des Bildes dieser Heerde vor Augen zu stellen, aus welchem ihnen die Heilsanstalt Jesu freundlich entgegenleuchtet und in welches sie hineinblickend, wie in einem Spiegel, das Zerrbild ihrer Verirrung erkennen, demüthig auf ihre Brust schlagen und auszurufen sich gedrungen fühlen: wahrhaftig das ist die Eine Kirche Jesu — da wohnt der Geist des Christenthums leibhaftig. Was bleibt

[538] Ebd. 15.

[539] Duffrer vergleicht Staudenmaier mit Nickel und spricht dem einen eine apologetische, dem anderen eine pastoralliturgische Tendenz zu. Vgl. G. Duffrer, Auf dem Weg zu liturgischer Frömmigkeit. Das Werk des Markus Adam Nickel (1800—1869) als Höhepunkt pastoralliturgischer Bestrebungen im Mainz des 19. Jahrhunderts, Speyer 1962, 58.

übrig, als sie durch die freundliche Klugheit, durch die sinnige Liebe von der christlichen Heilordnung zu überzeugen und dafür zu gewinnen?"[540]

Daß diese Einschätzung Staudenmaiers nicht zutrifft, lehrt nicht nur der Wortlaut seiner Darstellung selbst, dagegen spricht auch, daß die zeitgenössische protestantische Kritik[541] die Toleranz des Autors zu rühmen weiß. Ähnlich positiv ist die günstige Aufnahme, die „Der Geist des Christentums" durch Hefele erfährt, der den Verfasser gegen den Vorwurf übermäßigen Idealisierens in Schutz nimmt. Sein Urteil bestätigt, daß Staudenmaiers Tendenz nicht auf Verteidigung ausgerichtet ist, sondern nichts anderes will, als die Fülle des göttlichen Lebens ins Bewußtsein zu rufen und zum tieferen Verständnis der liturgischen Feiern beizutragen.

„Jedem Gebildeten, dem es Ernst ist, das katholische kirchliche Leben zu verstehen, die Bedeutung der kirchlichen Gebräuche zu erfassen, den Kern der symbolischen Handlungen zu enthüllen und in ihre tiefe und hohe Bedeutung einzudringen, empfehlen wir die hiemit angezeigte Schrift in der festen Ueberzeugung, daß er daraus reiche Befriedigung schöpfe. Vor Allem wird sie der katholische Geistliche, und wer es werden will, mit vielem Nutzen lesen, sie wird ihm das Verständniß der gottesdienstlichen Handlungen eröffnen und den Reichthum ihres erbauenden und erhebenden Inhalts ihm vor Augen führen, sie wird ihm tausend Winke an die Hand geben, wie er die Feste der Kirche zur christlichen Durchbildung seines eigenen Herzens und der ihm anvertrauten Gemüther benützen kann. Er wird manchfache Erbauung und Belehrung aus diesem mit Anmuth, Geist und Innigkeit geschriebenen Buche schöpfen[542]."

[540] Rez. zu F. A. Staudenmaier, Der Geist 1: Katholik 16 (1836) Bd. 60, 299.

[541] In einer ungezeichneten Rezension wird auf den evangelischen Theologen Tholuk verwiesen; nach ihm ist „Der Geist des Christentums" ein Vorbild an Toleranz. Vgl. Rez. zu: Schwab-Klüpfel [Hrsg.], Wegweiser durch die Literatur der Deutschen: ZTh XIV (1845) 400.

[542] K. J. Hefele, Rez. zu: F. A. Staudenmaier, Der Geist 2: ThQ 20 (1838) 711.

## III. Kapitel

# DIE GEFÄHRDUNG CHRISTLICHER VERKÜNDIGUNG IM RATIONALISMUS

## Ein dogmengeschichtlicher Rückblick Franz Anton Staudenmaiers

Im Jahre 1844 erschienen die ersten beiden Bände von Staudenmaiers christlicher Dogmatik, weitere Bände wurden 1848 und 1852 veröffentlicht, doch ist das Werk unvollständig geblieben und nicht zu Ende geführt worden[543]. Wie aber schon der Aufriß des publizierten Stoffes erkennen läßt, ergibt sich trotz der ausgebreiteten Materialfülle kein weiterer Hinweis zum gottesdienstlichen Handeln der Kirche, vor allem deshalb nicht, weil Christologie und Soteriologie, Ekklesiologie und Sakramentenlehre innerhalb dieses Lehrbuchs nicht mehr dargestellt werden konnten. Staudenmaier behandelt im ersten Band die „Einleitung in die christliche Dogmatik", in der die Dogmengeschichte einen breiten Raum einnimmt. Der zweite Band ist der „Lehre von Gott" gewidmet, während sich der dritte mit der „Lehre von der Creatur" befaßt. Daran fügt sich im vierten Band die „Lehre von der Sünde".

Zwar entfallen wegen der Unvollständigkeit der Darstellung weitere Erkenntnisse zur Theologie der Liturgie, doch soll hier ein Detail festgehalten werden, das Auskunft über Staudenmaiers Auffassung christlicher Verkündigung geben kann. In der Abhandlung der Dogmengeschichte bezeichnet er die dritte Periode der neueren Zeit als „Periode des Kampfes und der Selbstbewährung gegen das moderne Heidenthum in der Form des Rationalismus"[544]. Darin zeigt er die Verbindungslinien auf, die zwischen rationalistischer Verfälschung des Glaubensgutes der Kirche und ihrer Verkündigung von der Kanzel bestehen.

Der Rationalismus in seiner jetzigen Gestalt wird auf Kant zurückgeführt, und die von ihm beeinflußten protestantischen Autoren werden kurz gewürdigt[545]. Das zusammenfassende Urteil lautet: „Das in den Schriften dieser Männer befolgte Streben ging und geht fortwährend darin auf, den Glauben von seiner bisherigen Höhe herabzuziehen, und an ihm Alles begreiflich und populär zu machen, was aber in der That dahin verstanden wurde, daß sein tieferer Inhalt geradezu aufzulösen sei, indem man ihn an die trivialsten, auch dem Unstudirten nicht

[543] F. A. Staudenmaier, Die christliche Dogmatik I—IV, Freiburg 1844, 1848, 1852.

[544] F. A. Staudenmaier, Dogmatik I (1844) 277.

[545] Vgl. ebd. 289f.

zusagenden Zeitvorstellungen austauscht, gegen welche, wie vorausgesetzt wird, sich der Glaube nicht mehr länger halten lasse[546]."

Die tiefgreifenden Einwirkungen rationalistischen Gedankengutes auf die Lehre der Kirche werden von Staudenmaier an einigen zentralen Wahrheiten demonstriert. Der natürlichen Vernunft erscheint die Inspiration der Heiligen Schrift unannehmbar, das Dogma der Dreieinigkeit wird verworfen, die Göttlichkeit der Person Christi bestritten, die biblische Schöpfungslehre als Mythos angesehen. Christus ist ein Mensch wie alle anderen auch. Dann aber ist seine übernatürliche Geburt ein Mythos, seine Auferstehung wird geleugnet oder auf natürliche Weise erklärt, die Himmelfahrt erinnert an die Apotheose mythischer Gestalten. Von der Welterlösung bleibt nur das sittliche Beispiel, der Tod Christi besitzt keine sündenvergebende Kraft, Rechtfertigung und Sakramente werden entkräftet, die Wiederkunft Christi zum letzten Gericht verblaßt zum bloßen Bild eines einstigen Sieges des Christentums[547].

Staudenmaier schließt diese Bilanz: „Fragen wir nun, welches wesentlich christliche Dogma unter den Händen solcher Rationalisten noch geblieben sei? so ist die Antwort: Keines. Ja, wir müssen sogar zufrieden sein, daß bei so herabgebrachter und verkommener Gesinnung noch die Lehre von Gott und die Unsterblichkeit der Seele unangefochten geblieben ist[548]."

Es liegt auf der Hand, daß die rationalistische Verfälschung der kirchlichen Lehre nicht ohne Auswirkungen auf die Verkündigung im Gottesdienst geblieben ist, vor allem deshalb, weil die den Hauptfesten des Christentums zugrundeliegenden Dogmen für zweifelhaft und unfruchtbar erklärt wurden. Staudenmaier meint, nur zu leicht sei zu erraten, was von der Kanzel her den Gemeinden verkündet wurde. „Wo der Geist sich verhaucht hat, da ist das Phlegma geblieben. Wir brauchen lediglich nur anzuführen, was geschehen ist: Merkel veröffentlichte Predigten über die Einpfropfung der Blattern, Leipzig 1777. Grot über die Rechtmäßigkeit der Blattereneinimpfung 1770; Zerenner über die Kunst, das menschliche Leben zu verlängern, nach Hufelands Grundsätzen; wozu Natur- und Ackerpredigten kommen, Magdeburg 1787; Schlez über Landwirthschaft, Heilbronn 1794; Tellers Magazin lieferte Predigten über die Vorsicht mit Feuer und Licht; ferner über Electrizität; andere Predigten befaßten sich mit der Politik[549]".

Die hier von Staudenmaier vornehmlich gegen die protestantische Verkündigung vorgetragenen Bedenken sind in seinem Werk nicht ein-

546 Ebd. 290.
547 Vgl. ebd. 290ff.
548 Ebd. 292.
549 Ebd. 293.
Die Einwirkung der Aufklärung auf die evangelische Predigt schildert mit eindrucksvollen Themenangaben W. Nagel, Geschichte des christlichen Gottesdienstes (Göschen 1202/1202a), Berlin ²1970, 171f.

malig und neu. Er nimmt damit einen Gedanken wieder auf, den er bereits 1832 formuliert[550] und damals gegen die Aufklärung auch im katholischen Raum gerichtet hat. Ziel seiner Kritik waren vor allem die Priester als die geistlichen Führer des Volkes, die zu Moral- und Nützlichkeitsaposteln herabgesunken waren. Ihnen warf er vor, zusammen mit den weltlichen Autoritäten zu den Betörten eines in seiner Substanz entleerten, kraftlosen Glaubens zu gehören.

„Der Priester hatte das Evangelium verloren, und sein erblindetes Auge konnte es nicht wieder finden. Er war der blinde Führer der Blinden geworden. Dem Denker hatte sich die Wahrheit entzogen, weil er sie nicht in den Tiefen der Religion finden zu können glaubte, die ihm fremd geworden und gegen die er sogar eine feindselige Stellung eingenommen hatte. Für die Wahrheit wurde der Schatten ergriffen. Nur im Volke war da und dort noch Wahrheit, weil dieses mit seinem sinnigen Auge das Licht mehr erkannte, als seine Priester, und führten diese Blinden wieder andere Blinden, so waren diese Letztern die sogenannten Aufgeklärten mehr als die Menge, die indeß immer auch nicht auf heilsame, sondern auf heillose (zu ergänzen: Weise) berührt wurde.

Das Kirchenjahr war in der That und nach dem Wesen verschwunden, es gab nur noch ein gemeines (eine Gemeinheit führt nothwendig zu einer andern); man feierte Weihnachten, aber es wurde kein Heiland geboren; man feierte den Charfreitag, aber es starb kein Erlöser; man beging Ostern, aber ohne den Erstgeborenen der Erstandenen; man feierte Pfingsten, aber der heilige Geist blieb aus. Von der Kanzel herab ertönten zwar noch Worte, aber nicht die Worte des Lebens; man sprach viel vom Brode, aber nicht von dem, das lebendig macht; man sprach vom Wasser, aber nicht von dem, das ins ewige Leben quillt. Sondern jetzt verstand man Brod und Wasser im eigentlichen Sinne, in puris naturalibus; vom Brode lehrte man, wie man es zurechtmache, auf daß es gesund und nahrhaft sey; vom Wasser, wie man es herleite und in gutem Zustande erhalte. Der Priester war ein Nützlichkeitsapostel geworden; die Texte handelten wohl sogar von dem Bau der Kartoffeln, von der Baumpflanzung, von der Wiesencultur, von der Brandtweinbrennerei; und wenn es hoch kam, von dem Nutzen der Religion, der Andacht, des Gebets, der Hoffnung, der Liebe, sogar vom Nutzen der Glückseligkeit, in welche man durch solche Prister ohne Zweifel eingeführt wurde. Aber der Eine Text aller dieser Predigten war doch nur jenes Wort des Herrn: ‚Mich jammert des Volkes'. —

Denn gerade das wurde ihm entzogen, ohne was alles Andere Nichts ist und zu Nichts führt, das Wort Gottes und die heiligende Kraft, die in der Kirche Christi lebt und strömt zum Trost, zum Heile und zum Segen Aller. Die höhere Welt und ihre Offenbarung wurde verschlossen gehalten, in dem Einen Wahren, das im Christenthum wohnt, alles Licht und alle belebende Wärme dem Gemüthe entzogen, und an die Stelle

[550] In der Abhandlung Andenken an Friedrich von Schlegel: ThQ 14 (1832) 607—650.

jenes stillen und kräftigen, jenes frommen und heiteren Glaubens frecher, witzelnder, kalter, inhaltsloser Unglaube gesetzt, so viel und so weit es nämlich möglich war, von Seite derer, die sich für berufen hielten, im Weinberge des Herrn zu arbeiten.

Nun verließen die Leute allerdings die Kirche, voll von Geschichten, die warnen vor Trunkenheit, die lehren, wie Scheintodte ins Leben gerufen worden seyen, die mit Scharf- und Tiefsinn zeigen, wie das und jenes kein Gespenst, sondern nur die Windeln im Mondschein gewesen seyen, die, frisch gewaschen, aufgehängt worden, aber von der Magd in Vergessenheit gekommen seyen; aber dessen waren sie leer, was sie von Gott zum tugendhaften, christlichen Leben bedurften und was sie in den Himmel bringt. Wir wollen diesen Gegenstand länger nicht fortsetzen, nur das sey noch gesagt, daß an dem Unglauben und Unheil der Zeit die Priester die meiste Schuld auf sich trugen, weil sie ihr wahres Licht erlöschten und zum dummen Salze wurden, mit Wissen und Willen[551]."

Die beiden mitgeteilten Stellungnahmen Staudenmaiers lassen erkennen, wie ernst er die Gefährdung für die christliche Verkündigung eingeschätzt hat. Die Wende zur Überwindung des Rationalismus wird von ihm freudig begrüßt, Friedrich von Schlegel als Künstler, Geschichtsphilosoph und christlicher Weiser hoch gefeiert. In der Dogmatik kommen vor allem Schelling und Hegel[552], seine Vorbilder und Anreger, zu Wort, deren Kritik an der Aufklärungsphilosophie und der von ihr abhängigen Theologie eine neue Epoche zum tieferen Verständnis und Selbstverständnis des Christentums einleitet. Das von ihnen angeregte geschichtliche Denken ermöglicht es von neuem, das verschüttete Wesen der Kirche heilsgeschichtlich zu begreifen, Liturgie und Verkündigung aus ihrer Erstarrung zu befreien und als Selbstverwirklichung der Kirche und lebendige Gegenwart göttlichen Handelns zu erfahren.

551 In der Abhandlung Andenken an Friedrich von Schlegel: ThQ 14 (1832) 611ff.

552 Staudenmaier zitiert ausführlich und zustimmend aus Schellings Vorlesungen über die Methode des akademischen Studiums und aus Hegels Religionsphilosophie: Dogmatik I (1844) 293—298.

IV. Kapitel

# DIE VERMITTLUNG DES GÖTTLICHEN LEBENS IM KULT DER HEILIGEN KIRCHE

## Eine Besinnung Franz Anton Staudenmaiers auf das Wesen der katholischen Kirche

In Beiträgen für das Süddeutsche katholische Kirchenblatt hat Staudenmaier 1841 eine Artikelfolge[553] „Über das Wesen der katholischen Kirche" veröffentlicht. Sie dient ihm 1845 als Grundlage für eine in zwei Auflagen verbreitete Broschüre gleichen Titels[554]. Unmittelbaren Anlaß, das Thema wieder aufzunehmen, die Würde und Heiligkeit der Kirche darzustellen und gegen Angriffe zu verteidigen, bietet die neu aufgebrochene Bewegung des Deutsch-Katholizismus[555], die dank der rührigen Propaganda des ehemaligen Kaplans Johannes Ronge[556] kurzfristig beachtlichen Zulauf erhielt, schon bald aber bedeutungslos wurde. Es ist Staudenmaiers Absicht, dem Glaubensbekenntnis dieser Sekte und ihrem Ruf „Los von Rom" die innere Wirksamkeit der katholischen Kirche entgegenzuhalten und den Irrtum durch ein positives Gegenbild zu überführen. Nicht falscher Glanz soll als Argument dienen, sondern Staudenmaier baut darauf, daß die einzige und wahre Stärke der Kirche in ihrem göttlichen Ursprung, in ihrem inneren Wesen, in

[553] 1. Jahrgang (1841) Nr. 6—12, S. 33—37; 41—47; 49—51; 53—56; 68—70; 73—78; 81—84.

[554] F. A. Staudenmaier, Das Wesen der katholischen Kirche. Mit Rücksicht auf ihre Gegner dargestellt, Freiburg (2 Auflagen) 1845.

[555] Vgl. F. Lauchert, Staudenmaier 399;
K. Werner, Geschichte der katholischen Theologie. Seit dem Trienter Concil bis zur Gegenwart (Geschichte der Wissenschaft in Deutschland, Neuere Zeit, 6. Bd.), München 1866, 489.

[556] Johannes Ronge, geb. 16. 10. 1813 in Bischofswalde/Schlesien; seit 1837 Studium in Breslau; 1839 Eintritt ins dortige Alumnat; 1840 Kaplan in Grottkau; 1843 suspendiert wegen des Artikels „Rom und das Breslauer Domkapitel"; 1844 öffentlicher Brief an Bischof Arnoldi (Trier) mit Kritik an der H.-Rock-Ausstellung, Aufrufe an den niederen Klerus, sich von Rom loszusagen und eine deutsche Nationalkirche zu gründen, daraufhin Exkommunikation; seit 1845 Reisetätigkeit und Gründung von „deutsch-katholischen" Gemeinden zusammen mit Johannes Czerski; bereits seit 1846 Zerfall der Gemeinden; 1849—1861 in England; 1863 Gründung des „Religiösen Reformvereins" in Frankfurt; gest. 26. 10. 1887 in Wien.
Biogr. Übersicht nach dem Art. Ronge, Johannes, von: v. L., in: ADB 29 (1889) 129f.;
Kosch KD 4045f;
K. Algermissen, in: LThK IX (1964) 38.

ihrer lebendigen Wahrheit und in ihrem göttlichen Zweck besteht[557]. Daher beginnt seine Darstellung mit der göttlichen Offenbarung, spricht von der Vermittlung der Wahrheit und des höheren Lebens in der Kirche, behandelt das Verhältnis zwischen Kirche und Staat, zur Freiheit und Zivilisation der Völker und schließt mit einer Abgrenzung gegen die Irrlehren der deutsch-katholischen Kirche. So weit Staudenmaier in diesem Zusammenhang die katholische Kirche als heilige und in ihrem Gottesdienst als Leben vermittelnde beschreibt, soll seine Auffassung hier zu Wort kommen.

Die Kirche, lehrt Staudenmaier, hat keinen Zweck für sich, sondern „ihr Zweck ist der Zweck der göttlichen Offenbarung selbst"[558]. Die Offenbarung zielt auf die Vermittlung des höheren Lebens, auf die Erlösung der ganzen Welt, wie sie bereits im Alten Testament vorbereitet wurde. Das Handeln der Kirche ist auf die Erlösung der Menschheit durch Christus ausgerichtet, und sie vollzieht sie in zwei Tätigkeiten: durch die unaufhörliche Verkündigung des göttlichen Wortes und durch die fortwährende Verwirklichung in heiligen Handlungen. Daher ist die Kirche „die fortdauernde und durch alle Zeiten hindurch gehende Vermittlerin der Wahrheit und des Lebens aus Gott"[559], in der als inneres Prinzip der Heilige Geist wirkt.

Die Vermittlung des göttlichen Lebens in den heiligen Handlungen der Liturgie ruht auf der Voraussetzung, daß Christus selbst als Hoherpriester des Neuen Bundes sein erlösendes Handeln in der Kirche fortsetzt und sie dadurch heiligt[560] und daß sie „in einem wesentlichen und lebendigen Zusammenhange mit Christo bleibt"[561]. Die Kirche kann die Vermittlung überhaupt nur deswegen vornehmen, „weil es Christus selber ist, der mit dem heiligen Geiste in all seiner Bedeutung, Kraft, Gnade, Milde und Glorie in ihr wohnt, und wohnen wird bis zum Ende der Zeiten"[562].

Die stetige Wiederholung heiliger Handlungen lebt also davon, daß Christus, der Erlöser, als Urgrund aller Vermittlung den Kult der Kirche immerfort trägt und lebendig erhält. Nur so ist die Heiligung der Zeit, das Kirchenjahr, zu begründen. In ihm geschieht „die stets wiederkehrende Verkündigung und Feier der großen Momente des Lebens und der Geschichte des Erlösers"[563]. Das liturgische Jahr würde aber nach Staudenmaier zu eng gesehen, wollte man es nur als wiederkehrende Erinnerung auffassen, in der einmal jährlich „der ganze historische Christus durch die Kirche hindurch geht", sondern es muß als zweites Mo-

557 Vgl. F. A. Staudenmaier, Das Wesen der katholischen Kirche VIII.

558 Ebd. 40.

559 Ebd. 41. — Zur Mittlerrolle der Kirche und zur Unterscheidung des logischen und pneumatischen Moments der Lebensvermittlung vgl. P. Hünermann, Trinitarische Anthropologie 154—160.

560 Vgl. F. A. Staudenmaier, Das Wesen der katholischen Kirche, 72.

561 Ebd. 78.

562 Ebd.

563 Ebd.

ment der Gedanke hinzutreten, daß „zugleich auch die Hauptepochen der ganzen heiligen Geschichte sich wiederholen“[564].

In diesem Hinweis liegt der Schlüssel dafür, wie Staudenmaier die Lehre von der Erlösung mit ihrer kultischen Feier verknüpft, denn die Geschichte der Offenbarung kündet von zwei Stammvätern, Adam und Christus, mit denen die Menschheit so innig verbunden ist, „daß das Leben des Geschlechtes auf eigenthümliche Art durch das Leben dieser beiden Stammväter bedingt und bestimmt ist. Das Leben dieser lebt sich im Geschlechte wieder, oder ihr Leben wiederholt sich im Leben des Geschlechtes“[565].

Durch Adam, den Stammvater und Repräsentanten der gesamten Menschheit, geschah der Abfall von Gott, an dem alle teilhaben. Durch seine Sünde verlor der Mensch seine ursprüngliche Heiligkeit und Gerechtigkeit. Zwar blieb die Ebenbildlichkeit des Menschen zu Gott bestehen, aber Intelligenz und Freiheit wurden geschwächt, der Wille verlor an Kraft. Eine weitere Folge der Sünde Adams ist der sichere Tod aller. Das Heidentum repräsentiert das unglückliche, finstere, aus der Einheit mit Gott herausgefallene Leben[566].

In der allgemeinen Hoffnungslosigkeit und Verzweiflung lebte im jüdischen Bewußtsein die messianische Erwartung weiter, richteten griechische Philosophen ihre Hoffnung auf den Sturz der Götter und die Ankunft eines besseren, gewandelten Weltzeitalters[567]. In Christus ist die Morgenröte dieser neuen Zeit aufgegangen.

Was die Menschheit in Adam verloren hat und was sie in der Erlösung durch Christus neu gewinnt, stellt Staudenmaier in gegensätzlichen Aussagen zusammen, um so aufzuzeigen, daß die Versöhnung mit Gott gerade da heilt und erhöht, wo die Sünde den Menschen zutiefst verletzt hat.

„Vom ersten Adam kommt der Tod, vom zweiten Adam das Leben. Durch den ersten Adam ist Sünde, Schuld und Strafe; — durch den zweiten Adam ist Zurückversetzung in den Zustand der ursprünglichen Unschuld, Heiligkeit und Gerechtigkeit. Durch den ersten Adam ist Irrthum; durch den zweiten ist Wahrheit. Durch den ersten Adam ist Zertrümmerung der ursprünglichen heiligen Einheit; durch den zweiten ist Herstellung in die Einheit. Denn das ist das große Ziel, das sich das Christenthum unter den Menschen setzt: Sie sollen Eins sein: Eins mit Gott, und Eins unter sich, auf daß eine vollkommene Einheit sei (Joh. 17, 21. ff.). Durch den ersten Adam ist Abfall von der göttlichen Idee des Lebens, durch den zweiten Wiederkehr zur Idee und Versöhnung mit ihr. Durch den ersten Adam ist das höhere Leben erstorben, durch den zweiten kehrt das höhere Leben in Kraft und Herrlichkeit wieder. Die Zeit des Christenthums ist die Zeit der Wiederkehr des Ersten, die Rück-

[564] Ebd.
[565] Ebd. 79.
[566] Vgl. ebd. 90ff.
[567] Vgl. ebd. 96ff.

kehr ins Ursprüngliche. Mit ihm beginnt überhaupt eine neue Zeit, eine neue Welt, eine neue Menschheit, wie der Apostel sagt: Das Alte ist vergangen, Alles ist neu geworden (2 Kor. 5, 17). Zwei weithin herrschende Gesetze wechseln jetzt ihre Herrschaft: das Gesetz der Theilung, Vervielfältigung und Zertrümmerung hat aufgehört, und das große göttliche Gesetz der Einigung und Vereinigung hat seinen beglückenden Anfang genommen."[568]

Die Kirche Christi wird durch Einheit bestimmt, sie ist nichts anderes als die durch christlichen Glauben und christliche Liebe „zur Einheit organisirte Menschheit"[569], an der der einzelne durch die Wiedergeburt in der Taufe Anteil erhält. Höheres Leben erwächst aus der Gemeinschaft mit Christus, dem Stammvater des neuen Geschlechts; aus der Teilhabe an seinem Todesleiden und seiner Auferstehung, wie es das Untertauchen im Taufwasser und das Auftauchen symbolisiert, rührt alle Rechtfertigung und Heiligung des Menschen. Daher kann es für den Christen nur einen Lebensentwurf geben: „Dieselben Thätigkeiten und Handlungen, durch welche Christus Erlöser der Welt geworden ist, (haben) sich in dem zu erlösenden Menschen zu wiederholen."[570] Die Akte seines Lebens müssen sich nachbildlich am Urbild der Akte des Lebens Christi orientieren. Das bedeutet aber nichts anderes als: „Das Leben Christi als das die Menschheit erlösende und versöhnende Leben müsse und solle sich im Leben des Menschen wiederholen."[571]

Das Verständnis für das liturgische Handeln der Kirche hängt entscheidend davon ab, wie weit die einmalige Erlösungstat Christi sprachlich und inhaltlich mit „Wiederholung" in Beziehung gebracht werden kann und darf. Es stellt sich die Frage, ob es legitim ist, erneuern zu wollen, was dem Geschehen nach der Vergangenheit angehört und seiner Wirksamkeit nach alle menschlichen Möglichkeiten übersteigt. Liegt im Anspruch, gott-menschliches Handeln zu wiederholen, nicht eine Anmaßung, der mit einer bloßen „Erinnerung" an die Heilstaten Christi begegnet werden müßte? Staudenmaier versucht eine Antwort zu geben, die, fußend auf der Tradition[572], sowohl der ein für allemal geschehenen Versöhnung wie ihrer fortwährenden Vergegenwärtigung durch die Kirche gerecht wird, wobei gleichzeitig die Grundlage dieses kirchlichen Sprechens und Handelns in den Blick kommt: Wiederholung und Fortsetzung der Erlösung beruhen auf der Wahrheit, daß

568 Ebd. 100.
569 Ebd. 101.
570 Ebd. 104.
571 Ebd.
572 Staudenmaier zitiert als Zeugnis übereinstimmender katholischer Lehre Bernhard von Clairvaux: „So ist es der Fall, daß das, was sich auf geheimnißvolle Weise an dem Haupte erfüllt, geschichtlich wieder mit dem Leibe, d. h. der Kirche und ihren Gliedern, vorgeht." (Bernard. Serm. 63.); desgleichen Augustinus (Enchirid. c. 53 [14.] ) und Thomas von Kempis (De imit. Christ. l. I. c. 1.; l. II. c. 12).
Ebd. 107.

Christus in beständiger Gegenwart in seiner Kirche lebt, daß sein erlösendes Wirken, obwohl einmalig und abgeschlossen, als ein ewiger Akt sich stets erneuert und daß er selbst es ist, der seine Gläubigen zur Vollendung führt.

„Die ursprüngliche, objective That der Welterlösung durch Christus setzt sich fort in ihrer absoluten Macht und Gültigkeit, und wiederholt sich beständig in den Herzen der Gläubigen; der Act der Erlösung der Welt durch den Gottmenschen ist ein ewiger Act auch in dem Sinne, daß er sich unaufhörlich vollzieht in der Menschheit. Obschon daher dieser Act für sich ein vollendeter, ein in sich selbst abgeschlossener, ein für die Welt absolut gültiger Versöhnungsact ist, von dem Niemand etwas hinwegnehmen, und zu dem eben so wenig Jemand etwas hinzuthun kann; so ist dieser gottmenschliche Act doch keineswegs ein in dem Sinne abgeschlossener, allein stehender und der Vergangenheit angehörender, daß er nicht zu gleicher Zeit ewig neu wäre, immer von Neuem wieder sich vollzöge, und zwar im Bewußtsein und im Leben der Menschheit, indem er dieses Bewußtsein und dieses Leben hervorruft, es bestimmt, vermittelt und verherrlicht. Was dort geschehen ist, geschieht immer wieder, es wird beständig in der Menschheit, so wie in den Gliedern derselben. Christus lebt ewig im Geschlechte der Menschen, um das höhere Leben der Menschheit auszugestalten, auf daß es der göttlichen Idee entspreche, von der es abgefallen ist."[573]

Der Kult der katholischen Kirche besitzt einen großen Reichtum an Formen und symbolischen Handlungen, die dazu dienen, auf den Menschen einzuwirken und ihm Gnade zu vermitteln. Unter ihnen ragen die sieben S a k r a m e n t e heraus, die Staudenmaier unter einem besonderen Aspekt betrachtet. Er sieht in ihnen Elemente von lebensspendender Funktion, einen heiligen Kreis, der das menschliche Dasein von Anfang bis Ende umschließt, so daß die wichtigsten Entscheidungssituationen des natürlichen Lebens unter den Einfluß des höheren, göttlichen Lebens gestellt werden. Diesen Zusammenhang stellt er in einem auf den ersten Blick bestechenden Überblick so dar:

„Tritt der Mensch durch die Geburt in das Leben als ein Nachkomme des ersten Adam ein; so kommt alsbald die Kirche und führt ihn durch die Taufe dem zweiten Stammvater zu, durch welchen Befreiung von Sünde und Schuld, Leben und Seligkeit ist. Der Mensch wird durch die Kirche eingeführt in das Reich Gottes, in das Reich der Gnade und in die Gemeinschaft der Kinder Gottes. Hier auf diesem geweihten und geheiligten Boden beginnt sein erstes Leben, sein erstes Bewegen, sein erstes Denken, Fühlen und Wollen. Und wäre es nur, daß es so bliebe, daß er von diesem Boden sich nimmer entfernte. Allein jene Welt, in welcher der erste Adam stets noch neben dem zweiten sich fortsetzt, sucht verführerisch auf alle Glieder der Menschheit einzuwirken, und daher ist es, daß für jeden einzelnen Menschen die Zeit und Stunde kommt, sich mit Freiheit zu entscheiden: es kommt der Augenblick, da

[573] Ebd. 106f.

er sich zu erproben hat, wem er hinführo angehören wolle, Gott oder der Welt, dem Guten oder dem Bösen, der Tugend oder dem Laster, dem Himmel oder der Hölle. Diese Zeit oder diese Periode ist zugleich aber auch jene, in welcher sich der Mensch in der Regel für einen Beruf, einen Stand entscheidet, welchem er sein ganzes übriges Leben hindurch anhängt, und in dem er ein nützliches, brauchbares, segenbringendes Glied am Körper der Menschheit zu werden sich die Aufgabe setzt. In der Zeit dieser zweifachen, so wichtigen Entscheidung, in der sich der Mensch meistens für sein ganzes Leben entscheidet, tritt die Kirche zum zweitenmal mit dem heiligen Sacramente an ihn hin, mit dem Sacramente der Firmung, d. h. mit dem Sacramente der Stärkung, um ihm beizustehen durch göttliche Gnade im Augenblick der so bedeutungsvollen Entscheidung. Aber das Verderben lockt fort und fort, und will das Gott zugewendete Gemüth von ihm hinweg und der Welt zuwenden. Folgt der Mensch dieser Verlockung, und leider folgen ihr so Viele, erhält die Sünde Herrschaft im Menschen, sucht sie in ihm Wurzel zu schlagen für alle Zeit; so kommt die Kirche zum drittenmale mit ihrer Vermittlung, und zwar im Sacramente der Buße, um den Sündiggewordenen zu entsündigen, den vom höhern geistigen Sein Abgefallenen dem wahren gottseligen Leben wieder zurückzugeben, den mit sich selber, mit Gott und mit der bessern Menschheit Zerfallenen in die wahre beseligende und friedevolle Einheit wieder zurückzuführen. Diese Einheit verwirklicht sich aber in ihrem wahrsten und tiefsten Wesen im Sacramente des Abendmahls: denn das Sacrament des Abendmahls, welches und indem es zugleich die Wiederholung des ewigen Opfers ist, ist das große Sacrament der Vereinigung selbst, und zwar des Menschen mit Gott durch Christus, und der Menschen untereinander. Die ewige Forderung an die Menschheit, Eins zu werden, sie vollzieht sich im Sacramente des Abendmahls. Das Abendmahl feiernd, feiert der Mensch sein höheres, sein höchstes, sein unsterbliches Leben, sein Leben in der Einheit mit Gott und in der Gemeinschaft mit den Brüdern. Die Fortdauer des Geschlechtes ist an die Ehe, den Bund des Mannes und der Frau geknüpft. Aber dieser Bund erhält seine eigentliche Weihe nur dann, wenn er unter die göttliche Gnade gestellt ist. Ohne diese Weihe ist er sinnlicher Natur, fern von jedem höhern Leben. Die Ehe ist darum ein Sacrament, und als dieses in der für den Himmel bestimmten Menschheit die erste Form heiliger Einheit, wie sich diese in der christlichen Familie darstellt. Soll aber das höhere Leben in der Menschheit durch die Kirche überall vermittelt werden; so sind dazu besondere Organe nothwendig, durch welche diese Vermittelung des höhern geistigen Lebens vor sich geht. Diese Organe sind die Priester: das Sacrament aber, durch welches sie zu diesen Organen geweiht werden, ist die Priesterweihe. Umgibt die Kirche den Menschen überall weihend und heiligend, reinigend, hebend, führend, leitend, versöhnend, tröstend und friedebringend; so wird sie ihn auch nicht verlassen, wenn der Augenblick gekommen sein wird, wo er die Welt verläßt, wenn er aus der Zeit in die Ewigkeit hinübertritt.

Und gewiß, auch in diesem für die unsterbliche Seele so wichtigen Augenblicke bleibt sie nicht aus, sondern kommt von selber, um ihn zu reinigen von noch vorhandenen irdischen Flecken, um ihn zu heiligen und geheiligt hinüber zu leiten vor den Thron des gerechten und allbarmherzigen Richters. Dieß Alles thut sie im Sacramente der letzten Oelung. Das ist in aller Kürze die katholische Lehre von den heiligen Sacramenten."[574]

So sehr die Gesamtschau der sieben Sakramente zunächst als ein gelungener Wurf erscheint, der die Knotenpunkte des menschlichen Lebens mit der für sie spezifischen Gnade verknüpft, bleibt doch zu fragen, ob Staudenmaier hier nicht einer Harmonisierungstendenz erlegen ist, die vor der Dogmengeschichte und Liturgiewissenschaft[575] nicht bestehen kann. Was der Autor zur Theologie der Sakramente vorträgt, fußt auf der schon in der ersten Auflage der Enzyklopädie[576] niedergelegten Darstellung. Aber hier wie dort läßt sich feststellen, daß die tatsächlich geübte Praxis der Kirche von unserem Theologen zur Norm und zur Grundlage theologisch-inhaltlicher Aussagen erhoben wird, ohne daß mögliche Fehlentwicklungen in den Blick kommen. Das wird besonders daran deutlich, wenn als willkommene und populäre Begründung der eigenen Position die Beschreibung der Sakramente durch Johann Wolfgang von Goethe[577] herangezogen wird, der die Kargheit des protestanti-

[574] Ebd. 108ff.

[575] Die Tendenz, bestimmte Sakramente spezifischen Entscheidungssituationen im menschlichen Leben zuzuordnen, wird bis heute in der theologischen Diskussion und Pastoral gefordert bzw. in Frage gestellt. Besonders deutlich wird dies in der Auseinandersetzung um das geeignete Firmalter. Staudenmaier rechnet die Firmung, ohne ihren Charakter als Initiationssakrament und ihren engen Zusammenhang mit der Taufe zu bedenken, ganz selbstverständlich dem Jugendalter zu. Über die gegensätzlichen Standpunkte der heutigen Diskussion und ihre Argumente informieren E. J. Lengeling — A. Exeler, Pastorale Fragen um Taufe und Firmung, in: A. Exeler [Hrg.], Fragen der Kirche heute, Würzburg 1971, 17—34.
Zu der von Staudenmaier vertretenen Auffassung, die letzte Ölung sei das Sakrament der Sterbenden vgl. A. Knauber, Pastoraltheologie der Krankensalbung, in: HPTh IV (1969) 145—178; E. J. Lengeling, Todesweihe oder Krankensalbung? LJ 21 (1971) 193—213, die über die unglückliche Entwicklung in Mittelalter und Neuzeit Aufschluß geben, der auch Staudenmaier verhaftet ist.

[576] Vgl. F. A. Staudenmaier, Enzyklopädie 1, §§ 747—761, 431—442.
Der Versuch, die Sakramente mit bestimmten Situationen des Lebens zu verknüpfen, wird hier noch nicht konsequent durchgeführt, kündigt sich aber bereits an: „Es gibt im Leben des Geschlechtes gewisse Hauptmomente, in welchen die Vernichtung des alten, und die Bildung des neuen Adam zu Stande kommt. Dieser Momente sind sieben." Ebd. § 751, 433.

[577] Goethes Beschreibung (Aus meinem Leben, 2. Teil, 6. Buch) wird von Staudenmaier als Zeugnis protestantischer Wertschätzung ausführlich zitiert: vgl. F. A. Staudenmaier, Das Wesen der katholischen Kirche, 110—114.

schen Kultes bedauert, die Symbolkraft und Schönheit des katholischen Gottesdienstes hervorhebt und die Sakramente als Zirkel vorstellt, der das ganze Leben von der Wiege bis zur Bahre umschließt. Es drängt sich daher der Eindruck auf, daß in den Versuch, die Sakramente an wichtige Markierungspunkte des menschlichen Lebens zu binden, auch starke außertheologische Einflüsse eingegangen sind. Bedenkt man aber die besonders im „Der Geist des Christentums“ offenkundige Grundtendenz Staudenmeiers, die Vermittlung des höheren, göttlichen Lebens als Vollendung der geschaffenen Ordnung zu verstehen und den kirchlichen Kult mit dem Ablauf des Naturlebens in Beziehung zu setzen, so ist diese Harmonisierung nur folgerichtig. Außerdem stützt sie in hervorragender Weise den Zweck der Abhandlung, die Schönheit und Würde der Kirche allen Angriffen als wirksamstes Argument entgegenzuhalten.

Zusammenfassend beschreibt Staudenmaier die Schönheit und läuternde, erhebende Kraft des gesamten, auch außersakramentalen Kultes als Frucht, die aus der Vermittlung des höheren, göttlichen Lebens hervorgeht.

„In diesem Cultus bleibt überhaupt kein höheres menschliches Bedürfnis ungestillt, kein edles und hohes Gefühl unangeregt, keine tiefere Saite des Herzens unangeschlagen, und kein göttlicher Keim ungepflegt, unerzogen und unentfaltet. Sondern alles Wahre, Edle, Gute und Vortreffliche in Geist und Gemüth, Herz und Willen erwacht, wächst, gedeiht und reift unter dem Schutze der göttlichen Gnade in einer Kirche, die mit mütterlicher Liebe und Sorge sich aller ihrer Kinder annimmt, ihr leisestes Sehnen und Bedürfen versteht, und bereit ist, diesem von allen Seiten her entgegen zu kommen, sowohl mit dem, was ihr selbst von Gott reichlich gegeben ist, als mit dem, was sie darbietet in ihrem Geiste der Gemeinschaft, in welcher Gemeinschaft bei inniger, brüderlicher Liebe unendlich viele geistige Kräfte, ruhend auf göttlichen Gaben, gemeinsam sich regen, unterstützen, halten, binden, fördern, heben und tragen; wo überall der Geist dem Geiste zu Hilfe kommt.“[578]

Schließlich bleibt noch auf den innigen Zusammenhang hinzuweisen, der zwischen Kult und Kunst besteht. Die heilige Kunst erschöpft sich nicht darin, nur dienend und ausführend dem Gottesdienst zugeordnet zu werden, sondern ihr inneres Wesen liegt in den ewigen Ideen einer höheren, geistigen Schönheit, die sie zum Ausdruck bringt. Wirkt aber die Kunst in der Liturgie mit, so „macht sie einen Theil der heiligen Symbolik aus; sie ist Darstellung des Göttlichen in seiner innigen Verbindung mit dem Menschlichen, Darstellung der wirklichen Versöhnung des Endlichen mit dem Unendlichen, des Zeitlichen mit dem Ewigen, des Irdischen mit dem Himmlischen. — Das Göttliche ist gegenwärtig durch die lebendige Gegenwart des menschgewordenen Gottes, und die Wahrheit dieser Gegenwart des Göttlichen feiert die Gemeinde geistig im Herzen, indem sich das Heilige zugleich darstellt durch die sinnvolle heilige Kunst in allen Gebieten und Reichen ihrer Thätigkeit, und mit

[578] Ebd. 114.

allen Mitteln, die ihr zu Gebote stehen, in Worten, Tönen und Farben, in Stein und Holz, und durch das harmonische Zusammenwirken von allen besondern Künsten, also der Poesie, Musik, Malerei, Plastik und Architektur.

Indem aber die Kunst durch ihre heilige Symbolik fortwährend auch durch Anregung und Erhebung des Innern auf den Menschen einwirkt, ist ein beständiger Wechsel zwischen dieser Anregung des Heiligen und Göttlichen im Innern des Menschen und der wirklichen allseitigen Darstellung dieses Göttlichen und Heiligen. Das ist die Vermittelung der heiligen Kunst, und man muß sie in sich selbst erfahren haben, wenn man ihre ganze tiefe Bedeutung, ihre Größe, ihren Ernst, und ihre reiche, fruchtbringende Wirksamkeit erkennen will.

Alle Schönheit aber, die sie besitzt, und alle Harmonie, die in ihr schlummert, ist selbst nur ein Symbol der innern Schönheit und Harmonie des christlichen Glaubens und Lebens, das die Kirche durch alle ihr zustehenden Mittel in uns erwecken, erziehen, kräftigen, stärken und nach seiner großen göttlichen Idee verwirklichen will."[579]

Staudenmaiers Abhandlung über das Wesen der katholischen Kirche wurde der Öffentlichkeit übergeben, um Angriffe abzuwehren und den Irrglauben zu überführen. Vordergründige Argumente sind dem Autor dabei fremd. Er baut auf die Wahrheit in ihrer ganzen Fülle; der Einsicht in das innere Wesen der Kirche traut er die höchste Überzeugungskraft zu. Daher breitet er vor dem Leser die herrlichen Zeugnisse des göttlichen Lebens aus, das die heilige Kirche, in der Christus sein erlösendes Handeln fortsetzt, der Menschheit vermittelt. Was die Kirche durch alle Zeiten weitergibt, prägt sie auch selbst, ihr göttlicher Ursprung läßt sich an ihrem Erscheinungsbild ablesen. In ihrem Kult erfährt der Mensch Versöhnung mit Gott, alle seine Kräfte und Fähigkeiten werden geadelt und erhoben. Die Einheit mit Gott führt zur Gemeinschaft der Erlösten; wo die Kirche sich entfaltet, werden Friede und Harmonie geweckt, Wissenschaft und Humanität gefördert, kann sich die Schönheit der Kunst entfalten. So entsteht vor dem Leser ein — idealisiertes — Kirchenbild, weil es Sünde und Scheitern schon in endgültiger Versöhnung aufhebt, aber gerade mit dieser Gewißheit wirbt Staudenmaier darum, sich zur lebendigen Wahrheit zu bekennen.

[579] Ebd. 115f.

# V. Kapitel

## WIEDERVEREINIGUNG DER KIRCHEN UND LATEINISCHE KULTSPRACHE

### Ein Vermittlungsversuch Franz Anton Staudenmaiers in der Schrift „Die kirchliche Aufgabe der Gegenwart"

In seiner Freiburger Zeit hat Staudenmaier die politischen und sozialen Umwälzungen, die sich im badischen Aufstand von 1848 entluden, herannahen sehen und ähnlich wie Hirscher[580] in Zeitschriftenartikeln und Broschüren[581] zu den brennenden Zeitfragen Stellung bezogen und Einfluß auf die weitere Entwicklung zu nehmen gesucht. Als wirklicher Domkapitular[582] war er seit 1843 unmittelbar für die Erzdiözese mitverantwortlich, so daß er frühzeitig den sich ankündigenden Gefahren für das kirchliche Leben zu steuern suchte. Dabei kam es ihm nicht darauf an, durch ängstliches Reagieren möglichst viel aus dem allgemeinen Umbruch für die Kirche zu retten, sondern die Gunst der Stunde für ihre Freiheit und ein neues Verhältnis zwischen Staat und Kirche zu nutzen. Daran hat er auch nach 1848 festgehalten, wenn er dazu auffordert, die Kirche dürfe trotz der Feindschaft, die ihr entgegengebracht werde, nicht ihre Sendung an die Welt vergessen[583], es gelte, dem Rat des Evangeliums zu folgen und nicht mehr nach rückwärts zu schauen, „sondern

[580] J. B. Hirscher, Erörterungen über die großen religiösen Fragen der Gegenwart, 3 Hefte, Freiburg 1846, 1847, 1855; ders., Die Notwendigkeit einer lebendigen Pflege des positiven Christentums in allen Klassen der Gesellschaft. Den deutschen Regierungen, zunächst dem deutschen Parlamente zur Würdigung vorgelegt, Tübingen 1848; ders., Die sozialen Zustände der Gegenwart, Tübingen 1849; ders., Die kirchlichen Zustände der Gegenwart, Tübingen 1849.

[581] F. A. Staudenmaier, Zum religiösen Frieden der Zukunft, mit Rücksicht auf die religiös-politische Aufgabe der Gegenwart, 3 Teile, Freiburg 1846 und 1851. Teil I und II auch unter dem Titel: Der Protestantismus in seinem Wesen und seiner Entwicklung. Teil III auch unter dem Titel: Die Grundfragen der Gegenwart, mit einer Entwicklungsgeschichte der antichristlichen Principien in intellectueller, religiöser, sittlicher und socialer Hinsicht, von den Zeiten des Gnosticismus bis auf uns herab; ders., Die Grundfrage der Gegenwart: ZTh XVII (1847) 51—132; XXI, 2. Heft (1850) 167—363; ders., Die kirchliche Aufgabe der Gegenwart: ZTh XIX (1848) 295—463. Als Broschüre: Freiburg 1849.

[582] Zu den näheren Umständen dieser Ernennung vgl. A. Scholz, Materialien zur Biographie Franz Anton Staudenmaiers (1800—1856): ThQ 147 (1967) 233f.

[583] Vgl. F. A. Staudenmaier, Die kirchliche Aufgabe der Gegenwart, Freiburg 1849, IIIf.

vorwärts wollen wir vor Allem den Blick gerichtet halten auf das Werk des Friedens und der Versöhnung"[584].

Staudenmaiers Beiträge zu politischen und sozialen Fragen dürfen hier, da sie den Rahmen dieser Untersuchung sprengen würden, unberücksichtigt bleiben. Zu fragen ist jedoch, ob sich in seinen Reformvorschlägen, die das kirchliche Leben betreffen, Anregungen zu einer Neuordnung der Liturgie finden. Schon ein allgemeiner Überblick über das Schrifttum Staudenmaiers spricht gegen eine solche Vermutung. Auch in seinen Stellungnahmen zu aktuellen Zeitfragen ist von Liturgiereform keine Rede. Der Hinweis seines Biographen[585], Staudenmaier habe die Möglichkeit der Liturgie in der Landessprache erwähnt, muß im Gesamtzusammenhang dieser Äußerung gewertet werden. Sie findet sich ganz am Schluß der Broschüre „Die kirchliche Aufgabe der Gegenwart" und gehört in den Rahmen von Überlegungen, die der Autor zur ökumenischen Situation angestellt hat.

In der genannten Broschüre rät Staudenmaier dem deutschen Episkopat, „ein altes ehrwürdiges und in jedem Falle segensreiches Institut wieder zu erwecken und aufs Neue ins Leben zu führen, — das der Synoden". Er ist davon überzeugt, „gibt es je eine Zeit, in welcher der Geist der Kirche, so weit ich ihn zu verstehen glaube, Synoden verlangt; so ist es die jetzige"[586]. Die Beratungen der empfohlenen Diözesan- und Provinzialsynoden, dessen ist sich er Autor sicher, würden in ihren Ergebnissen den Wunsch nach universalkirchlichen Entscheidungen wecken und die deutschen Bischöfe dazu motivieren, beim Papst ein allgemeines Konzil zu beantragen[587].

An allgemeinen Aufgaben, die durch Synodentätigkeit für die Gesamtkirche zu lösen sind, nennt Staudenmaier an erster Stelle die Wiederherstellung des katholischen Bewußtseins durch eine klare Absage an die herrschenden Irrlehren und ein deutliches Bekenntnis zur Wahrheit. „Wir verlangen eine vollständig ausgesprochene Wahrheit gegenüber dem vollständig ausgesprochenen Irrthum[588]." Ist aber einmal das katholische Bewußtsein in seinem ganzen Umfang neu ausgesprochen worden, ergibt sich daraus als Folgerung, „in der Lehre das Wesentliche und das Nothwendige vom Nichtnothwendigen klar und scharf zu unterscheiden"[589]. Diese Unterscheidung öffentlich bekanntzumachen, hält Staudenmaier für eine unbedingte Notwendigkeit, denn erst auf ihrem

584 Ebd. V.

585 Vgl. F. Lauchert, Staudenmaier 435. Der Kontext, in dem Staudenmaiers Überlegung zum Gottesdienst in der Landessprache steht, wird auch von Trapp, Vorgeschichte und Ursprung der liturgischen Bewegung vorwiegend in Hinsicht auf das deutsche Sprachgebiet, Regensburg 1940, 248 nicht beachtet.

586 F. A. Staudenmaier, Die kirchliche Aufgabe der Gegenwart, Freiburg 1849, 170.

587 Vgl. ebd. 170f.

588 Ebd. 172.

589 Ebd. 173.

Hintergrund kann Wesentliches von Unwesentlichem unterschieden und die Versöhnung des Katholizismus mit dem allgemeinen Weltbewußtsein der Gegenwart angestrebt werden[590]. Schließlich ist sie von entscheidender Bedeutung für alle ökumenischen Bestrebungen, denn es wird, „so lange jene Unterscheidung nicht im klaren Bewußtsein lebt, und von Außen her so Vieles im Katholicismus für wesentlich gehalten wird, was seiner Natur nach unwesentlich ist, die Wiedervereinigung mit den Akatholiken sehr schwer wenn nicht selbst unmöglich sein"[591].

Die katholische Kirche hat nach Staudenmaier nicht nur das Recht, sondern auch die Pflicht, alles Getrennte wieder zur kirchlichen Gemeinschaft einzuladen und die zwischen Katholiken und Protestanten vorhandene gemeinsame Glaubensüberzeugung zum Ausgangspunkt aller Einigungsbestrebungen zu machen. Für die Wiedervereinigung selbst schweben ihm zwei Lösungsmöglichkeiten vor: entweder die sofortige Herstellung der kirchlichen Einheit oder eine graduelle Annäherung durch eine Mittelstufe. Das zweite Modell könnte zwischen der katholischen und protestantischen Kirche zu einem Förderativverhältnis führen, das sich am Beispiel der unierten Griechen orientiert[592].

Erst in diesem Zusammenhang stellt sich Staudenmaier die Frage, ob die Entscheidung zur jeweiligen Landessprache im Gottesdienst möglich ist und ob sie für ein beabsichtigtes förderatives Verhältnis zwischen Katholiken und Protestanten eher förderlich oder hinderlich sein könnte.

„Zu dem, wodurch die unirte griechische Kirche bis zur Stunde noch von der römischen sich unterscheidet, gehört neben Anderm die gottesdienstliche Sprache, welche in ihr die griechische ist. Wir müßten die katholische Kirche wirklich wenig kennen, wollten wir dafür halten, sie lege auf den Buchstaben Werth, und setze nicht Alles in den Geist. Der gedachte Punkt kann nach unserer innigsten Ueberzeugung nicht nur kein Hinderniß für das förderative Verhältniß der Katholiken mit den Protestanten setzen, sondern könnte auch in der katholischen Kirche selbst nicht die geringsten Störungen verursachen, wenn die jeweilige Landessprache zur gottesdienstlichen Sprache erhoben würde, sobald hiernach ein Bedürfniß in den Gemeinden entstanden sein würde. Jede so sehr ausgebildete Sprache, die ohne Gefahr als dogmatische Sprache gebraucht wird, kann auch bei der Liturgie Statt haben, — und sie kann nicht nur, sondern soll überall wirklich Statt haben, wo das Bedürfniß und die Sehnsucht nach ihr allgemein erwacht ist.

Wir sind weit davon entfernt, die Vorzüge der lateinischen Sprache in Zweifel zu ziehen oder gar in Abrede zu stellen. Selbst die Griechen haben sie wegen ihrer Kürze in Harmonie hochgehalten. (Anm.: So sagt Plutarch im Leben des Demosthenes: ‚Ich halte es gewiß für etwas sehr angenehmes und unterhaltendes, die Schönheiten, die Kürze, die figür-

[590] Vgl. ebd.
[591] Ebd. 174.
[592] Vgl. ebd. 175ff.

lichen Redensarten, die Harmonie, und alle anderen Vortrefflichkeiten der lateinischen Sprache kennen zu lernen.') Wir erkennen gerne an, daß die lateinische Sprache lange Zeit hindurch die Sprache aller gebildeten Geister und als Universalsprache ein großes Werkzeug der Wissenschaft und der Civilisation gewesen sei, daß sie Länder und Nationen wie Individuen mit einander verbunden habe, daß sie eben dadurch etwas Katholisches, d. i. Allgemeines an sich trage, abgesehen von dem Unveränderlichen, das sie an sich trägt, wie die Lehre, der sie zum Ausdruck sich hergegeben.

Allein dieses Alles hindert doch nicht, an ihre Stelle eine andere Sprache treten zu lassen, und zwar die, in welcher jede gebildete Nation an die Gottheit sich wendet. Das Katholische ist hier nicht diese, sondern eine jede Sprache. Die Anwendung hievon mag noch überdieß zum Mittel werden, Priester und Volk bei den Cultushandlungen in recht innige und lebendige Verbindung mit einander zu bringen."[593]

Staudenmaier schließt mit der Bemerkung: „Doch hierüber entscheidet nicht ein Einzelner, sondern die allgemeine Kirche."[594]

Der Kontext läßt klar erkennen, daß Staudenmaier den Impuls, zur Volkssprache im Gottesdienst Stellung zu nehmen, aus dem Bemühen um kirchliche Einheit empfangen hat. Als innerkatholisches Problem, das von den Aufklärungsliturgikern bis hin zu Hirscher eine wichtige Rolle gespielt hat, begegnet es in seinem Schrifttum nicht. Dennoch bleibt die Rangordnung bemerkenswert, in der diese Frage dem ökumenischen Einheitsstreben untergeordnet wird, während gleichzeitig die möglichen positiven Auswirkungen einer katholischen Liturgie in der Landessprache wenigstens andeutungsweise in die Überlegungen einbezogen werden.

[593] Ebd. 177f.
[594] Ebd. 178.

## Schlusswort

Als Theologe der katholischen Tübinger Schule steht Staudenmaier mitten in den großen geistigen Auseinandersetzungen seiner Zeit. In seinem umfangreichen Schrifttum haben sie ihre Spuren hinterlassen. Aber obwohl er gemeinsam mit seinen Lehrern Möhler, Drey und Hirscher tiefen Einfluß auf die Glaubenswissenschaft ausgeübt hat, ist die weitere Entwicklung der Theologie in seinem Jahrhundert über ihn hinweggegangen. Es gibt keinen Theologen, der sich im strengen Sinne als sein Schüler bezeichnen dürfte und in Anspruch nehmen könnte, sein Werk fortgesetzt zu haben.

Was für den Dogmatiker Staudenmaier gilt, trifft auch für ihn als Liturgiker zu. Er steht am Ende einer Bewegung, die von da an in anderen Bahnen verläuft. Die Liturgik hat ihm in doppelter Hinsicht zu danken. Zum einen ist die wissenschaftliche Begründung der praktischen Theologie und mit ihr der Liturgiewissenschaft hervorzuheben, die erst durch ihn ein wirklich theologisches Fundament erhalten hat. Wenn die Pastoral in ihrer Entwicklung von einer Kunstlehre oder Standesmoral des Klerus bis hin zur Selbstverwirklichung der Kirche beschrieben wird, darf künftig der Name Staudenmaiers nicht fehlen, der, vorgeprägt durch geschichtliches Denken, den positiven Charakter des Christlichen begründet und verteidigt hat und die Heilsgeschichte als lebendige Gegenwart Gottes in der Zeit begreift. Im Handeln der Kirche insgesamt, vor allem aber in der Verkündigung des Wortes Gottes und in der Feier der Liturgie geschieht aktuell das Heil des Menschen, in der sichtbaren Kirche geht Christus als Prophet, Priester und König durch die Zeit hindurch. Als Stiftung Christi setzt die Kirche sein erlösendes Handeln fort und vermittelt die Versöhnung Gottes mit den Menschen.

Andererseits muß bedacht werden, welche Ausstrahlungskraft Staudenmaier über den engen Kreis wissenschaftlich Interessierter hinaus gewonnen hat. Er war ein populärer Schriftsteller, „Der Geist des Christentums“ ist in seiner Breitenwirkung unerreicht und hat bis zum Ende des neunzehnten Jahrhhunderts Tausenden von Lesern den inneren Reichtum und die Schönheit der Liturgie erschlossen und als Feier des Glaubens nahegebracht.

Beides aber, die heilsgeschichtliche Begründung der Liturgie wie ihre volkstümliche Darstellung wurden schon zu Lebzeiten Staudenmaiers zunächst überlagert und schließlich durch eine verhängnisvolle Entwicklung völlig verdrängt, die auf Verteidigung ausgerichtet war, Reformen für unbegründet erachtete, Sonderentwicklungen unterdrückte und in einem übersteigerten römischen Zentralismus die einzig legitime Form kirchlicher Gottesdienstordnung erblickte. Je stärker die Restauration, die auf liturgischem Gebiet in Prosper Guéranger ihre treibende Kraft gefunden hatte, an Einfluß gewann, um so mehr verblaßte das Erbe Staudenmaiers und der gesamten Tübinger Schule. Der Schaden für die Kirche, der aus Unduldsamkeit und Blickverengung erwuchs, hat Franz Xaver Arnold zu dem Urteil geführt: „Es gehört zu den schmerzlichsten Erscheinungen der neueren Theologiegeschichte, daß die um den Namen F. A. Staudenmaier vor mehr als hundert Jahren aufgebrochene, im Gegensatz zu den Bestrebungen der Aufklärungsliturgik wahrhaft theologische Liturgische Bewegung ... damals durch den Einbruch reaktionärer Kräfte neuscholastischer Provenienz um Generationen bis ins zwanzigste Jahrhundert vertagt wurde."[595]

[595] F. X. Arnold, Ökumenische und enzyklopädische Sicht praktischer Theologie: Hochland 56 (1963) 167.

## Quellenverzeichnis

Es sind nur die benutzten Quellen aufgeführt. Eine sehr sorgfältig zusammengestellte Bibliographie F. A. Staudenmaiers findet sich bei Friedrich Lauchert, Franz Anton Staudenmaier (1800—1856) in seinem Leben und Wirken dargestellt, Freiburg 1901, 525—537. Von dort wurde sie übernommen durch Phil. Weindel, Das Verhältnis von Glauben und Wissen in der Theologie Franz Anton Staudenmaiers. Eine Auseinandersetzung katholischer Theologie mit Hegelschem Idealismus (Abhandlungen aus Ethik und Moral 14), Düsseldorf 1940, 138—143. Die vollständige Bibliographie wurde erneut veröffentlicht bei Peter Hünermann, Trinitarische Anthropologie bei Franz Anton Staudenmaier (Symposion 10), Freiburg-München 1962, VIII—XIII.

Als Ergänzung zu Lauchert — bei Hünermann nur z. T. berücksichtigt — sind folgende Rezensionen Staudenmaiers nachzutragen:

Voigt, Über Freiheit und Notwendigkeit aus christlich-theistischer Weltansicht: ThQ 11 (1829) 290—298.

Fritz, Ketzer-Lexikon: ThQ 13 (1831) 137—156.

Lippert, Versuch einer historisch-dogmatischen Entwicklung der Lehre vom Patronate: ThQ 13 (1831) 709—714.

(Vgl. St. Lösch, Die Anfänge der Tübinger Theologischen Quartalschrift [1819—1831]. Gedenkausgabe zum 100. Todestag Joh. Ad. Möhlers, Rottenburg 1938, 107; 115; 118).

A. Burkhart schreibt die (nicht gezeichnete) Rezension: Beraz, Steine zur mathematischen Begründung der christkatholischen Natur- und Weltanschauung: ZTh, Bd. VIII (nicht XIII!) (1842) 107—151, Staudenmaier zu. (Vgl. Anton Burkhart, Der Mensch — Gottes Ebenbild und Gleichnis. Ein Beitrag zur dogmatischen Anthropologie F. A. Staudenmaiers [Freiburger theologische Studien 79], Freiburg-Basel-Wien 1962, 444).

a) Abhandlungen und Werke F. A. Staudenmaiers

Der Pragmatismus der Geistesgaben. Ein Versuch. Eingesendet: ThQ 10 (1828) 389—432; 608—640.

Andenken an Friedrich von Schlegel. Mit einer kurzen Hindeutung auf seine literarische Thätigkeit, besonders im Fache der religiösen Philosophie: ThQ 14 (1832) 607—650.

Encyklopädie der theologischen Wissenschaften als System der gesammten Theologie, Mainz 1834 (Zit. = Enzyklopädie 1).

— 2., umgearbeitete, sehr vermehrte Auflage. I. Band, Mainz 1840 (Zit. = Enzyklopädie 2).

Über den unpersönlichen Gott des Pantheismus und den persönlichen des Christenthums; oder über Pantheismus und christlichen Theismus: Jahrbücher I (1834) 259—339.

Die Dogmatik als Wissenschaft: Jahrbücher II (1834) 241—324.

Der Pragmatismus der Geistesgaben oder das Wirken des göttlichen Geistes im Menschen und in der Menschheit, Tübingen 1835.

Der Geist des Christenthums, dargestellt in den heiligen Zeiten, in den heiligen Handlungen und in der heiligen Kunst, 2 Theile (durchlaufend paginiert), Mainz 1835, $^{2}$1838, $^{3}$1843, $^{4}$1847, $^{5}$1855, $^{6}$1859, $^{7}$1866, $^{8}$1880.

Das göttliche Princip in der Geschichte und seine Bedeutung für Philosophie und Theologie: Jahrbücher IV (1835) 3—48.

Die Theologie in ihrem Zusammenhange mit den andern Wissenschaften: Jahrbücher VI (1836) 1—32.

Kritik der Vorlesungen Hegels über die Beweise vom Dasein Gottes: Jahrbücher VI (1836) 251—359.

Geist der göttlichen Offenbarung, oder Wissenschaft der Geschichtsprincipien des Christenthums, Gießen 1837.

Darstellung und Kritik des Hegelschen Systems. Aus dem Standpunkte der christlichen Philosophie, Mainz 1844.

Die christliche Dogmatik, I—IV,1, Freiburg 1844, 1848, 1852. (Zit. = Dogmatik).

Das Wesen der katholischen Kirche. Mit Rücksicht auf ihre Gegner dargestellt, 2 Auflagen, Freiburg 1845.

b) Rezensionen F. A. Staudenmaiers

ThQ 15 (1833): F. Schleiermacher, Der christliche Glaube nach den Grundsätzen der evangelischen Kirche im Zusammenhange dargestellt, Berlin $^{2}$1830—1831, 296—329; 496—524; 639—700.

Religiöse Zeitschrift für das katholische Deutschland [Hrsg. Sengler], Mainz-Wien 1833: K. Rosenkranz, Encyklopädie der theologischen Wissenschaften, Halle 1831. I/2, 175—192; II/3, 286—314.
Versuch eines allgemeinen evangelischen Gesang- und Gebetbuches zum Kirchen- und Hausgebrauche, Hamburg 1833. III/2, 196—201.

Jahrbücher I (1834): G. W. F. Hegel's Vorlesungen über die Philosophie der Religion, Berlin 1832, 97—158.

Jahrbücher III (1834): F. C. Baur, Der Gegensatz des Katholicismus und Protestantismus, Tübingen 1834. Ders., Erwiderung auf Möhlers neueste Polemik, Tübinger Zeitschrift für Theologie 1834, 139—196.
Selbstanzeige: Johannes Scotus Erigena und Encyklopädie der theol. Wissenschaften, 403—411.

Jahrbücher V (1835): K. R. Hagenbach, Encyklopädie und Methodologie, Leipzig 1833. A. Gengler, Die Ideale der Wissenschaften, Bamberg 1834, 322—380.

Jahrbücher VI (1836): Selbstanzeige: Der Geist des Christenthums, Mainz 1835. Der Pragmatismus der Geistesgaben, Tübingen 1835, 226—250.

## Literaturverzeichnis

Lexikon-Artikel und Beiträge zu biographischen Handbüchern sind in diesem Verzeichnis nicht aufgeführt, sie werden nur in den Anmerkungen genannt.

Adam, Karl, Die katholische Tübinger Schule. Zur 450-Jahrfeier der Universität Tübingen: Hochland 24/II (1926/27) 581—601. Wiederabdruck in: Gesammelte Aufsätze zur Dogmengeschichte und Theologie der Gegenwart, hrsg. von F. Hofmann, Augsburg 1936, 389—412.

Aland, Kurt, Das Schrifttum I. H. v. Wessenbergs: ZGOrh 105 (1957) 475—511.

Albrecht, Christoph, Schleiermachers Liturgik. Theorie und Praxis des Gottesdienstes bei Schleiermacher und ihre geistesgeschichtlichen Zusammenhänge (Veröffentlichungen der evangelischen Gesellschaft für Liturgieforschung), Berlin 1962.

Arnold, Franz Xaver, Grundsätzliches und Geschichtliches zur Theologie der Seelsorge. Das Prinzip des Gott-Menschlichen (Untersuchungen zur Theologie der Seelsorge 2), Freiburg 1949 (Zit. = Grundsätzliches und Geschichtliches).

— Seelsorge aus der Mitte der Heilsgeschichte. Pastoraltheologische Durchblicke, Freiburg 1956.

— Der geschichtliche Weg theozentrischer Pastoralwissenschaft, in: Seelsorge aus der Mitte, 112—194.

— Das gott-menschliche Prinzip der Seelsorge, seine Verankerung im Konzil von Chalkedon und seine Bedeutung für die Gestaltung der christlichen Frömmigkeit, in: Seelsorge aus der Mitte, 16—63.

— Subjekt und Gestalt christlicher Liturgie, in: J. Betz, H. Fries [Hrsg.], Kirche und Überlieferung. Festschrift für J. R. Geiselmann, Freiburg 1960, 235—265.

— Wort des Heils als Wort in die Zeit. Gesammelte Reden und Aufsätze; Trier 1961.

— Ökumenische und enzyklopädische Sicht praktischer Theologie: Hochland 56 (1963) 165—169.

— Pastoraltheologische Ansätze in der Pastoral bis zum 18. Jahrhundert, in: HPTh I (1964) 15—39.

Arnold, Franz Xaver und Fischer, Balthasar [Hrsg.], Die Messe in der Glaubensverkündigung. Kerygmatische Fragen. Festschrift für J. A. Jungmann, Freiburg 1950.

Aubert, Roger, Das schwierige Erwachen der katholischen Theologie im Zeitalter der Restauration. Zur Würdigung der Katholischen Tübinger Schule: ThQ 148 (1968) 9—38.

Bäumer, Suitbert, Blick auf die Geschichte der Liturgie und deren Literatur im 19. Jahrhundert: HJ 11 (1890) 44—76.

Becher, Hubert, Die Romantik als totale Bewegung: Scholastik 24 (1949) 182—205.

Bendel, Rez. zu: J. Amberger, Pastoraltheologie, Regensburg 1850: ThQ 32 (1850) 590—600.

— Rez. zu: J. Fluck, Katholische Liturgik, 2 Bde., Regensburg 1853—1855: ThQ 38 (1856) 136—148.

BINTERIM, ANTON JOSEPH, Die vorzüglichsten Denkwürdigkeiten der christkatholischen Kirche aus den ersten, mittlern und letzten Zeiten. Mit besonderer Rücksichtnahme auf die Disciplin der katholischen Kirche in Deutschland, 7 Bde. in 17 Theilen, Mainz 1825—1841; ²1837—1838.

BIRNBAUM, WALTER, Theologische Wandlungen von Schleiermacher bis Karl Barth. Eine enzyklopädische Studie zur praktischen Theologie, Tübingen 1963.

— Das Kultusproblem und die liturgischen Bewegungen des 20. Jahrhunderts, 2 Bde., Tübingen 1966—1970.

BREUER, KARL HUGO [Hrsg.], Melchior von Diepenbrock — Peter Dörfler. Erinnerung an Johann Michael Sailer (Veröffentlichungen des Johann-Michael-Sailer-Instituts. Reihe: Erziehung als Entscheidung 4), Köln 1966.

BRÜCK, HEINRICH, Geschichte der katholischen Kirche in Deutschland im neunzehnten Jahrhundert, fortgesetzt von J. B. Kißling, 4 Bde., Mainz 1887—1905; Münster ²1902—1908.

BURKHART, ANTON, Der Mensch — Gottes Ebenbild und Gleichnis. Ein Beitrag zur dogmatischen Anthropologie F. A. Staudenmaiers (Freiburger theol. Studien 79), Freiburg-Basel-Wien 1962.

BUUCK, FRIEDRICH, Zur Geschichte der Theologie des 19. Jahrhunderts: Scholastik 18 (1943) 54—77.

CASPER, BERNHARD, Der Systemgedanke in der späten Tübinger Schule und in der deutschen Neuscholastik, in: PhJ 72 (1964) 161—179.

DIEPENBROCK, MELCHIOR, Geistlicher Blumenstrauß aus spanischen und deutschen Dichter-Gärten, Sulzbach 1829.

DREY, JOHANN SEBASTIAN, Revision des gegenwärtigen Zustandes der Theologie, in: Archiv für die Pastoralconferenzen in den Landkapiteln des Bisthums Konstanz I (1812) 3—26. Wiederabdruck in: Revision von Kirche und Theologie. Drei Aufsätze. Unveränderter reprografischer Nachdruck, hrsg. von F. Schupp (Libelli CCCXII), Darmstadt 1971, 1—24 (Zit. = Revision).

— Vom Geist und Wesen des Katholizismus: ThQ 1 (1819) 3—24; 193—210; 369—391; 559—575. Wiederabdruck in: J. R. Geiselmann [Hrsg.], Geist des Christentums, Mainz 1940, 193—234.

— Kurze Einleitung in das Studium der Theologie mit Rücksicht auf den wissenschaftlichen Standpunct und das katholische System, Tübingen 1819. Unveränderter reprografischer Nachdruck, hrsg. und eingeleitet von F. Schupp, Darmstadt 1971 (Zit. = KE).

— Rez. zu: A. Gengler, Die Ideale der Wissenschaften oder Encyklopädie der Theologie, Bamberg 1835: ThQ 17 (1835) 192—210.

— Rez. zu F. A. Staudenmaier, Encyklopädie der theologischen Wissenschaften, Mainz 1834: ThQ 17 (1835) 384—403.

— Rez. zu: F. Brenner, System der katholischen spekulativen Theologie, Mainz 1837: ThQ 20 (1838) 83—103.

— Rez. zu: F. A. Staudenmaier, Die christliche Dogmatik I und II, Freiburg 1844: ThQ 28 (1846) 295—320. III, Freiburg 1848: ThQ 30 (1848) 470—490.

DUFFRER, GÜNTER, Auf dem Weg zu liturgischer Frömmigkeit. Das Werk des Markus Adam Nickel (1800—1869) als Höhepunkt pastoralliturgischer Bestrebungen im Mainz des 19. Jahrhunderts, Speyer 1962.

EHRENSPERGER, ALFRED, Die Theorie des Gottesdienstes in der späten deutschen Aufklärung (1770—1815) (Studien zur Dogmengeschichte und systematischen Theologie 30), Zürich 1971.

EISENHOFER, LUDWIG, Handbuch der katholischen Liturgik, 2 Bde., Freiburg 1932—1933.

Exeler, Adolf, Eine Frohbotschaft vom christlichen Leben. Die Eigenart der Moraltheologie Johann Baptist Hirschers (1788—1865), Freiburg-Basel-Wien 1959.

Eexler, Adolf und Lengeling, Emil Joseph, Pastorale Fragen um Taufe und Firmung, in: A. Exeler [Hrsg.], Fragen der Kirche heute, Würzburg 1971, 17—34.

Fastenrath, Elmar, Die liturgische Reform und die allgemeine katholische Erneuerungsbewegung im 19. und 20. Jahrhundert: Münchener Theologische Zeitschrift 16 (1965) 1—12.

— Bischof Ketteler und die Kirche. Eine Studie zum Kirchenverständnis des politisch-sozialen Katholizismus (Beiträge zur neueren Geschichte der katholischen Theologie 13), Essen 1971.

Fischer-Wollpert, Rudolf, Kettelers Sorge und Kampf um das Mainzer Priesterseminar, in: Jahrbuch für das Bistum Mainz 7 (1955—1957) 131—153.

Fluck, Jakob, Katholische Liturgik, 2 Bde., Regensburg 1853—1855 (Zit. = Liturgik).

Frielingsdorf, Karl, Auf dem Weg zu einem neuen Gottesverständnis. Die Gotteslehre des J. B. Hirscher als Antwort auf das säkularisierte Denken der Aufklärungszeit (Frankfurter theologische Studien 6), Frankfurt 1970.

Füglister, Robert, Die Pastoraltheologie als Universitätsdisziplin. Eine historisch-theologische Studie, Basel 1951.

Funk, Philipp, Von der Aufklärung zur Romantik. Studien zur Vorgeschichte der Münchener Romantik, München 1925.

Geiselmann, Josef Rupert, Die Glaubenswissenschaft der Katholischen Tübinger Schule in ihrer Grundlegung durch Johann Sebastian v. Drey: ThQ 111 (1930) 49—117. (Zit. = Glaubenswissenschaft).

— Geist des Christentums und des Katholizismus. Ausgewählte Schriften katholischer Theologie im Zeitalter des deutschen Idealismus und der Romantik (Deutscher Klassiker der katholischen Theologie aus neuerer Zeit 5), Mainz 1940. (Zit. = Geist des Christentums und des Katholizismus).

— Die theologische Anthropologie Johann Adam Möhlers. Ihr geschichtlicher Wandel, Freiburg 1955.

— Die lebendige Überlieferung als Norm des christlichen Glaubens. Die apostolische Tradition in der Form der kirchlichen Verkündigung — das Formalprinzip des Katholizismus dargestellt im Geiste der Traditionslehre von Joh. Ev. Kuhn (Die Überlieferung in der neueren Theologie III), Freiburg 1959.

— Die Katholische Tübinger Schule. Ihre theologische Eigenart, Freiburg-Basel-Wien 1964. (Zit. = Die Katholische Tübinger Schule).

— Lebendiger Glaube aus geheiligter Überlieferung. Der Grundgedanke der Theologie Johann Adam Möhlers und der katholischen Tübinger Schule (Die Überlieferung in der neueren Theologie I und II), Freiburg ²1966. (Zit. = Lebendiger Glaube aus geheiligter Überlieferung).

Gengler, Adam, Rez. zu: C. Rosenkranz, Encyklopädie der theologischen Wissenschaften, Halle 1831: ThQ 14 (1832) 526—552.

Getzeny, Heinrich, Die Gemeinschaftsauffassung der Romantik in der frühen Tübinger Schule: HJ 74 (1955) 405—415.

Giessler, Rupert, Die geistliche Lieddichtung der Katholiken im Zeitalter der Aufklärung (Schriften zur deutschen Literatur 10), Augsburg 1928—1929.

Gilg, Arnold, Idee und Geschichte der Theologie F. A. Staudenmaiers: Internationale kirchliche Zeitschrift. Neue Folge der „Revue internationale de Théologie“, Bern 5 (1915) 58—83, 162—177.

Glöckner, Karl [Hrsg.], Giessen 1248—1948. Siebenhundert Jahre Gießen in Wort und Bild, Gießen o. J.

Goy, Barbara, Aufklärung und Volksfrömmigkeit in den Bistümern Würzburg und Bamberg (Quellen und Forschungen zur Geschichte des Bistums und Hochstifts Würzburg 21), Würzburg 1969.

Grabmann, Martin, Die Geschichte der katholischen Theologie seit dem Ausgang der Väterzeit. Unveränderter fotomechanischer Nachdruck der 1. Auflage, Freiburg 1933, Darmstadt ²1961.

Hacker, Josef, Die Messe in den deutschen Diözesan- Gesang- und Gebetbüchern von der Aufklärungszeit bis zur Gegenwart (Münchener theologische Studien II/1), München 1950.

Härdelin, Alf, Kirche und Kult in der Luzerner theologischen Romantik (Alois Gügler und Joseph Widmer): ZKTh 89 (1967) 139—175.

Hefele, Karl Josef, Rez. zu: F. A. Staudenmaier, Der Geist des Christenthums, Mainz ²1838: ThQ 20 (1838) 703—712.

— Rez. zu: F. A. Staudenmaier, Die Grundfragen der Gegenwart, Freiburg 1849 (hier angegeben: 1851!), ThQ 32 (1850) 580—589.

Hegel, Georg Wilhelm Friedrich, Enzyklopädie der philosophischen Wissenschaften im Grundrisse, Heidelberg 1817. Neudruck in der Jubiläumsausgabe, hrsg. von H. Glockner, 6. Bd., Stuttgart ³1956.

— System der Philosophie, Neudruck in der Jubiläumsausgabe, hrsg. von H. Glockner, 8. Bd., Stuttgart ³1955.

Hirsch, Emanuel, Geschichte der neuern evangelischen Theologie im Zusammenhang mit den allgemeinen Bewegungen des europäischen Denkens, 5 Bde, Gütersloh 1949—1954.

Hirscher, Johann Baptist von, Betrachtungen über sämmtliche Evangelien der Fasten, Tübingen 1829.

— Betrachtungen über die sonntäglichen Evangelien des Kirchenjahres, 2 Bde., Tübingen 1837—1843.

— Betrachtungen über sämmtliche sonntägliche Episteln des Kirchenjahres, 2 Bde., Freiburg 1860—1862.

Hnogek, Ant. Adalbert, Christ-katholische Liturgik, zunächst zur Ausübung für Pfarrer und Kapläne des Weltpriesterstandes in der abendländischen Kirche, 4 Bde., Prag 1835—1841.

Hünermann, Peter, Trinitarische Anthropologie bei Franz Anton Staudenmaier (Symposion 10), Freiburg-München 1962 (Zit. = Trinitarische Anthropologie).

— Der Reflex des deutschen Idealismus in der Theologie der katholischen Tübinger Schule, in: PhJ 73 (1965) 48—74.

— Der Durchbruch geschichtlichen Denkens im 19. Jahrhundert, Freiburg-Basel-Wien 1967.

— Franz Anton Staudenmaier (Wegbereiter heutiger Theologie, hrsg. von H. Fries und J. Finsterhölzl), Graz-Wien-Köln 1975.

— Franz Anton Staudenmaier (1800—1856), in: H. Fries — G. Schwaiger (Hrsg.), Katholische Theologen Deutschlands im 19. Jahrhundert, 2 Bde., München 1975, 99—128.

Jäck, Markus Fidelis, Psalmen und Gesänge der heiligen Schrift nebst den Hymnen der ältesten christlichen Kirche, 2 Bde., Freiburg 1817.

Jüngel, Eberhard — Rahner, Karl — Seitz, Manfred, Die Praktische Theologie zwischen Wissenschaft und Praxis (Studien zur Praktischen Theologie 5), München 1968.

Jungmann, Josef Andreas, Liturgische Erneuerung zwischen Barock und Gegenwart: LJ 12 (1962) 1—15.

KELLER, ERWIN, Die Konstanzer Liturgiereform unter Ignaz Heinrich von Wessenberg (FDA 85), Freiburg 1965.
— Kult und Kultreform bei Johann B. Hirscher (FDA 90, 333—456), Freiburg 1970.
KLAUS, BERNHARD, Die Entstehung und Begründung der Praktischen Theologie als wissenschaftliche Disziplin im 19. Jahrhundert: ThLZ 85 (1960) 895—989.
KLAUSER, THEODOR, Kleine abendländische Liturgiegeschichte. Bericht und Besinnung, Bonn 1965.
KLENZE, LEO VON, Anweisung zur Architectur des christlichen Cultus, nebst 34 Kupfern, München 1833.
KLINGER, ELMAR, Offenbarung im Horizont der Heilsgeschichte. Historisch-systematische Untersuchung der heilsgeschichtlichen Stellung des Alten Bundes in der Offenbarungsphilosophie der katholischen Tübinger Schule, Zürich-Einsiedeln-Köln 1969.
KLOSTERMANN, FERDINAND und ZERFASS, ROLF (Hrsg.), Praktische Theologie heute, München-Mainz 1974.
KNAUBER, ADOLF, Pastoraltheologie der Krankensalbung, in: HPTh IV (1969) 145—178.
KRAUSE, GERHARD [Hrsg.], Praktische Theologie. Texte zum Werden und Selbstverständnis der praktischen Disziplin der evangelischen Theologie (Wege der Forschung CCLXIV), Darmstadt 1972.
LAUCHERT, FRIEDRICH, Franz Anton Staudenmaier als Historiker: HPBl 126 (1900) 541—550.
— Franz Anton Staudenmaier (1800—1856) in seinem Leben und Wirken dargestellt, Freiburg 1901. (Zit. = Staudenmaier).
LAUPHEIMER, FRIDOLIN, Die kultisch-liturgischen Anschauungen Johann Sebastian von Dreys, Diss. (masch.), Tübingen 1959.
LENGELING, EMIL JOSEPH, Art. Kult und Art, Liturgie, in: H. Fries [Hrsg.], HThG I (1962) 865—880, II (1963) 75—97.
— Art. Liturgie, in: LitW II (1965—1968) 1573—1596.
— Die Lehre der Liturgie-Konstitution vom Gottesdienst: LJ 15 (1965) 1—27.
— Die Konstitution des Zweiten Vatikanischen Konzils über die heilige Liturgie (Einleitung, lateinisch-deutscher Text mit Kommentar), (Lebendiger Gottesdienst 5/6), Münster $^{2}$1965.
— Liturgie — Dialog zwischen Gott und Mensch, in: Th. Filthaut [Hrsg.], Umkehr und Erneuerung. Kirche nach dem Konzil, Mainz 1966, 92—135.
— Todesweihe oder Krankensalbung?: LJ 21 (1971) 193—213.
LENGELING, EMIL JOSEPH und EXELER, ADOLF, Pastorale Fragen um Taufe und Firmung, in: A. Exeler [Hrsg.], Fragen der Kirche heute, Würzburg 1971, 17—34.
LENHART, LUDWIG, Bischof Joseph Vitus Burg (1830—1833) oder eine grundsätzlich staatskirchliche Episode auf dem neuen Mainzer Bischofsstuhl, in: Jahrbuch für das Bistum Mainz 2,1 (1947) 61—98.
— Die erste Mainzer Theologenschule des 19. Jahrhunderts (1805—1830), in: Jahrbuch für das Bistum Mainz 6 (1951—1954) 93—186, 7 (1955—1957) 9—130.
LÖSCH, STEPHAN, J. A. Möhler und die Lehre von der Entwicklung des Dogmas: ThQ 99 (1917/18) 28—59, 129—152.
— Die katholisch-theologischen Fakultäten zu Tübingen und Gießen (1830 bis 1850): ThQ 108 (1927) 159—208.
— Die Anfänge der Tübinger Theologischen Quartalschrift (1819—1831). Gedenkausgabe zum 100. Todestag Joh. Ad. Möhlers, Rottenburg 1938.

— Prof. Dr. Adam Gengler 1799—1866. Die Beziehungen des Bamberger Theologen zu J. J. J. Döllinger und J. A. Möhler (Veröffentlichungen der Gesellschaft für Fränkische Geschichte, Reihe IX: Darstellungen aus der Fränkischen Geschichte 17), Würzburg 1963.

Lüft, Johann Baptist, Principien über Cultus und Liturgie: Jahrbücher I (1834) 55—96. (Zit. = Prinzipien).

— Rez. zu: F. X. Schmid, Liturgik der christkatholischen Religion: Jahrbücher III (1834) 229—237.

— Liturgik, oder wissenschaftliche Darstellung des katholischen Cultus, 2 Bde., Mainz 1844—1847. (Zit. = Liturgik).

Lutterbeck, Anton, Geschichte der katholisch-theologischen Facultät zu Gießen. Eine allen Theologen Deutschlands gewidmete Denkschrift, Gießen 1860.

Martimort, Aimé-Georges, Les signes de la Nouvelle Alliance, Paris 1959.

Maurer, Wilhelm, Der Organismusgedanke bei Schelling und in der Theologie der Katholischen Tübinger Schule: KuD 8 (1962) 202—216.

Mayer, Anton L., Die Liturgie in der europäischen Geistesgeschichte. Gesammelte Aufsätze. Unveränderter reprografischer Nachdruck, hrsg. von E. v. Severus OSB, Darmstadt 1971.

Merkle, Sebastian, Rez. zu: F. Lauchert, Staudenmaier: Theologische Revue I (1902) 593f.

— Ausgewählte Reden und Aufsätze, hrsg. von Th. Freudenberger (Quellen und Forschungen zur Geschichte des Bistums und Hochstifts Würzburg 17), Würzburg 1965.

Merkle, Sebastian und Bess, Bernhard [Hrsg.], Religiöse Erzieher der katholischen Kirche aus den letzten vier Jahrhunderten, Leipzig 1921.

Michelis, Fr., Staudenmaiers wissenschaftliche Leistung in ihrer Bedeutung für die Gegenwart, Freiburg 1877.

Mildenberger, Friedrich, Theorie der Theologie. Enzyklopädie als Methodenlehre, Stuttgart 1972.

Nagel, William, Geschichte des christlichen Gottesdienstes (Göschen 1202/1202 a), Berlin ²1970.

Nedoncelle, Maurice u. a. [Hrsg.], L'Ecclésiologie au XIXᵉ siècle (Unam sanctam 34), Paris 1960.

Neunheuser, Burkhard, Der Beitrag der Liturgie zur theologischen Erneuerung: Gregorianum 50 (1960) 589—614.

Nickel, Markus Adam, Die heiligen Zeiten und Feste nach ihrer Geschichte und Feier in der katholischen Kirche, 6 Bde., Mainz 1836—1838; ²1844; ³1863.

Novalis Schriften. Die Werke Friedrich von Hardenbergs, hrsg. von P. Kluckhohn (†) und R. Samuel, 4 Bde., Stuttgart ²1960—1968.

Oppenheim, Philippus, Institutiones systematico-historicae in sacram liturgiam, ser. I: De scientia liturgica, vol. I: Introductio historica in litteras liturgicas, Turin ²1945.

Pocci, F. G. v., Görres, G. und Freunde [Hrsg.:], Festkalender in Bildern und Liedern, geistlich und weltlich, 15 Hefte, München—Wien 1834—1837.

Probst, Manfred, Gottesdienst in Geist und Wahrheit. Die liturgischen Ansichten und Bestrebungen Johann Michael Sailers (1751—1832) (Studien zur Pastoralliturgie 2), Regensburg 1976.

Rahner, Karl, Neue Ansprüche der Pastoraltheologie an die Theologie als ganze: Gregorianum 50 (1969) 617—637.

RATZINGER, JOSEPH und NEUMANN, JOHANNES [Schriftltg.], Theologie im Wandel. Festschrift zum 150jährigen Bestehen der katholisch-theologischen Fakultät an der Universität Tübingen, 1817—1967 (Tübinger theologische Reihe 1), München-Freiburg 1967.

RAU, GERHARD, Pastoraltheologie. Untersuchungen zur Geschichte und Struktur einer Gattung praktischer Theologie (Studien zur Praktischen Theologie 8), München 1970.

RAUSCHER, ANTON (Hrsg.), Entwicklungslinien des deutschen Katholizismus (Beiträge zur Katholizismusforschung. Reihe B: Abhandlungen), München-Paderborn-Wien 1973.

RIEF, JOSEF, Reich Gottes und Gesellschaft nach Johann Sebastian Drey und Johann Baptist Hirscher (Abhandlungen zur Moraltheologie VII), Paderborn 1965.

ROSENKRANZ, KARL, Encyklopädie der theologischen Wissenschaften, Halle 1831.

— G. W. Fr. Hegels Leben, Berlin 1844, Neudruck 1963.

ROUSSEAU, OLIVIER, Histoire du mouvement liturgique. Esquisse historique depuis de début du IXI$^{e}$ siècle jusqu'au pontificat de Pie X (Lex orandi 3), Paris 1945.

RUF, WOLFGANG, Johann Sebastian Dreys System der Theologie als Begründung der Moraltheologie (Studien zur Geschichte und Geistesgeschichte des 19. Jahrhunderts 7), Göttingen 1974.

RUSCHE, TONI, Geist und Natur bei Franz Anton Staudenmaier, Emsdetten 1940.

SAILER, JOHANN MICHAEL [Hrsg.], Vollständiges Lese- und Gebetbuch für katholische Christen, Ingolstadt 1783; mit wechselnden Erscheinungsorten $^{2}$1785; $^{3}$1789; $^{4}$1840.

— Das Buch von der Nachfolgung Christi, neu übersetzt und mit einer Einleitung und kurzen Anmerkungen für nachdenkende Christen herausgegeben, Sulzbach $^{6}$1845.

SCHANZ, PAUL, Die katholische Tübinger Schule: ThQ 80 (1898) 1—49.

SCHEFFCZYK, LEO [Hrsg.], Theologie in Aufbruch und Widerstreit. Die deutsche katholische Theologie im 19. Jahrhundert (Sammlung Dieterich 300), Bremen 1965.

SCHELLING, FRIEDRICH WILHELM JOSEPH, Vorlesungen über die Methode des akademischen Studiums (1802), in: Schellings Werke III, hrsg. von M. Schröter, München 1927, 229—374.

SCHLEGEL, AUGUST WILHELM, Gedichte, in: Poetische Werke, 2 Teile, Heidelberg 1811.

SCHLEGEL, FRIEDRICH VON, Ansichten und Ideen von der christlichen Kunst, in: Sämmtliche Werke, 2. Original-Ausgabe VI, Wien 1846.

— Gedichte, in: Sämmtliche Werke, 2. Original-Ausgabe IX und X, Wien 1846.

— Kritische Friedrich-Schlegel-Ausgabe, hrsg. von E. Behler unter Mitwirkung von J.-J. Anstett und H. Eichner, bisher 13 Bde., München-Paderborn-Wien 1958—1971.

SCHLEIERMACHER, FRIEDRICH, Die Weihnachtsfeier. Ein Gespräch, Halle 1806 (Berlin $^{2}$1826), in: Kritische Ausgabe, hrsg. von H. Mulert (Philosophische Bibliothek 117), Leipzig 1908.

— Kurze Darstellung des theologischen Studiums zum Behuf einleitender Vorlesungen. Unveränderter reprografischer Nachdruck der Ausgabe Leipzig 1910 (Quellenschriften zur Geschichte des Protestantismus 10), hrsg. von H. Scholz, Darmstadt 1969. (Zit. = KD).

SCHLOSSER, JOHANN FRIEDRICH HEINRICH, Die Kirche in ihren Liedern durch alle Jahrhunderte, 2 Bde., Mainz 1851—1852; Freiburg ²1863.

SCHMID, A., Wissenschaftliche Richtungen auf dem Gebiete des Katholicismus in neuester und in gegenwärtiger Zeit, München 1862.

SCHMID, FRANZ XAVER, Liturgik der christkatholischen Religion, 3 Bde., Passau 1832—1833, ²1835, ³1840—1842 (Zit. = Liturgik).

— Grundriß der Liturgik der christkatholischen Religion, Passau 1836.

SCHÖNINGER, Rez. zu: F. X. Schmid, Liturgik I (1832): ThQ 15 (1833) 726—745.

SCHÖNWEILER, Rez. zu: F. A. Staudenmaier, Der Geist des Christentums, Mainz 1835: ThQ 18 (1836) 479—487.

SCHOLZ, ALFONS, Materialien zur Biographie Franz Anton Staudenmaiers (1800—1856): ThQ 147 (1967) 210—239.

SCHOOF, MARK, Der Durchbruch der neuen katholischen Theologie. Ursprünge — Wege — Strukturen, Wien 1969.

SCHOPENHAUER, JOHANNA, Johann van Eyck und seine Nachfolger, in: Sämmtliche Schriften IV und V, Leipzig-Frankfurt 1830.

SCHROTT, ALOIS, Das Gebetbuch in der Zeit der katholischen Restauration: ZKTh 61 (1937) 1—28, 211—257.

SCHUCHERT, AUGUST, Die katholisch-theologische Fakultät an der Universität Gießen, in: Jahrbuch für das Bistum Mainz 1 (1946) 64—75.

SCHUSTER, HEINZ, Die Geschichte der Pastoraltheologie, in: HPTh I (1964) 40—92.

SEEBERG, REINHOLD, Die Kirche Deutschlands im neunzehnten Jahrhundert. Eine Einführung in die religiösen, theologischen und kirchlichen Fragen der Gegenwart, Leipzig ³1910.

SICKLER, FRIEDRICH und REINHART, CHRISTIAN [Hrsg.], Almanach aus Rom für Künstler und Freunde der bildenden Kunst, Leipzig 1 (1810), 2 (1811).

SILBERT, JOHANN PETER, Aurelius Prudentius Clemens Feyergesänge, heilige Kämpfe und Siegeskronen, Wien 1820.

— Dom heiliger Sänger oder fromme Gesänge der Vorzeit. Mit Vorrede von Friedrich von Schlegel, Wien—Prag 1820.

SPETH, B., Die Kunst in Italien, 2 Bde., München 1819—1821.

STEINBÜCHEL, THEODOR [Hrsg.], Romantik. Ein Zyklus Tübinger Vorlesungen, Tübingen-Stuttgart 1948.

— Handbuch der katholischen Sittenlehre I,1, Düsseldorf ⁴1951.

STIEGLITZ, CHRISTIAN LUDWIG, Von altdeutscher Baukunst, Leipzig 1820. Ergänzungsband: 34 Kupfer zur altdeutschen Baukunst von Stieglitz, Leipzig 1820.

THALHOFER, VALENTIN, Handbuch der katholischen Liturgik, 2 Bde., Freiburg 1883—1893.

THALHOFER, VALENTIN und EISENHOFER, LUDWIG, Handbuch der katholischen Liturgik, 2 Bde., Freiburg 1912.

TRAPP, WALDEMAR, Der Ursprung der liturgischen Bewegung: LZ 4 (1931/32) 1—10, 44—49, 50—55, 75—82.

— Der Ursprung der liturgischen Bewegung: ThGl 25 (1933) 464—475.

— Vorgeschichte und Ursprung der liturgischen Bewegung vorwiegend in Hinsicht auf das deutsche Sprachgebiet, Regensburg 1940.

TÜCHLE, HERMANN [Hrsg.], Die eine Kirche. Zum Gedenken J. A. Möhlers, 1838—1938, Paderborn 1939.

UMBREIT, FRIEDRICH WILHELM CARL, Christliche Erbauung aus dem Psalter oder Übersetzung und Erklärung auserlesener Psalmen, Hamburg 1835.

UNIVERSITÄT GIESSEN [Hrsg.], Die Universität Gießen von 1607—1907. Beiträge zu ihrer Geschichte. Festschrift zur dritten Jahrhundertfeier, 2 Bde., Gießen 1907.

VAN DER HORST, FIDELIS, Das Schema über die Kirche auf dem I. Vatikanischen Konzil (Konfessionskundliche und kontroverstheologische Studien VII), Paderborn 1963.

VIERBACH, ALBERT, Die liturgischen Anschauungen des Vitus Anton Winter. Ein Beitrag zur Geschichte der Aufklärung (Münchener Studien zur historischen Theologie 9), München 1929.

VIGENER, FRITZ, Die katholisch-theologische Fakultät in Gießen und ihr Ende, in: Mitteilungen des oberhessischen Geschichtsvereins, NF 24 (1922) 28—96.

— Drei Gestalten aus dem modernen Katholizismus. Möhler — Diepenbrock — Döllinger (Beiheft 7 der Historischen Zeitschrift), München—Berlin 1926.

WEINDEL, PHILIPP, Das Verhältnis von Glauben und Wissen in der Theologie Franz Anton Staudenmaiers. Eine Auseinandersetzung katholischer Theologie mit Hegelschem Idealismus (Abhandlungen aus Ethik und Moral 14), Düsseldorf 1940.

— Fr. H. Jacobis Einwirkung auf die Glaubenswissenschaft der katholischen Tübinger Schule, in: Aus Theologie und Philosophie. Festschrift für F. Tillmann, hrsg. von Th. Steinbüchel und Th. Müncker, Düsseldorf 1950, 573—596.

WEISS, JOHANNES, Die Idee des Reiches Gottes in der Theologie (Vorträge der theologischen Konferenz zu Gießen 16), Gießen 1901.

WELTE, BERNHARD, Zum Strukturwandel der katholischen Theologie im 19. Jahrhundert, in: Ders., Auf der Spur des Ewigen. Philosophische Abhandlungen über verschiedene Gegenstände der Religion und Theologie, Freiburg 1965, 380—409.

— Beobachtungen zum Systemgedanken in der Tübinger katholischen Schule: ThQ 147 (1967) 40—59.

WERNER, KARL, Geschichte der katholischen Theologie. Seit dem Trienter Concil bis zur Gegenwart (Geschichte der Wissenschaft in Deutschland, Neuere Zeit, 6. Bd.), München 1866.

WESSENBERG, IGNAZ HEINRICH VON, Kristkatholisches Gesang- und Andachtsbuch zum Gebrauche bei der öffentlichen Gottesverehrung in den vereinigten Bisthums-Antheilen des Königreiches Würtemberg, Rotweil ³1824.

— Die christkatholischen Bilder. Ein Beförderungsmittel des christlichen Sinnes, 2 Bde., Constanz 1827. Neue Ausgabe: Constanz 1832; St. Gallen 1845.

— Sämmtliche Dichtungen, 5 Bde., Stuttgart—Tübingen 1834—1837.

ZINGERLE, PIUS, Harfenklänge vom Libanon. Aus dem Syrischen, Innsbruck 1840.

# Register

## Sachregister

## Personenregister

Zahlen in Kursivdruck verweisen auf den Anmerkungsteil der angegebenen Seite.